Elisabeth Volquardts

Beamtenverbände im Nationalsozialismus Gleichschaltung zum Zwecke der Ausschaltung aufgrund politischer oder weltanschaulicher Gegnerschaft

Dargestellt am Beispiel des Deutschen Beamtenbundes, des Verbandes Preußischer Polizeibeamten e.V. und der Gewerkschaft Deutscher Lokomotivführer e.V.

2., unveränderte Auflage

utzverlag

Rechtswissenschaften

Herausgegeben von

Prof. Dr. Thomas Küffner
küffner maunz langer zugmaier, München

Band 21

Zugl.: Diss., 2001

Bibliografische Information der Deutschen Nationalbibliothek:
Die Deutsche Nationalbibliothek verzeichnet diese Publikation in der Deutschen Nationalbibliografie; detaillierte bibliografische Daten sind im Internet über http://dnb.d-nb.de abrufbar.

2., unveränderte Auflage (Erstauflage 2001)
frühere Ausgabe: ISBN 978-3-8316-0070-0 (2001)

ISBN 978-3-8316-8480-9

Printed in EU
utzverlag GmbH, München
www.utzverlag.de

Meinen Eltern

Vorwort

Die vorliegende Untersuchung wurde im Sommer 2001 von der juristischen Fakultät der Christian-Albrechts-Universität zu Kiel als Dissertation angenommen.

Die Arbeit beruht auf einer Anregung meines Doktorvaters Prof. Dr. Jörn Eckert, der in einem Verfahren vor dem Bundesverwaltungsgericht in einem rechtshistorischen Gutachten zu der vorliegenden Fragestellung Stellung genommen hat. Für die Vergabe der Dissertation, für die Betreuung während der Bearbeitungszeit sowie für die Überlassung des Gutachtens, dem ich wertvolle Hinweise entnehmen durfte, danke ich ihm sehr.

Herrn Prof. Dr. Edzard Schmidt-Jortzig danke ich für die rasche Erstellung des Zweitgutachtens.

Mein besonderer Dank gilt ferner meinen Eltern, die mich auf meinem Werdegang stets mit sehr viel Verständnis unterstützt und gefördert haben.

Kiel, im September 2001

Elisabeth Volquardts

Inhaltsverzeichnis

Abkürzungsverzeichnis

1. Einleitung 15

2. Verfolgungsmaßnahmen aus politischen oder weltanschaulichen Gründen gem. § 1 Abs. 6 VermG 22

2.1 Die Rechtsprechung des Bundesverwaltungsgerichtes 22

2.2 Das Verfolgungsmotiv 25

2.3 Eignung der Abgrenzung zwischen „Gleichschaltung" und „gezieltem Zugriff" 28

2.3.1 Die „Gleichschaltung" der Länder 32

2.3.2 Die „Gleichschaltung" der Gesellschaft 35

2.3.3 Zusammenfassung und Ergebnis 38

3. Zwangseingliederung von Beamtenorganisationen aufgrund politischer oder weltanschaulicher Gegnerschaft 43

3.1 Das Verhältnis der Nationalsozialisten gegenüber den Beamten und ihren berufsständischen Organisationen 48

3.1.1 In der Zeit der Weimarer Republik 48

3.1.2 Am Ende der Weimarer Republik 54

3.1.3 Erste Auseinandersetzungen mit Polizeibeamtenverbänden 64

3.1.4 Die „Wiederherstellung des Berufsbeamtentums" 67

3.1.4.1 Reaktionen in der Beamtenschaft 69
3.1.4.2 Nazifizierungsversuche der Bürokratie 71
3.1.4.3 Preußen als „Hort des Marxismus" 74

3.2 Die Auflösung der Beamtenorganisationen im Dritten Reich....................78

3.2.1 Die Spitzenverbände im Allgemeinen und der Deutsche Beamtenbund im Besonderen....................82

3.2.1.1 Der Allgemeine Deutsche Beamtenbund....................82
3.2.1.2 Der Reichsbund der höheren Beamten....................84
3.2.1.3 Der Deutsche Beamtenbund....................87

3.2.1.3.1 Sprenger übernimmt die Führung....................93
3.2.1.3.2 Neef an der Spitze des Deutschen Beamtenbundes....................100
3.2.1.3.3 Der Reichsbund Deutscher Beamten....................104

3.2.1.4 Zusammenfassung....................109

3.2.2 Die Polizeiverbände im Allgemeinen und der Verband Preußischer Polizeibeamter e.V. im Besonderen....................111

3.2.2.1 Die Polizei am Ende der Weimarer Republik....................111
3.2.2.2 Die nationalsozialistische „Säuberung" der preußischen Polizeiverwaltung....................116
3.2.2.3 Zusammenfassung....................129

3.2.3 Die Gewerkschaft Deutscher Lokomotivführer e.V....................131

3.2.3.1 Das Verhältnis zur Weimarer Republik....................132
3.2.3.2 Kampf gegen den Verlust der Selbständigkeit nach der Machtergreifung....................134

3.2.3.2.1 Zugeständnisse der Organisation....................137

3.2.3.2.1.1 Umbenennung in „Verein Deutscher Lokomotivführer"....................137
3.2.3.2.1.2 Beitritt zum „Reichsbund Deutscher Technik"....................137

3.2.3.2.2 Der Druck der Nationalsozialisten reißt nicht ab....................139
3.2.3.2.3 Die Generalversammlung in Ludwigshafen 1936....................144

3.2.3.3 Zusammenfassung....................148

3.3 Zusammenfassung und Ergebnis....................150

<u>4. Vermögensrechtliche Gleichschaltung</u>....................157

4.1 Übernahme des Organisationsvermögens durch den Reichsbund Deutscher Beamten....159

4.1.1 Vorbereitungen für das „Gesetz über Beamtenvereinigungen" vom 27. 5. 1937....162

4.1.2 Auswirkungen des Gesetzes auf die Organisationsvermögen....164

4.2 Zusammenfassung....165

5. Schlußfolgerung....167

6. Anhang....170

6.1 Die Entwicklung des Organisationswesens der Beamten ab 1933 im Überblick....170
6.2 Abdruck des Gesetzes über Beamtenvereinigungen vom 27. 5. 1937....172

7. Quellen- und Literaturverzeichnis....175

7.1 Unveröffentlichte Quellen....175
7.2 Veröffentlichte Quellen....178
7.2.1 Editionen, amtliche Publikationen und Protokolle....178
7.2.2 Zeitgenössische Zeitschriften und Zeitungen bis 1945....179
7.2.3 Zeitschriften und Zeitungen nach 1945....180

7.3 Monographien....181
7.4 Aufsätze....188

Abkürzungsverzeichnis[1]

ABC	Allgemeine Beamten-Correspondenz. Unabhängiger Nachrichtendienst für Beamtenpolitik
ADBZ	Allgemeine Deutsche Beamtenzeitung
ADGB	Allgemeiner Deutscher Gewerkschaftsbund
ADLZ	Allgemeine Deutsche Lehrerzeitung
BArch	Bundesarchiv
BBG	Gesetz zur Wiederherstellung des Berufsbeamtentums (Berufsbeamtengesetz)
BRD	Bundesrepublik Deutschland
BR-Drucks.	Bundesratsdrucksache
BT-Drucks.	Bundestagsdrucksache
BVerfGE	Entscheidung des Bundesverfassungsgerichts
BVerwG	Bundesverwaltungsgericht
BVerwGE	Entscheidung des Bundesverwaltungsgerichts
CORA	Court of Restitution Appeals (Am. Zone)
DAF	Deutsche Arbeitsfront
DBB	Deutscher Beamtenbund
DBG	Deutsches Beamtengesetz
DDR	Deutsche Demokratische Republik
DV	Deutsche Verwaltung
EALG	Entschädigungs- und Ausgleichsleistungsgesetz
Entsch.	Entscheidung
e. V.	eingetragener Verein
GDL	Gewerkschaft Deutscher Lokomotivführer
GdP	Gewerkschaft der Polizei
GG	Grundgesetz
GStA	Geheimes Staatsarchiv Stiftung Preußischer Kulturbesitz
GV	Generalversammlung

[1] Aufgeführt sind nur die weniger gebräuchlichen Abkürzungen. Für die nicht erwähnten sei auf Kirchner, Abkürzungsverzeichnis der Rechtsprechung, (2. Aufl., Berlin, New York 1983), verwiesen.

Jg.	Jahrgang
JöR	Jahrbuch des öffentlichen Rechts
KPD	Kommunistische Partei Deutschlands
MbliV	Ministerialblatt für die Preußische Innere Verwaltung, ab 1935 des Reichs- und Preußischen Ministeriums des Innern
m.w.N.	mit weiteren Nachweisen
NS	Nationalsozialismus
NSBO	Nationalsozialistische Betriebszellenorganisation
NSBZ	Nationalsozialistische Beamtenzeitung
NSLB	Nationalsozialistischer Lehrerbund
NSRB	Nationalsozialistischer Rechtswahrerbund
PBG	Polizeibeamtengesetz
Pg.	Parteigenosse
RDB	Reichsbund Deutscher Beamter
RdErl	Runderlaß
Rdnr.	Randnummer
RDStO	Reichsdienststrafordnung
RGBl.	Reichsgesetzblatt
RMdI	Reichsminister(ium) des Innern
Rreg.	Reichsregierung
RS	Rückseite
RT	Reichstag
RuPrInMin	Reichs- und Preußischer(s) Minister(ium) des Innern
RzW	Rechtsprechung zum Wiedergutmachungsrecht
SA	Sturmabteilung
SMAD	Sowjetische Militäradministration
SPD	Sozialdemokratische Partei Deutschlands
SS	Schutzstaffel
StdF	„Stellvertreter des Führers in Parteiangelegenheiten“
VB	Völkischer Beobachter
VePP	Verband ehemaliger Polizeibeamten Preußens e.V.
VDL	Verein Deutscher Lokomotivführer
VermG	Vermögensgesetz (Gesetz zur Regelung offener Vermögensfragen v. 23. 9. 1990)
VfZ	Vierteljahreshefte für Zeitgeschichte

VG	Verwaltungsgericht
VIZ	Zeitschrift für Vermögens- und Investitionsrecht
VOBl.	Verordnungsblatt
VS	Vorderseite
WR	Weimarer Republik
WRV	Weimarer Reichsverfassung v. 11. 8. 1919
ZOV	Zeitschrift für offene Vermögensfragen

1. Einleitung

Mit der Staatsform der Weimarer Republik begann für die Beamtenverbände eine neue Epoche. Das Ende des Obrigkeitsstaates und die revolutionären Ereignisse des Jahres 1918 gaben vielen bestehenden Beamtenverbänden einen heftigen Anstoß, die traditionellen Wohlfahrts- und Geselligkeitsaufgaben in ein gewerkschaftliches Programm umzuwandeln[1].
Als gemeinsames Ziel der Gewerkschaften und Beamtenverbände konnte man den Auf- und Ausbau einer sozialen und demokratischen Gesellschaftsordnung bezeichnen[2]. Beamtenvertretungen mit dieser Ausrichtung waren unmittelbar nach Ende des 1. Weltkrieges in fast allen Reichs- und Landesbehörden eingerichtet worden und hatten deren Anerkennung gefunden[3]. Sie konnten ihre Organisationen auf gewerkschaftlicher Basis umgestalten und von nun an die wirtschaftlichen, sozialen und beruflichen Interessen ihrer Mitglieder mit größerer Intensität wahrnehmen[4]. Während die Beamtenschaft zuvor weitgehend auf Gesuche und Petitionen und damit auf das Wohlwollen von Regierung und Verwaltung angewiesen war, konnten die Beamtengewerkschaften – gestützt auf die neuen Rechte und die Solidarität ihrer Mitglieder – nun eine echte und erfolgreiche Interessenvertretung betreiben[5]. Grundlegende Rechte, wie das der Koalitionsfreiheit[6], verdankten die Beamtenverbände überhaupt erst der Republik[7].

Im Anschluss an die politische Machtergreifung der Nationalsozialisten erfolgte dann jedoch eine Gleichschaltungswelle, die das ganze gesellschaftliche Leben in Deutschland erfasste und auch vor den Beamtenvereinigungen nicht halt machte. Die „Gleichschaltung“ war durch das Ineinandergreifen von terroristischen Aktionen nationalsozialistischer Ver-

---

[1] Vgl. Schiefer, Geschichte der Deutschen Gewerkschaften, S. 158.
[2] Vgl. dazu Schiefer, a.a.O., S. 442.
[3] Vgl. u.a. Amtsblatt des RuPrInMin 1920, S. 225; MbliV 1919, S. 199. – Die Reichsverfassung bestimmte hierzu in Art. 130 Abs. 3: „Die Beamten erhalten nach näherer reichsgesetzlicher Bestimmung besondere Beamtenvertretungen.“ Zur Ausführung dieses Artikels hatte die Rreg. nach langwierigen Beratungen zunächst am 28.6.1921 (RT-Drucks. Nr. 2359, Bd. 368), dann erneut am 11.1. 1930 (RT-Drucks. Nr. 1569, Bd. 439) den „Entwurf eines Gesetzes über Beamtenvertretungen“ im RT eingebracht (BArch Berlin R 43 I/2632, 2633). Ein solches Gesetz kam jedoch bis zum Ende der WR nicht zustande.
[4] Erfolg und Zukunft, S. 166.
[5] Ebda.
[6] Verankert in Art. 130 Abs. 2 WRV mit den Worten: „Allen Beamten wird die Freiheit ihrer politischen Gesinnung und die Vereinigungsfreiheit gewährleistet.“
[7] Vgl. dazu auch Wunder, Geschichte der Bürokratie in Deutschland, S. 111.

bände, z.B. der Sturmabteilung (SA), vor Ort und von administrativen Maßnahmen der von Hitler geführten Reichsregierung gekennzeichnet. Außerdem war für diesen Prozess die Verbindung von Propaganda, Einschüchterung durch gezielte staatliche Repression, Anpassung und Unterwerfung charakteristisch[8]. Im Rahmen dieser Gleichschaltungswelle kam es u.a. zu Enteignungen und Zwangsverkäufen, die auf dem Gebiet der Bundesrepublik Deutschland (BRD) nach dem 2. Weltkrieg über die Wiedergutmachungsgesetzgebung ausgeglichen wurden. Dabei ging es um die Vermögenswerte, welche im Zuge der politischen Entwicklung seit 1933 und damit letztlich auf Grund des Gesetzes über Beamtenvereinigungen vom 27. 5. 1937 an die nationalsozialistische Einheitsorganisation „Reichsbund der Deutschen Beamten e.V. in Berlin“ abgeführt werden mussten. Dieses waren die sog. „feststellbaren Vermögenswerte“, die zunächst nach der Kontrollratsdirektive Nr. 50 auf die Nachfolgeorganisationen der früheren demokratischen Beamtenausschüsse zurückzuübertragen waren.

Mit dem Beitritt der Deutschen Demokratischen Republik (DDR) zum Geltungsbereich des Grundgesetzes der BRD hat das Wiedergutmachungsrecht erneut an Aktualität gewonnen. Im Rahmen der Wiedervereinigung sind Gesetze normiert worden, die nach rechtsstaatlichen Grundsätzen eine Wiedergutmachung der Vermögensverluste regeln, die den Betroffenen im Hoheitsbereich der ehemaligen DDR entstanden sind. Dazu gehört insbesondere das Gesetz zur Regelung offener Vermögensfragen vom 23. 9. 1990[9].

Dabei geht es jedoch nicht nur um die Rückerstattung von Vermögenswerten aus der Zeit der ehemaligen DDR, sondern auch um die Aufarbeitung der nationalsozialistischen Vergangenheit im Gebiet der ehemaligen DDR. Dieser Zeitraum hat heute in diesem Zusammenhang deswegen Aktualität, weil in der späteren DDR und dem sowjetischen Sektor von Berlin keine Wiedergutmachung nationalsozialistischen Unrechts erfolgt ist, die der in der westlichen Besatzungszone und den Westsektoren Berlins und später in der BRD vergleichbar gewesen wäre.

---

[8] Der Oberbundesanwalt beim BVerwG, Beteiligungsgutachten im Verfahren BVerwG 7 C 13.00, v. 7. Februar 2001, S. 2.

[9] Fortan wird das Gesetz zur Regelung offener Vermögensfragen (Vermögensgesetz – VermG) vom 23.9. 1990, BGBl. 1990 Teil II, S. 889, 1159, nur noch als Vermögensgesetz bezeichnet.

Die DDR hatte sich immer darauf berufen, dass sie durch den vollständigen Bruch mit dem „faschistischen Staatssystem“ keinerlei Nachfolgeschuld in ihrer Person begründet sehe. Sie sei nicht als Nachfolger des Dritten Reichs anzusehen und daher weder zum Ausgleich noch zu einer Entschädigung der Opfer nationalsozialistischer Maßnahmen verpflichtet[10]. Eine Rückgabe der im Nationalsozialismus entzogenen Vermögenswerte an die ursprünglichen Eigentümer ist deshalb in der ehemaligen DDR in aller Regel nicht erfolgt[11].

Zwar wurde das Vermögen von sog. „Ariseuren“ durch SMAD-Befehl Nr. 124[12] von 1945 zunächst beschlagnahmt, dann jedoch nicht an die ehemaligen Eigentümer zurückgegeben, sondern von den Länderregierungen der sowjetischen Zone in Volkseigentum überführt[13]. Diese Umwandlung wurde 1948 im SMAD-Befehl Nr. 64 bestätigt und das Volkseigentum für unantastbar erklärt[14]. Das Ziel des Aufbaus einer sozialistischen Wirtschaftsordnung trat sehr schnell und immer stärker gegenüber demjenigen der Entnazifizierung in den Vordergrund[15].

Hinsichtlich der Beamtenvereinigungen konnte eine Wiedergutmachung darüber hinaus schon deshalb nicht geschehen, weil sich Nachfolgeorganisationen in der DDR gar nicht erst konstituieren durften.

In den alten Bundesländern hingegen regelten bereits alliierte Rückerstattungsgesetze die Wiedergutmachung von Vermögensverlusten, die zwischen 1933 und 1945 aus Gründen rassischer, religiöser oder politischer Verfolgung ungerechtfertigt entstanden waren[16]. Anschließend ergänzte der Gesetzgeber der Bundesrepublik Deutschland die alliierten Rückerstattungsgesetze, insbesondere durch das Bundesentschädigungsgesetz vom 29. 6. 1956[17] und das Bundesrückerstattungsgesetz vom 19. 7.1957[18]. Durch den Beitritt der ehemaligen DDR zum Geltungsbereich der BRD gem. Art. 23 GG ist jetzt auch dieser Teil Deutschlands in die Rechtsnach-

---

[10] Rexin, Anerkannt – und zur Kasse gebeten, in: Deutschland-Archiv 1973, S. 134 ff.

[11] S. dazu auch Hintz, Zur Anwendung des neugefassten Vermögensgesetzes, in: VIZ, Heft 1/1991 (1. Jg.), S. 12 ff. (13).

[12] Abgedr. bei: Fieberg/Reichenbach, Enteignung und offene Vermögensfragen in der ehemaligen DDR, Nr. 2.4.4.

[13] Vgl. Wesel, Wiedergutmachung für NS-Unrecht und Enteignungen, in: VIZ 9/1992 (2. Jg.), S. 337 ff (339).

[14] Ebda.

[15] Ebda.

[16] S. zum Wiedergutmachungsrecht der westlichen Besatzungsmächte und der späteren BRD auch Hintz, Zur Frage der Anwendung des Vermögensgesetzes, in VIZ (Jg. 1) 1991, S. 18 f. (18).

[17] BGBl. I, 559.

[18] BGBl. I, 734; auf die dazu entwickelte Rechtsprechung wird im Rahmen des VermG noch heute zurückgegriffen.

folge des früheren Deutschen Reichs mit den sich daraus für die Wiedergutmachung von NS-Unrecht ergebenden Folgen eingetreten[19]. Für Bürger und Vereinigungen, die am 29. 9. 1990 ihren Wohnsitz im Beitrittsgebiet hatten, gilt nunmehr das Vermögensgesetz in Verbindung mit dem Entschädigungs- und Ausgleichsleistungsgesetz (EALG)[20].

Die Verbindung zur nationalsozialistischen Zeit wird über § 1 Abs. 6 S. 1 VermG gezogen. Nach dieser Vorschrift ist das Vermögensgesetz auf vermögensrechtliche Ansprüche von Bürgern und Vereinigungen entsprechend anzuwenden, die in der Zeit vom 30. Januar 1933 bis zum 8. Mai 1945 aus rassischen, politischen, religiösen und weltanschaulichen Gründen verfolgt wurden und deshalb ihr Vermögen infolge von Zwangsverkäufen, Enteignungen oder auf andere Weise verloren haben[21]. Dabei wird gem. § 1 Abs. 6 S. 2 VermG zugunsten des Berechtigten ein verfolgungsbedingter Vermögensverlust nach Maßgabe des II. Abschnitts der Anordnung BK/O (49) 180 der Alliierten Kommandantur Berlin vom 26. Juli 1949[22] vermutet[23]. § 1 Abs. 6 VermG verfolgt also den Zweck, die für Rechtssubjekte aus der „alten" Bundesrepublik bereits durchgeführte Wiedergutmachung nationalsozialistischen Unrechts auch den Rechtssubjekten des Beitrittsgebiets zu eröffnen[24]. Es sollte, wie das Bundesverwaltungsgericht zutreffend festgestellt hat, in Anlehnung an die alliierten Rückerstattungsgesetze die Wiedergutmachung solcher Vermögensverluste nachgeholt werden, zu denen es während der nationalsozialistischen Gewaltherrschaft auf dem Gebiet der späteren DDR und des sowjetischen Sektors von Berlin gekommen war, weil es dort bis zum Inkrafttreten des Vermögensgesetzes keine Wiedergutmachungsgesetzgebung gegeben hat, die den in den westlichen Besatzungszonen und den Westsektoren Berlins und später in der Bundesrepublik Deutschland geltenden Gesetzen gleichwertig gewesen wäre[25].

---

[19] Vgl. Hintz, Anwendung des neugefassten Vermögensgesetzes, in: VIZ, 1/1991 (1. Jg.), S. 12 ff (13).
[20] BGBl. 1994 I, 2624.
[21] Kritisch zur Einbeziehung dieser Bestimmung in das VermG Brunner, in: RVI, Rdnr. 61.
[22] VOBl. für Groß-Berlin I, 221.
[23] S. dazu Uechteritz, Die Neuregelung für NS-Verfolgte, in: VIZ (2. Jg.) 1992, S. 377 ff (379).
[24] Säcker/Busche, Vermögensrecht, § 1, Rdnr. 135.
[25] Beschluß vom 5.9.1997, BVerwG F 13 146.97, Buchholz 428 § 1 VermG Nr. 122; Urteil v. 26.6.1997 – 7 C 53/96; BVerwG, VIZ 1997, 687; vgl. ferner Wasmuth, Wiedergutmachung für entzogene Vermögenswerte, in: VIZ 3/1992 (2. Jg.), S. 81 ff. (81).

Noch heute klagen verschiedene Beamtenverbände vor den Verwaltungsgerichten in den neuen Bundesländern, teilweise sogar bis hin zum Bundesverwaltungsgericht, um die Rückgabe von Vermögenswerten, die sie bzw. ihre Rechtsvorgänger in der Zeit des nationalsozialistischen Regimes verloren haben[26]. Einige dieser Verfahren wurden vom Bundesverwaltungsgericht bereits entschieden[27]. Bei diesen Streitigkeiten geht es häufig um die zentrale Frage, ob die Maßnahmen der nationalsozialistischen Machthaber gegen die aufgelösten bzw. gleichgeschalteten Beamtenverbände eine Verfolgung aus politischen oder weltanschaulichen Gründen i.S.v. § 1 Abs. 6 VermG darstellten.

Der Begriff der Verfolgungsmaßnahme wird von dem Gesetz nicht näher bestimmt. Es definiert aber gem. § 1 Abs. 6 S. 2 VermG i.V.m. Art. 3 Abs. 1 b des II. Abschnitts der Anordnung BK/O (49) 180 der Alliierten Kommandantur Berlin vom 26. Juli 1949 Gruppen von Personen, die solchen Maßnahmen unterlagen, als solche, welche in ihrer Gesamtheit aus den Gründen des § 1 durch Maßnahmen des Staates oder der NSDAP aus dem kulturellen und wirtschaftlichen Leben Deutschlands ausgeschaltet werden sollten.
Verfolgter ist danach also, wer aus dem nationalen Leben ausgeschaltet werden, wer nur mehr an den Lasten, nicht aber an den Vorteilen des Gemeinschaftslebens teilnehmen sollte. Eine Verfolgungsmaßnahme im Sinne des Gesetzes stellt demnach jede Maßnahme dar, die darauf gerichtet war, eine Person aus Gründen der Rasse, Religion, Nationalität, Weltanschauung oder politischen Gegnerschaft zum Nationalsozialismus für dauernd oder jedenfalls unabsehbare Zeit aus dem wirtschaftlichen oder kulturellen Leben Deutschlands auszuschalten oder wenigstens seinen Anteil daran erheblich einzuschränken.

Das BVerwG beurteilt dies auch für Beamtenverbände danach, ob – wie noch näher darzustellen sein wird - ein „gezielter Zugriff" der Nationalsozialisten auf die Beamtenverbände vorlag, „um sie als politische oder

---

[26] S. statistische Hinweise bzgl. offener Vermögensfragen des Wiedergutmachungsrechts im Allgemeinen, in: Kittke, Die neuere Entwicklung, insbesondere Rechtsprechung im Bereich des Vermögensrechts, VIZ (5. Jg.) 10/1995, S. 553 ff.

[27] Vgl. BVerwG 7 C 93.99 (VG Dresden 6 K 148/95) v. 22. 2. 2001; BVerwG 7 C 12.00 (VG Chemnitz 9 K 1330/94) v. 22. 2. 2001; BVerwG 7 C 13.00 (VG Greifswald 6 <5> A 2001/96) v. 22. 2. 2001.

weltanschauliche Gegner auszuschalten"[28].

Die Auflösung und Gleichschaltung der Interessenverbände vollzog sich unterschiedlich, so dass das Verhältnis der Nationalsozialisten gegenüber den Beamtenverbänden nicht so eindeutig und leicht beurteilt werden kann, wie gegenüber den freien Gewerkschaften. Vom Standpunkt der nationalsozialistischen Ideologie war in einem nationalsozialistischen Einparteienstaat jede freie gewerkschaftliche Tätigkeit überflüssig. Der Versuch des Allgemeinen Deutschen Gewerkschaftsbundes (ADGB), die NSDAP durch ein gewisses Entgegenkommen von der Auflösung der Gewerkschaften abzubringen, scheiterte, da die Nationalsozialisten in dieser Frage bereits vorher klare Vorstellungen entwickelt hatten: die in ihren Augen roten Gewerkschaften sollten keine Existenzberechtigung haben, da sie die Arbeiter nur in Gegensatz zum NS-Staat bringen würden[29].

Im Rahmen der Zerschlagung der Gewerkschaften, ihrer Umformung und Gleichschaltung, erfuhren die Beamtenverbände zunächst eine etwas andere Behandlung[30]. Die Nationalsozialisten erwarteten hier wegen der besonderen Bindung der Beamten an den Staat und der Tatsache, dass die meisten Beamtenverbände dem politisch neutralen Deutschen Beamtenbund – nicht den politischen und weltanschaulichen Richtungsgewerkschaften – als Dachorganisation angehörten, weniger Widerstand, als von den Arbeitern und Angestellten[31]. Aus diesem Grund packten sie die Beamtenorganisationen nicht vordringlich und etwas behutsamer an. Ferner war ihnen bewusst, dass die Beamten für das Funktionieren auch des NS-Staates von erheblicher Bedeutung sein könnten, wenn man sie entsprechend funktionalisierte. Dieser etwas moderatere Umgang der Nationalsozialisten mit den Beamtenverbänden, vor allem aber die Haltung vieler Beamter zum Nationalsozialismus, dürfte der Grund dafür sein, dass sich die Rechtsprechung – anders als gegenüber den Gewerkschaften – heute ausgesprochen zurückhaltend gegenüber den vermögensrechtlichen Ansprüchen der Beamtenverbände verhält. Die Anpassung des Beamtenapparats an die neuen Machthaber nach 1933 sollte indessen nicht darüber

---

[28] Auf diese vom BVerwG entwickelten Terminologie wird im folgenden Kapitel, „Verfolgungsmaßnahmen aus politischen oder weltanschaulichen Gründen gem. § 1 Abs. 6 VermG", genauer eingegangen.

[29] Vgl. Schumann, Nationalsozialismus und Gewerkschaftsbewegung, S. 61 ff.. Die Besetzung der Gewerkschaftshäuser fand am 2. 5. 1933 statt; s. dazu auch Deutscher Beamtenbund, S. II/170.

[30] Post und Postler im Nationalsozialismus, S. 73.

[31] Ebda.

hinwegtäuschen, dass die Beamtenverbände in der Weimarer Republik ganz überwiegend republikanisch gesonnen waren. Dies trifft namentlich auf deren Vorstände zu, die die Öffentlichkeitsarbeit der Verbände bestimmten und mit den Spitzen der Republik verhandelten. Unter diesen Umständen erscheint eine weitgehende Gleichbehandlung der Beamtenverbände mit den Gewerkschaften geboten.

Um diese Aussage zu begründen soll im Folgenden das Verhältnis der Nationalsozialisten zu den Beamtenverbänden und ihre Vorgehensweise gegen diese an den Beispielen des Deutschen Beamtenbundes als dem Dachverband der Beamtenorganisationen sowie des Verbandes Preußischer Polizeibeamter e.V. und der Gewerkschaft Deutscher Lokomotivführer e.V. genauer analysiert werden.

Zuvor ist jedoch das Merkmal der „Verfolgung aus politischen oder weltanschaulichen Gründen“ zu klären.

Die archivalische Quellenlage zur Situation der Beamtenverbände in der nationalsozialistischen Zeit ist schlecht. Die Bestände des DBB-Archivs beginnen erst nach 1945. Die Akten aus der Zeit zwischen 1933 und 1945 sind verloren gegangen; zum Teil sind sie im 2. Weltkrieg verbrannt, zum Teil durch Wasserschaden vernichtet[32]. Die Archive der Polizeigewerkschaft und der Gewerkschaft Deutscher Lokomotivführer geben kaum etwas her. Auch in der Sekundarliteratur konnte nicht viel Unterstützung gefunden werden. Insgesamt ist zum Thema bislang wenig konkretes geschrieben worden[33], so dass daher überwiegend auf zeitgenössisches Material, und hier vor allem auf Beschlüsse und Anordnungen sowie auf aktuelle Pressemitteilungen – sowohl der allgemeinen als auch der Verbandspresse - zurückgegriffen werden musste.

---

[32] Vgl. dazu auch Fröker/Schmitz, Lebensbilder der Vorsitzenden des Deutschen Beamtenbundes, S. 8.

[33] Vgl. zum Forschungsstand auf diesem Gebiet die Ausführungen in: Fröker/Schmitz, a.a.O., S.2 ff.

2. Verfolgungsmaßnahmen aus politischen oder weltanschaulichen Gründen gem. § 1 Abs. 6 VermG

Zum besseren Verständnis der eigentlichen Fragestellung ist zunächst das Merkmal der „Verfolgung aus politischen oder weltanschaulichen Gründen" i.S.d. § 1 Abs. 6 VermG gemäß der Rechtsprechung darzustellen.

Der Begriff des politischen Gegners setzt dabei zwingend voraus, dass eine Organisation überhaupt im politischen Bereich tätig war. Verbände, deren Tätigkeit wertneutral war, sich auf den gesellschaftlichen Bereich beschränkte und keine Verbindung zu einem politischen System aufwies, boten – objektiv betrachtet – keine Anhaltspunkte für eine Gegnerschaft aus politischen oder weltanschaulichen Gründen. Deshalb kann die Auflösung dieser Verbände, z.B. Gesangs- und Turnvereine, oder das Auswechseln ihres Führungspersonals von vornherein nicht als politische Verfolgung angesehen werden.

2.1 Die Rechtsprechung des Bundesverwaltungsgerichtes

Die Kollektivverfolgung wurde im Rahmen der Rückerstattung nach dem Gesetz der Alliierten Mächte für bestimmte Organisationen bejaht, sofern diese von außen unter Zwang aufgelöst oder aus Verfolgungsgründen zur Selbstauflösung gezwungen waren. Insbesondere letzteres konnte nicht immer eindeutig festgestellt werden. So wurden die katholischen Studenten- und Altherrenverbände zur gleichen Zeit (1938) zur Auflösung gezwungen, zu der die nicht-konfessionellen Verbände, die sich geweigert hatten, sich dem NS-Studentenbund einzugliedern, sich ebenfalls unter Druck auflösten[34]. Dieser Vorgang wurde von manchen Gerichten nicht als Verfolgungsmaßnahme, sondern als Akt der totalitären Gleichschaltung angesehen[35], denn selbst Wegbereiter des NS-Regimes, wie die „Organisation Stahlhelm" seien auf diese Weise gleichgeschaltet worden.

Es kam im Rahmen der Alliierten Rückerstattungsgesetze darauf an, ob die Umstellung einer Organisation auf die totalitäre Linie der Nationalso-

---

[34] CORA v. 24. 6. 1952, RzW 52, 325 Nr. 6.

[35] So OLG München v. 17. 5. 1950, RzW 49/50, 266 Nr. 2. Dagegen WGK Stuttgart v. 10. 1. 1951, RzW 51, 314 Nr. 3.

zialisten der politischen Ansicht der Mehrheit ihrer Mitglieder entsprach. Wenn ja, handelte es sich um einen Akt der Gleichschaltung, anderenfalls um einen Akt der Verfolgung[36]. Die Grenzlinie war und ist nicht leicht zu ziehen. Ferner stützte der Court of Restitution Appeals seine Entscheidungen vom 6. 2.1951[37] und vom 24. 6.1952[38] jeweils ausdrücklich auf eine Abgrenzung zwischen „bloß“ allgemeinen und typischen Maßnahmen eines totalitären Staates und seinen organisatorischen Angliederungsmaßnahmen einerseits, die keine Verfolgungsmaßnahmen im Sinne des REG gewesen seien, und solchen Maßnahmen andererseits, die wegen der Weltanschauung oder Gegnerschaft zum Nationalsozialismus ergriffen wurden.

Auch im Rahmen des VermG sieht sich die Rechtsprechung vor der schwierigen Unterscheidung zwischen Ausschaltung und Gleichschaltung im totalitären Staat. Für die Bejahung einer Verfolgung i.S.d. § 1 Abs. 6 VermG werden daher ähnliche Gesichtspunkte berücksichtigt:

Der 7. Senat des Bundesverwaltungsgerichts hat in einem Beschluss vom 5. 9. 1997 – 7 C 17/97 und 7 B 146/97 [39]- , der den Beitritt einer Altherrenvereinigung einer studentischen Korporation zum NS-Altherrenbund der Deutschen Studenten e.V. betraf, festgestellt, dass unter Verfolgungsmaßnahmen aus politischen oder weltanschaulichen Gründen i.S.v. § 1 Abs. 6 S. 1 VermG nur solche Maßnahmen zu verstehen seien, die ihren Grund darin hatten, dass der Verfolgte auf politischem oder weltanschaulichem Gebiet als ein Gegner der nationalsozialistischen Herrschaft oder nationalsozialistischer Bestrebungen oder nationalsozialistischen Gedankenguts angesehen wurde[40]. Bloße "Gleichschaltungsmaßnahmen“, die diese Voraussetzungen nicht erfüllten, würden von § 1 Abs. 6 S. 1 VermG nicht erfasst. Diese Differenzierung zwischen Vereinheitlichung und Verfolgung erscheint vor dem Hintergrund der historischen Wirklichkeit sachgerecht.

---

[36] Schwarz, Rückerstattung nach dem Gesetz der Alliierten Mächte, S. 133.
[37] RzW 1951, 129, 139.
[38] RzW 1952, 325.
[39] BVerwG VIZ 1998, 512 f.; Buchholz 428 § 1 VermG Nr. 122.
[40] Der 7. Senat stützt sich dabei auf mehrere Entscheidungen der Rückerstattungsgerichte: CORA RzW 1951, 129; RzW 1952, 325; OLG Köln, RzW 1953, 44 und 141 <142>; ORG Nürnberg, RzW 1956, 195 <196>; ORG Herford RzW 1957, 39; ORG Nürnberg, RzW 1958, 389; BGH RzW 1956, 360; ORG Rastatt RzW 1959, 112 <113>; RzW 1962, 68.

Insbesondere hat der Senat die Frage, ob die von den nationalsozialistischen Machthabern betriebene „Durchsetzung staatspolitischer Gleichschaltungsziele“ gleichbedeutend sei mit einer politischen Verfolgung i.S.v. § 1 Abs. 6 VermG, ausdrücklich verneint:

> „Allgemeine Gleichschaltungsmaßnahmen, in denen lediglich der totalitäre Herrschaftsanspruch des Nationalsozialismus und dessen Bestreben zum Ausdruck kamen, bislang selbständigen Organisationen ihre Unabhängigkeit zu nehmen und sie unter den ausschließlichen Einfluss der Partei zu bringen, unterfallen daher nicht dem Begriff der Verfolgung aus politischen oder weltanschaulichen Gründen; das gilt selbst dann, wenn bei der Gleichschaltung Zwang angewendet wurde. Vielmehr ist zur Anwendung des § 1 Abs. 6 S.1 VermG darüber hinaus erforderlich, dass die Organisation gerade wegen ihrer dem Nationalsozialismus entgegengesetzten Überzeugungen getroffen, mithin – in diesem Sinne – als Gegner ‚ausgeschaltet‘ werden sollte“[41].

Diese Unterscheidung zwischen „allgemeinen Gleichschaltungsmaßnahmen“ und Maßnahmen zur „Ausschaltung“ des politischen oder weltanschaulichen Gegners hat der 7. Senat des Bundesverwaltungsgerichts auch seinem Beschluss vom 7. 5. 1999 – 7 B 77/99 – zugrunde gelegt. Dieser besagt,

> „dass allgemeine Gleichschaltungsmaßnahmen, in denen lediglich der totalitäre Herrschaftsanspruch des Nationalsozialismus und dessen Bestrebungen zum Ausdruck kamen, bislang selbständigen Organisationen ihre Unabhängigkeit zu nehmen und sie unter den ausschließlichen Einfluss der Partei zu bringen, nicht dem Begriff der Verfolgung aus politischen oder weltanschaulichen Gründen unterfallen und dies selbst dann gilt, wenn bei der Gleichschaltung Zwang angewendet wurde.“

Auf der gleichen Linie bewegt sich ein Beschluss des 7. Senats vom selben Tag – 7 B 78/99 -, in dem noch einmal betont wird,

> „dass der Begriff der Verfolgung aus politischen oder weltanschaulichen Gründen im Sinne des § 1 Abs. 6 VermG mehr verlangt als bloße, den totalitären Herrschaftsanspruch verwirklichende Gleichschaltungsmaßnahmen, nämlich den gezielten Zugriff auf eine Organisation, um sie als ideologischen oder weltanschaulichen Gegner

---

[41] BVerwG VIZ 1998, 512.

auszuschalten“[42].

Für den Senat war also ausschlaggebend, „ob Maßnahmen vorlagen, die über totalitäre Gleichschaltungsakte hinausgingen“. Keine Verfolgungsmaßnahmen i.S.d. § 1 Abs. 6 VermG waren Maßnahmen, die lediglich der Gleichschaltung und der Durchsetzung der Ziele der nationalsozialistischen Politik dienten. Vorausgesetzt wurde vielmehr ein „gezielter Zugriff auf eine Organisation, um sie als ideologischen oder weltanschaulichen Gegner auszuschalten“.

Dabei mußte es sich um einen Zugriff durch den Staat oder die NSDAP gehandelt haben. Eine Verfolgung schied demnach aus, wenn die Veränderung in einem Verband und seine damit einhergehende Auflösung auf der freien Entscheidung der Mehrheit der Mitglieder beruhte oder sonst – beim Unterbleiben einer Abstimmung oder Beschlußfassung – dem (politischen) Willen der Mehrheit der Mitglieder entsprachen. In einem solchen Fall handelte es sich um die eigene Entscheidung des Verbandes, und zwar auch dann, wenn sie unter Missachtung satzungsmäßiger Bestimmungen oder durch Ausübung von Druck durch Mitglieder auf den amtierenden Vorstand zustande gekommen ist[43]. Eine Verfolgung erfordert dagegen Maßnahmen, die von staatlicher Stelle oder der NSDAP durchgesetzt oder erzwungen wurden.

2.2 Das Verfolgungsmotiv

Wegen der bereits in der Einleitung dargestellten engen Anlehnung des VermG an das alliierte Rückerstattungsrecht ist dem Bundesverwaltungsgericht darin zuzustimmen, dass bei der Auslegung des § 1 Abs. 6 VermG die alliierten Rückerstattungsregelungen und die dazu ergangene Recht-

---

42 OLG Köln, RzW 1953 , 44 und 141 <142>; ORG Rastatt, RzW 1959, 112 <113>; BGH, RzW 1956, 360; BVerwG, Beschluss v. 5.9. – BVerwG 7 B 146.97 – Buchholz 428 § 1 VermG Nr. 122 m.w.N.

43 Vgl. BVerwG, Urteil v. 22.2.2001 – 7 C 93.99, das auf folgende Entscheidungen verweist: OLG Köln RzW 1953, 44; OLG Hamm, RzW 1953, 356; OLG Karlsruhe, RzW 1955, 80; ORG Rastatt, RzW 1959, 112 <113>.

sprechung herangezogen werden müssen[44]. Dies gilt namentlich für den Begriff der Verfolgung, den § 1 Abs. 6 S. 1 VermG ganz im Sinne des rückerstattungsrechtlichen Verfolgungsbegriffs verwendet[45]. Damit ergeben sich für die Feststellung einer politischen und weltanschaulichen Verfolgung folgende Grundsätze, die als rechtlicher Maßstab anzulegen sind:

> Das Tatbestandsmerkmal einer Verfolgung aus politischen oder weltanschaulichen Gründen stellt entscheidend auf die subjektive Perspektive des Verfolgers, das Verfolgungsmotiv, ab[46]. „Politische Gegnerschaft" ist dahin abzugrenzen, daß Entschädigung nur gewährt wird, wenn der Verfolger den Betroffenen als Gegner des innerdeutschen Herrschaftssystem des Nationalsozialismus betrachtet und ihn deshalb verfolgt hat[47]. Entscheidend ist also, dass der Betroffene vom Nationalsozialismus als politischer oder weltanschaulicher Gegner behandelt wurde[48]. Er musste nicht notwendig eine gegen den Nationalsozialismus gerichtete politische Einstellung gehabt, sich zu dieser öffentlich bekannt oder gar aktiven Widerstand gegen das NS-System geleistet haben[49]. Überhaupt war die subjektive Einstellung des Verfolgten unerheblich[50]. Entscheidend war vielmehr, wie die Verfolger den Betroffenen beurteilten und aus welchem Grund sie gegen ihn vorgingen[51].
>
> Etwas anderes galt nur für solche Personen, die im Wesentlichen dieselben ideologischen Ziele verfolgten wie der Nationalsozialismus und die Hitler nur politisch bekämpften, um dadurch ihre eige-

---

[44] BT-Drucks. 12/2944, S. 49; BVerwG, Beschluss v. 5.9.1997, VIZ 1998, 512; BVerwG, Buchholz 428 § 1 VermG Nr. 122; vgl. dazu auch Hintz, Zur Anwendung des Vermögensgesetzes, in: VIZ (Jg.2) 1/1992, S. 18 f. (19); ferner Fieberg/Reichenbach, in: Fieberg/Reichenbach/Messerschmidt/Neuhaus, § 1 Rdnr. 91.

[45] Säcker/Busch, Vermögensrecht, § 1, Rdnr. 136.

[46] Säcker/Busche, a.a.O., § 1, Rdnr. 142.

[47] NJW, RzW 1965, 510.

[48] CSR RzW 1951, 271; CORA RzW 1958, 291; Ehrig, in: Blessin/Ehrig/Wilden, § 1 BEG Rdnr. 5; Gießler, in: Brunn/Gießler/Klee/Maier/Weiss, S. 12; Zimmer, RzW 1954, 224; VG Dresden, Urteil V. 5.11. 1998 – 6 K 148/95; Dietsche, in: Kimme, Offene Vermögensfragen, Bd. 1, § 1 VermG Rdnr. 312; Säcker/Busche, a.a.O., § 1, Rdnr. 142; Wasmuth, in: Rechtshandbuch Vermögen und Investitionen in der ehemaligen DDR (RVI), B 100 Rdnr. 172.

[49] Ebda.

[50] Gießler, in: Brunn/Gießler/Klee/Maier/Weiss, S. 12; vgl. ferner BGH v. 3. 10. 1956, RzW 1956, 360.

[51] Vgl. BGH v. 9. 3. 1960, RzW 1960, 371.

nen totalitären Pläne besser verwirklichen zu können[52]. Insoweit bedurfte es trotz der grundsätzlichen Maßgeblichkeit der subjektiven Sicht der Verfolger objektiver Einschränkungen, um Angehörige und Anhänger des NS-Systems, die allein wegen innerparteilicher Opposition geschädigt wurden, aus dem Kreis der Restitutionsberechtigten des § 1 Abs. 6 VermG auszuscheiden[53].

Es genügt daher für die Annahme einer politischen Verfolgung, dass das NS-Regime glaubte, der Betroffene gefährde wegen seiner abweichenden Überzeugung das erstrebte Ziel einer völligen Ausrichtung der gesamten Bevölkerung auf die dem Nationalsozialismus eigentümlichen Anschauungen über die innere Ordnung des Staates und Volkes, deren Aufgaben oder die völlige Unterordnung des Volkes unter diese Anschauungen[54]. Entscheidend ist somit allein, ob die Person oder Vereinigung vom nationalsozialistischen Regime für einen Gegner des Systems gehalten wurde, da sie den nationalsozialistischen Zielen im Wege standen, und deshalb politischer Verfolgung ausgesetzt war[55].

Nach diesen Grundsätzen liegt eine politische Verfolgung i.S.v. § 1 Abs. 6 VermG regelmäßig bei Maßnahmen der nationalsozialistischen Machthaber gegen die oppositionellen politischen Parteien – SPD, KPD, Zentrum – und gegen die aufgelösten bzw. gleichgeschalteten Gewerkschaften vor[56]. Die Gewerkschaften sind im Allgemeinen als Gruppenverfolgte anzusehen, weil sie von den nationalsozialistischen Machthabern als dem

---

[52] Ebda. sowie BGH v. 11. 5. 1960, RzW 1960/449. Dazu gehörten bspw. die Anhänger der von Otto Strasser gegründeten „Schwarzen Front", die mehrfach harten Maßnahmen seitens der ns. Machthaber ausgesetzt waren. Ihr Kampf gegen Hitler stellte sich aber nur als Streit um die Macht innerhalb der ns. Partei dar, so dass sie nicht als politische Gegner i.S.d. Entschädigungsrechts angesehen wurden, vgl. dazu die genannten Entsch. sowie Blessin/Ehrig/Wilden, § 1 Rdnr. 21; Becker/Huber/Küster, § 1 Rdnr. 5b.

[53] Vgl. BGH RzW 1960, 371; 1960, 449; 1961, 410; Säcker/Busch, a.a.O., § 1, Rdnr. 144.

[54] Vgl. Dietsche, in: Kimme, a.a.O., § 1 VermG Rdnr. 312; Wasmuth, in: RVI, B 100, § 1 VermG Rdnr. 172.

[55] Vgl. auch NJW, RzW 1965, 510.

[56] CORA RzW 1953, 193; Ehrig, in: Blessin/Ehrig/Wilden, § 51BEG Rdnr. 26; Gießler, in: Brunn/Gießler/Klee/Maier/Weiss, S. 15; Schwarz, Rückerstattung nach dem Gesetz der Alliierten Mächte, S. 133; Säcker/Busche, a.a.O., § 1, Rdnr. 146; Wasmuth, in: RVI, B 100, § 1 VermG Rdnr. 173; Becker/Huber/Küster, § 1 Rdnr. 5 h.

Regime gerade entgegengesetzt angesehen wurden. Sie sollten in ihrer Gesamtheit als Gegner des Nationalsozialismus unschädlich gemacht und deshalb aus dem kulturellen und wirtschaftlichen Leben Deutschlands durch Maßnahmen des Staates bzw. des Nationalsozialismus ausgeschaltet werden[57].

Das Verfolgungsmotiv als Abgrenzungskriterium muß trotz der klaren Grundsätze jedoch mit äußerster Sorgfalt behandelt werden. Die Nationalsozialisten waren bestrebt, ihre Verfolgungsabsicht zu tarnen. Zu diesem Zweck wurden beispielsweise am 23. März 1933 umfangreiche Kundgebungen inszeniert, an denen nationalsozialistische Arbeiter und die Mitglieder der Gewerkschaften gemeinsam teilnahmen[58]. Dies sollte den Eindruck der nationalen Versöhnung erwecken und davon ablenken, dass auf den Straßen zur gleichen Zeit Andersdenkende verfolgt und ausgegrenzt wurden oder noch werden sollten[59]. Der Tarnung des Verfolgungsmotivs diente auch der Versuch, das Vorgehen gegen die freien Gewerkschaften am 2. Mai 1933 gegenüber der Öffentlichkeit als Aktion zur Modernisierung der Gesellschaft darzustellen. Im „geheimen Aktionskomitee zum Schutze der deutschen Arbeit" bestand Einigkeit, dass dem Arbeiter das Gefühl gegeben werden solle, die Aktion richte sich nicht gegen ihn, sondern gegen ein überaltertes, mit den Interessen der deutschen Nation nicht übereinstimmendes System. Dadurch sollten die Arbeiter aus dem Zusammenhalt ihrer jeweiligen Gewerkschaft herausgelöst werden[60]. Die bewußte Verschleierung des Verfolgungsmotivs erschwert folglich den Nachweis, dass einer als „Gleichschaltung" ausgegebenen Maßnahme eine Verfolgungsabsicht zugrunde gelegen hat[61].

2.3 Eignung der Abgrenzung zwischen „Gleichschaltung" und „gezieltem Zugriff"

Die Unterscheidung zwischen allgemeinen Gleichschaltungsmaßnahmen und Maßnahmen, die einen „gezielten Zugriff" zum Zwecke der Ausschaltung darstellen, ist vor dem geschichtlichen Hintergrund durchaus gerecht-

---

[57] CORA RzW 1953, 193, 194.

[58] Der Oberbundesanwalt beim BVerwG, Beteiligungsgutachten im Verfahren BVerwG 7 C 13.00, v. 7. Februar 2001, S. 5.

[59] Ebda.

[60] Thamer, Verführung und Gewalt, S. 284.

[61] Der Oberbundesanwalt beim BVerwG, a.a.O., S. 6.

fertigt. Ob diese Terminologie allerdings zur Feststellung des Verfolgungscharakters einer Maßnahme geeignet ist, erscheint fraglich. Ausgangspunkt für die Beantwortung dieser Frage ist der Begriff der „Gleichschaltung". Dieser wird vom Bundesverwaltungsgericht gerade bei der Abgrenzung zur „Ausschaltung" in einem unpolitischen Sinn verwendet. Während das Gericht für den Begriff der „Ausschaltung" eine politische Zielrichtung der getroffenen Maßnahmen im Sinne des Nationalsozialismus voraussetzt, indem es verlangt,

> „dass die Organisation gerade wegen ihrer dem Nationalsozialismus entgegengesetzten Überzeugungen getroffen, mithin- in diesem Sinne – als Gegner ‚ausgeschaltet' werden sollte",

beurteilt es die „Gleichschaltung" letztlich politisch wertfrei, wenn es feststellt:

> „Allgemeine Gleichschaltungsmaßnahmen, in denen lediglich der totalitäre Herrschaftsanspruch des Nationalsozialismus und dessen Bestrebung zum Ausdruck kamen, bislang selbständigen Organisationen ihre Unabhängigkeit zu nehmen und sie unter den ausschließlichen Einfluss der Partei zu bringen, unterfallen daher nicht dem Begriff der Verfolgung aus politischen oder weltanschaulichen Gründen"[62].

Zwar räumt das Bundesverwaltungsgericht in einer anderen Entscheidung[63] als „Selbstverständlichkeit" ein,

> „dass der Zugriff ... wie alle Maßnahmen der Gleichschaltung im totalitären Staat von politischen und weltanschaulichen Vorgaben bestimmt war",

doch drückt bereits der nächste Satz genau das Gegenteil aus, wenn das Bundesverwaltungsgericht feststellt,

> „dass der Begriff der Verfolgung aus politischen und weltanschaulichen Gründen im Sinne des § 1 Abs. 6 VermG mehr verlangt als bloße, den totalitären Herrschaftsanspruch verwirklichende Gleichschaltungsmaßnahmen, nämlich den gezielten Zugriff auf eine Or-

---

[62] BVerwG, Buchholz 428 § 1 VermG Nr. 122.
[63] Beschluß v. 7. 5. 1999 – 7 B 78/99.

> ganisation, um sie als ideologischen oder weltanschaulichen Gegner auszuschalten."

Das Bundesverwaltungsgericht geht also davon aus, dass unter einer „Gleichschaltung" eine bloße, den totalitären Herrschaftsanspruch verwirklichende Maßnahme zu verstehen ist, während eine Verfolgung aus politischen und weltanschaulichen Gründen „den gezielten Eingriff auf eine Organisation" voraussetzt, „um sie als ideologischen oder weltanschaulichen Gegner auszuschalten"[64].

Diese begriffliche Unterscheidung des Bundesverwaltungsgerichts haben die Verwaltungsgerichte Greifswald[65] und Chemnitz[66] übernommen. So heißt es in dem Urteil des Verwaltungsgerichts Greifswald zur Rückübertragung eines Grundstücks in enger Anlehnung an die Entscheidung des Bundesverwaltungsgerichts:

> „Entscheidend ist demnach, dass der Verfolgte gerade wegen seiner dem Nationalsozialismus entgegenstehenden Überzeugungen getroffen und als Gegner ‚ausgeschaltet' werden sollte. Soweit Vereinigungen oder Organisationen im Rahmen von allgemeinen Gleichschaltungsmaßnahmen zum Zwecke des Ausbaus des totalitären Herrschaftsanspruchs des Nationalsozialismus ihre Unabhängigkeit verloren haben, handelt es sich daher nicht um eine Verfolgung im vorgenannten Sinne".

Ganz ähnlich formuliert das Verwaltungsgericht Chemnitz in der genannten Entscheidung, ebenfalls zur Rückübertragung eines Grundstücks, wenn es unter Verfolgungsmaßnahmen nur solche Maßnahmen versteht,

> „die ihren Grund darin hatten, dass der Verfolgte auf politischem oder weltanschaulichem Gebiet als ein Gegner der nationalsozialistischen Herrschaft oder nationalsozialistischer Bestrebungen oder nationalsozialistischen Gedankenguts angesehen wurde. Allgemeine Gleichschaltungsmaßnahmen, in denen lediglich der totalitäre Herrschaftsanspruch des Nationalsozialismus und dessen Bestreben zum Ausdruck kamen, bislang selbständigen Organisationen ihre Unabhängigkeit zu nehmen und sie unter den ausschließlichen Einfluss

---

[64] BVerwG, Beschluß v. 7. 5. 1999 – 7 B 77/99.
[65] Urteil v. 20. 7. 1999 – 6 (5) A 2001/96.
[66] Urteil v. 22. 7. 1999 – 9 K 1330/94.

> der Partei zu bringen, unterfallen nach dieser Rechtsprechung des Bundesverwaltungsgerichts nicht dem Begriff der Verfolgung aus politischen oder weltanschaulichen Gründen ...".

Die Zielsetzung der „allgemeinen Gleichschaltung" ist nach dieser verwaltungsgerichtlichen Rechtsprechung durch drei Merkmale gekennzeichnet:

- Verwirklichung bzw. Ausbau des totalitären Herrschaftsanspruchs des Nationalsozialismus,

- im Bestreben, bislang selbständigen Organisationen ihre Unabhängigkeit zu nehmen und

- sie unter den ausschließlichen Einfluss der Partei zu bringen.

Unerheblich soll dagegen der Umstand sein, ob bei der „Gleichschaltung" in diesem Sinn Zwang angewendet wurde[67].

Dieser von den Verwaltungsgerichten zugrunde gelegte Begriff der „allgemeinen" oder „bloßen" Gleichschaltung unterstellt, dass die Nationalsozialisten ihren politischen Maßnahmen nach der „Machtergreifung" überhaupt einen einheitlichen und klaren Rechtsbegriff der „Gleichschaltung" zugrunde legten, der trennscharf von Maßnahmen zur „Ausschaltung" des politischen oder weltanschaulichen Gegners abzugrenzen war. Er unterstellt weiter, daß die Nationalsozialisten Verfolgungsmaßnahmen gegen politische oder weltanschauliche Gegner nicht euphemistisch oder zynisch als „Gleichschaltung" deklarierten. Bereits ein kurzer Blick in nationalsozialistische Gesetze und das zeitgenössische juristische Schrifttum zeigt jedoch, dass beide Voraussetzungen eines solchen verfolgungsneutralen Gleichschaltungsbegriffs nicht gegeben sind. In der NSBZ war 1933 zu lesen:

> „Gleichschaltung bedeutet, dass die neue deutsche schlechthin gültige Weltanschauung eine ausschließliche Stellung einnimmt.
> Gleichschaltung bedeutet lebendige Anteilnahme an der nationalen Erhebung, eine restlose Unterstützung aller Maßnahmen der Regie-

---

67 BVerwG, Buchholz 428 § 1 VermG Nr. 122; Beschluß v. 7. 5. 1999 – 7 B 77/99; VG Greifswald, Urteil v. 20. 7. 1999 – 6 (5) A 2001/96; VG Chemnitz, Urteil v. 22. 7. 1999 – 9 K 1330/94.

rung, Gleichschaltung also in uns im Sinne der Volksgemeinschaft, Gleichschaltung mit dem großen Geschehen der Nation"[68].

Es ist also bereits im Ausgangspunkt festzustellen, dass es sich bei dem Begriff der „Gleichschaltung" um keinen Rechtsbegriff mit feststehendem Inhalt, sondern um ein dem Bereich der Technik entlehntes bloßes Schlagwort handelt, das der Terminologie der Nationalsozialisten entstammt[69]. Mit diesem Schlagwort wurden höchst unterschiedliche Vorgänge bezeichnet, die nur zum Teil rechtlicher Natur waren. Auseinanderzuhalten ist insbesondere die Gleichschaltung der staatlichen Institutionen einerseits und die Gleichschaltung der Gesellschaft andererseits.

2.3.1 Die „Gleichschaltung" der Länder

Im Bereich der staatlichen Institutionen war die Gleichschaltung der Länder mit dem Reich eines der Hauptziele der nationalsozialistischen Reichsregierung. In Reich und Ländern sollte ein politischer Gleichklang erzielt werden, da – wie Brebeck 1941 schrieb - „ein Staat nur dann eine politische Realität darstellt, wenn ihn ein einheitlicher politischer Wille beherrscht"[70].

Die Unterdrückung unabhängiger Länderpolitik wurde durch das „Vorläufige Gesetz zur Gleichschaltung der Länder mit dem Reich" vom 31. 3. 1933[71] auf den Weg gebracht. Es verschob unter der beschönigenden Überschrift „Vereinfachung" die Gewichte innerhalb der Länder von den Volksvertretungen zugunsten der Landesregierungen, indem es diesen nach dem Vorbild des „Ermächtigungsgesetzes" vom 24. 3. 1933[72] die Kompetenz gab, Gesetze zu beschließen[73]. Zugleich löste es die Landtage und Gemeindevertretungen der Länder mit Ausnahme des am 5. 3. 1933 gewählten Preußischen Landtages auf und bildete sie ohne Neuwahl auf der Grundlage der Stimmenzahl der Reichstagswahlen vom selben Tag

---

[68] NSBZ Nr. 13 v. 5. 7. 1933, S. 206, BArch Berlin R 8080/287, Bl. 37 R.
[69] S. dazu auch Brabeck, Die Gleichschaltung Preußens, S. 15 ff.
[70] Ebda., S. 16.
[71] „Erstes Gleichschaltungsgesetz", RGBl. I, 153.
[72] RGBl. I, 141.
[73] S. dazu auch Goetz, Die öffentliche Verwaltung im neuen Reich, in: Beamten-Jahrbuch, Heft 4/1933, S. 411.

neu[74]. Die Länderparlamente wurden also gleichgeschaltet, indem der Nationalsozialismus in ihnen dieselbe Machtstellung erhielt, die er im Reich durch die Reichstagswahl vom 5. 3. 1933 errungen hatte. Hans Pfundtner schrieb dazu noch im gleichen Jahr:

> „Mit dieser von oben her, d.h. von Reichswegen erfolgten Gleichschaltung sollte verhindert werden, dass die Politik der Reichsregierung durch entgegenstehende Beschlüsse der Länderparlamente erschwert oder gar durchkreuzt würde“[75].

Das Ziel des Gesetzes war also die Sicherstellung einer möglichst einheitlichen deutschen Politik. Wollte die Reichsregierung aber auch die bloße Möglichkeit eines Auseinandergehens von Reich und Ländern, insbesondere Preußens verhindern, mußte sie zu den bereits vorhandenen rechtlichen Sicherungen einige weitere schaffen.

Das „Zweite Gesetz zur Gleichschaltung der Länder mit dem Reich“ vom 7. 4. 1933[76] löste die schon vorher in den meisten Ländern eingesetzten Reichskommissare durch „Reichsstatthalter“ ab, die nach § 1 Abs. 1 S. 2 des Gesetzes die Aufgabe hatten, „für die Beobachtung der vom Reichskanzler aufgestellten Richtlinien der Politik zu sorgen.“ Die Reichsstatthalter sollten aus nationalsozialistischer Sicht die Unterordnung der Länder unter das Reich sicherstellen[77]. Sie konnten deshalb u.a. den Vorsitzenden der Landesregierung ernennen und entlassen, den Landtag auflösen und Neuwahlen anordnen. Beide Gleichschaltungsgesetze bedeuteten das Ende unabhängiger Länderpolitik. Sie blieben allerdings nur vorübergehend in Kraft, bis durch das „Gesetz über den Neuaufbau des Reichs“ vom 30. 1.1934[78] auch die letzten Reste der Bundesstaatlichkeit beseitigt wurden.

Hervorzuheben bleibt, dass die Nationalsozialisten diese „Gleichschaltung“ der Länder mit dem Reich keineswegs für einen rein organisatorischen Vorgang hielten, sondern durchaus dessen spezifische nationalsozialistische Funktion hervorhoben. Ernst Rudolf Huber

---

[74] Ebda.; vgl. ferner „Der nationale Rechtsstaat“, in: Deutsche Juristen-Zeitung Heft 8/38. Jg. v. 15. 4. 1933, S. 521.
[75] Pfundtner, Die neue Stellung des Reichs, S. 15.
[76] RGBl. I, 173.
[77] Vgl. auch Goetz, a.a.O., S. 411.
[78] RGBl. I, 75.

zialistische Funktion hervorhoben. Ernst Rudolf Huber beschrieb dieses Ziel der „Gleichschaltung" der Länder im Jahre 1939 mit den Worten:

> „Das Ziel der nationalsozialistischen Reichserneuerung war nach diesen Worten des Führers nicht nur die Vernichtung des verderbten parteienbundstaatlichen Systems der Weimarer Zeit, sondern die endgültige Überwindung des Föderalismus und Bundesstaats überhaupt"[79].

Noch deutlicher hinsichtlich der politischen Bedeutung der „Gleichschaltung" für die Nationalsozialisten wurde Huber in anderem Zusammenhang. So ist im selben Buch zu lesen:

> „Der Flaggenerlaß des Reichspräsidenten von Hindenburg vom 12. März 1933 ... ging aus einer neu begründeten rechtlichen Ordnung hervor, ja, er ist die erste große Formulierung, in der das neue revolutionäre Recht seinen Niederschlag fand. Im gleichen Sinne sind auch die sonstigen Rechtsvorgänge dieser Zeit zu beurteilen, die Gleichschaltung etwa oder die Einrichtung der Konzentrationslager. Es wäre unsinnig, sie an den Normen der Weimarer Verfassung messen zu wollen. Sie waren Rechtserscheinungen im Rahmen des neuen werdenden Verfassungsrechts. Das deutsche Volk lebte also schon vor dem 23. März 1933 nach einer neuen ungeschriebenen Verfassung"[80].

Für Huber, einen der herausragenden nationalsozialistischen Verfassungsrechtler, war damit klar, dass es sich bei der „Gleichschaltung" der Länder mit dem Reich um einen klaren Verfassungsbruch handelte. Darüber hinaus lässt die gleichberechtigte Erwähnung der Gleichschaltung neben den Konzentrationslagern zumindest erahnen, welcher politische Rang der „Gleichschaltung" im Rahmen der Ausschaltung des politischen Gegners der neuen Reichsregierung aus Sicht der nationalsozialistischen Juristen zukam.

Gleichwohl ist einzuräumen, dass die Gleichschaltung der Länder mit dem Reich ungeachtet ihrer spezifischen nationalsozialistischen Funktion noch am ehesten dem Gleichschaltungsbegriff des Bundesverwaltungsgerichts entsprach. Die Gleichschaltung sollte die bis dahin politisch eigenständi-

---

[79] Huber, Verfassungsrecht, S. 324.
[80] Ebda., S. 45 f.

gen Länder in das nationalsozialistisch regierte Reich einordnen und der nationalsozialistischen Reichsführung unterordnen. Sie sollte auch darüber hinaus das von den Nationalsozialisten verachtete bundesstaatliche System Weimars vernichten und überhaupt den Föderalismus sowie den Bundesstaat, der der Durchsetzung ihrer Ziele hinderlich gewesen wäre, überwinden.

Dies hatte selbstverständlich auch erhebliche Konsequenzen für Gegner des Nationalsozialismus, vor allem für oppositionelle Politiker in den Ländern. Diese verloren nun durch die Gleichschaltung der Länder ihre Ämter und Funktionen. Dieser Zugriff auf den politischen Gegner erfolgte indessen nicht zielgerichtet, sondern war lediglich die mittelbare Folge des vorrangigen Zieles der Nationalsozialisten, die bis dahin unabhängigen Länder unter den ausschließlichen Einfluss des Reichs und damit der im Reich regierenden NSDAP zu bringen. Insoweit lässt sich die „Gleichschaltung" der Länder tatsächlich als „verfolgungsneutral" verstehen.

2.3.2 Die „Gleichschaltung" der Gesellschaft

Ganz anders verhielt es sich mit der „Gleichschaltung" des gesellschaftlichen Lebens außerhalb der staatlichen Institutionen. Auch insoweit mussten die Nationalsozialisten nach ihrem totalitären Machtanspruch darangehen, die ganze Gesellschaft durch staatliche Reglementierung und parteipolitische Kontrolle sowie Disziplinierung „in den Griff" zu bekommen, also politisch und weltanschaulich unerwünschte Einflüsse vollkommen auszuschalten. Dazu wurden auf allen Ebenen des gesellschaftlichen Lebens bis dahin selbständige Verbände und Vereine ihrer Unabhängigkeit beraubt und unter den Einfluss der NSDAP gebracht. Dies betraf, abgesehen von der Neuregelung des Beamtenrechts und der Neuorganisation der ca. 900 deutschen Beamtenvereinigungen, vor allem die Bereiche des kulturellen Lebens im weitesten Sinne und des sozialen und wirtschaftlichen Lebens.

Nach seiner am 13. 3. 1933 erfolgten Ernennung zum Reichsminister „für Volksaufklärung und Propaganda" begann Goebbels damit, das ganze deutsche Volk in nationalsozialistischem Sinne zu „erziehen". Noch im Jahre 1933 wurde mit dem Reichskulturkammergesetz vom 22. 9. 1933[81]

---

[81] RGBl. I, 661.

und dem Schriftleitergesetz vom 4. 10. 1933[82] die „Gleichschaltung" des kulturellen Lebens im weitesten Sinne durchgesetzt. Die Reichskulturkammer wurde in der Folgezeit zum wichtigsten Disziplinierungsinstrument der Nationalsozialisten, die sicherstellte, dass der ganze Kulturbetrieb den propagandistischen Zwecken der Nationalsozialisten untergeordnet und dienstbar gemacht wurde[83].

Dabei ging es den Nationalsozialisten allerdings nicht allein darum, die Menschen mit ihren politischen Ansichten zu konfrontieren. Die Deutschen sollten sich vielmehr selbst nicht mehr als Individuen, als individuelle Rechtssubjekte, sondern als Glieder eines größeren Ganzen, „einer Gemeinschaft physisch und seelisch gleichartiger Lebewesen" begreifen[84]. Dies setzte die Vernichtung des bis dahin bestehenden freien Vereinigungswesens in der Gesellschaft voraus und war die eigentliche Ursache der nun einsetzenden „Gleichschaltung" zahlloser Verbände und Vereine. Dies galt auch und gerade für die Berufsverbände, deren Mitglieder nun entsprechenden neu gegründeten nationalsozialistischen Organisationen zugeteilt wurden[85]. Es galt aber auch für die Ausrichtung der Jugend auf den Nationalsozialismus. Die Pflichtmitgliedschaft in der „Hitlerjugend", die am 1. 12. 1936 zur „Staatsjugendorganisation", d.h. zur einzigen zugelassenen Jugendorganisation erklärt wurde, bildete insoweit einen entscheidenden Schritt. All diese Maßnahmen wurden mit dem Schlagwort „Gleichschaltung" bezeichnet.

Das Ziel dieser nationalsozialistischen „Gleichschaltungspolitik" war in jedem Fall die politische und soziale Mobilisierung der ganzen Gesellschaft im nationalsozialistischen Sinne[86]. Hinter diesem obersten Ziel verbarg sich aber ein breites Spektrum keineswegs einheitlicher Motive. Es ging den Nationalsozialisten teils um bloße organisatorische Vereinfachung und Neustrukturierung, teils aber auch um die Bekämpfung und Ausschaltung des politischen oder weltanschaulichen Gegners. Dazu sollten dessen Organisationen zerschlagen und deren Mitglieder in die entsprechenden nationalsozialistischen Nachfolgeorganisationen überführt werden.

Eine Organisation konnte dabei durchaus an einigen nationalsozialistischen Grundsätzen festhalten und dennoch von der NSDAP als weltan-

---

[82] RGBl. I, 713.
[83] Vgl. Frotscher/Pieroth, Verfassungsgeschichte, Rdnr. 587.
[84] Vgl. Willoweit, Deutsche Verfassungsgeschichte, S. 320.
[85] NSRB, NSLB, NS-Studentenbund usw.
[86] Vgl. Broszat, Der Staat Hitler's, S. 173 ff.

schaulicher und politischer Gegner betrachtet werden[87]. Es ist also nicht ausgeschlossen, dass auch bei der Gleichschaltung der verschiedenen Zweige des öffentlichen Lebens parteibeherrschte Organisationen Verfolgungen im Sinne des VermG ausgesetzt waren[88].

Ein Beispiel für eine „Gleichschaltung“ von Anhängern des Nationalsozialismus bzw. nationalsozialistischer Organisation, die ohne jedes Verfolgungsmotiv allein aus parteiinternen, machtpolitischen und organisatorischen Gründen vorgenommen wurde, stellten das „Gesetz zur Sicherung der Einheit von Partei und Staat“ vom 1. 12. 1933[89] und insbesondere die dazu ergangene „Verordnung zur Durchführung des Gesetzes zur Sicherung der Einheit von Partei und Staat“ vom 29. 3. 1935[90] dar. Das Gesetz verankerte das weltanschauliche Monopol der NSDAP und die daraus resultierende „Gleichschaltung“ des Staates mit der NSDAP, indem beide „unlöslich“ miteinander verbunden wurden (§ 1 Abs. 1). Die Verordnung regelte die dazu erforderliche „Gleichschaltung“ der ehemals unabhängigen nationalsozialistischen Vereine und Verbände. Diese wurden entweder aufgelöst[91] oder zu bloßen Gliederungen der NSDAP ohne eigene Rechtspersönlichkeit[92] bzw. zu der NSDAP angeschlossenen Verbänden mit eigener Rechtspersönlichkeit[93] herabgestuft.

Grundlegend anders war namentlich die Zersetzung und Ausschaltung der Gewerkschaften motiviert. Hier diente die „Gleichschaltung“ unmittelbar der Bekämpfung des politischen oder weltanschaulichen Gegners. Die Nationalsozialisten gingen sofort nach der Machtübernahme daran, die Gewerkschaften zu beseitigen und deren Mitglieder unter die Kontrolle der NSDAP zu bringen. Ein Teil des Vermögens der „freien Gewerkschaften“, die von den Nationalsozialisten als „marxistisch“ angesehen wurden, wurde bereits im Mai 1933 beschlagnahmt und wenig später als „staatsfeindlich“ eingezogen[94]. Ihre Funktionäre wurden verhaftet, in Konzentrationslager gesperrt oder ermordet. Gerade an diesem Beispiel der freien Ge-

---

[87] NJW, RzW 1953, 193 Nr. 238, 283.
[88] Vgl. NJW, RzW OLG München, 1953, 99 Nr. 292.
[89] RGBl. I, 1016.
[90] RGBl. I, 502 f.
[91] Z.B. der Nationalsozialistische Deutsche Arbeiterverein e.V. und der Verein Hitler-Jugend-Bewegung e.V., vgl. § 1.
[92] Z.B. SA, SS, vgl. §§ 2, 4.
[93] Z.B. NSLB e.V., NS-Deutscher Ärztebund e.V., Bund Nationalsozialistischer Deutscher Juristen e.V., vgl. §§ 3, 5.
[94] „Gesetz über die Einziehung volks- und staatsfeindlichen Vermögens“ v. 14. 7. 1933, RGBl. I, 479.

werkschaften lässt sich mit Händen greifen, dass mit dem Schlagwort „Gleichschaltung“ auch solche Vorgänge beschönigt wurden, die in Wahrheit eine unmittelbare Verfolgung und Ausschaltung des politischen oder weltanschaulichen Gegners darstellten.

Die „christlichen“ und „freiheitlich-nationalen“ Gewerkschaften wurden in die am 10. Mai 1933 gegründete „Deutsche Arbeitsfront“ (DAF) zwangsweise eingegliedert[95]. Ihre Mitglieder wurden in die DAF überführt, das Vermögen der Gewerkschaften durch neue, politisch auf die totalitäre Linie der DAF eingeschworene Führer veräußert und ihre Organisation schließlich als nunmehr funktionslos aufgelöst[96].

2.3.3 Zusammenfassung und Ergebnis

Bereits dieser kurze Überblick über einzelne Bereiche der Gleichschaltung der Gesellschaft macht deutlich, dass sich hier jedes verallgemeinernde Urteil verbietet. Es kann angesichts der überaus großen Zahl und der Vielgestaltigkeit der von den Nationalsozialisten „gleichgeschalteten Organisationen“ nicht überraschen, dass es im Rahmen der Gleichschaltung der Gesellschaft keinen einheitlichen Gleichschaltungsbegriff gab, ja ihn auch notwendigerweise überhaupt nicht geben konnte. Die „Gleichschaltung“ durch freiwillige und begeisterte Unterwerfung schon bestehender nationalsozialistischer Verbände und Vereine unter gleichzeitiger Eingliederung in neu geschaffene nationalsozialistische Organisationen war eben etwas vollkommen anderes als z.B. die „Gleichschaltung“ der von den Nationalsozialisten als „marxistisch“ und „staatsfeindlich“ angesehenen freien Gewerkschaften.

Diese Vielgestaltigkeit gilt auch und gerade für die „Verfolgungsneutralität“ der Gleichschaltung. Auch insoweit war das Spektrum nationalsozialistischer Ziele ausgesprochen breit. Als „Gleichschaltung“ wurde sowohl die allein durch organisatorische Zwecke motivierte Auflösung von Verbänden bezeichnet, die bereits vor 1933 nationalsozialistische Zielsetzungen verfolgt hatten, als auch die durch ein Verfolgungsmotiv veranlasste Zerschlagung solcher Organisationen, die von politischen oder weltan-

---

[95] Vgl. Mann, Deutsche Geschichte, S. 113.
[96] Vgl. Schwarz, a.a.O., S. 133.

schaulichen Gegnern des Nationalsozialismus getragen wurden. Daher gab es sowohl Gleichschaltungen ohne jedes Verfolgungsmotiv als auch solche, die allein der Vernichtung und Ausschaltung des politischen oder weltanschaulichen Gegners dienten. In diesen Fällen lag der „Gleichschaltung“ ein Verfolgungsmotiv der Nationalsozialisten zugrunde. Die „Gleichschaltung“ stellte hier trotz des beschönigenden Wortes nichts anderes als eine Verfolgung aus politischen oder weltanschaulichen Gründen dar. Die bloße Gleichschaltung eines Lebenszweiges im Dritten Reich schließt eine Verfolgung als Beweggrund nicht aus[97].

Folglich kann festgestellt werden, dass ein Kriterium der „Gleichschaltung“ das Nebeneinander von Maßnahmen war, die der Ausrichtung von Staat und Gesellschaft am Führerprinzip dienten (Vereinheitlichungsmaßnahmen), reinen Verfolgungsmaßnahmen und gemischten Maßnahmen, die über die Vereinheitlichung hinausgehend auch die Ausschaltung des politischen Gegners bezweckten[98].
Zu den Vereinheitlichungsmaßnahmen zählten insbesondere die Besetzung der Geschäftsstelle des Reichsverbandes der Deutschen Industrie durch SA-Leute am 1. 4. 1933, das von dem Leiter des wirtschaftspolitischen Amtes der NSDAP, Otto Wagener, unter Androhung der gewaltsamen Auflösung erzwungene Ausscheiden jüdischer Industrieller und die Entsendung eines Vertrauensmannes der NSDAP in die Geschäftsführung des Verbandes[99]. Diese Maßnahmen zielten auf den Aufbau einer zentralen Organisation der Industrie im NS-Staat. Durch die Zusammenführung des Reichsverbandes der Deutschen Industrie mit der Vereinigung deutscher Arbeitgeberverbände entstand der autoritär geführte „Reichsstand der deutschen Industrie“[100].

Demgegenüber handelte es sich bei der Verhaftung kommunistischer Abgeordneter und Funktionäre in der Nacht vom 27. auf den 28. Februar 1933 um eine Verfolgungsmaßnahme, durch die ein politischer Hauptgegner der NSDAP noch aus der Zeit der Weimarer Republik zerschlagen wurde[101]. Dies läßt sich den Äußerungen Hitlers am 28. Februar 1933 im Kabinett entnehmen. Dort schwor er die anwesenden Reichsminister auf die Notwendigkeit ein, „eine rücksichtslose Auseinandersetzung mit der KPD zu führen“, und bezeichnete diese Auseinandersetzung ausdrücklich

---

[97] NJW, RzW 1953, 193.
[98] Der Oberbundesanwalt beim BVerwG, Beteiligungsgutachten im Verfahren BVerwG 7 C 13.00, v. 7. Februar 2001, S. 2.
[99] Vgl. dazu Thamer, Verführung und Gewalt, S. 296 f.
[100] Ebda., S. 298.
[101] Der Oberbundesanwalt am BVerwG, a.a.O., S. 2.

als Kampf, der nicht von juristischen Erwägungen abhängig gemacht werden dürfe[102].

Zu den gemischten Maßnahmen gehörte die Einsetzung von Reichskommissaren in den Hansestädten Hamburg, Lübeck und Bremen sowie den Ländern Sachsen, Hessen, Würtemberg, Baden und Bayern seit dem 5. März 1933[103]. Diese Maßnahme diente nicht nur der Überwindung des Föderalismus. Die Begrenzung der Maßnahme auf Länder mit von den bürgerlichen – nicht nationalsozialistischen – Parteien getragene Regierungen deutet darauf hin, dass es über das Ziel der Vereinheitlichung hinausgehend auch um die Entfernung politischer Gegner aus den letzten ihnen im staatlichen Bereich verbliebenen Machtpositionen ging[104].

Die überfallartige Besetzung von Einrichtungen (Gewerkschaftshäuser, Büros, Banken und Redaktionen) der freien Gewerkschaften und die Verhaftung ihrer früheren Funktionäre wies ebenfalls diese Doppelgleisigkeit auf[105]. Zum einen sollte der Allgemeine Deutsche Gewerkschaftsbund (ADGB) im Hinblick auf seine weltanschauliche Nähe zur SPD zerschlagen werden. Zum anderen lässt sich den Äußerungen Hitlers während der Beratung der Richtlinien für die berufsständische Sozialordnung[106] im Kabinett am 4. Mai 1933 entnehmen, dass es dabei auch um die Zentralisierung der Arbeiterschaft in einer berufsständischen Organisation ging. Ausweislich des Protokolls der Chefbesprechung erklärte der Reichskanzler, dass „die bisherige Form der Vertretung der Arbeiter in Zukunft nicht beibehalten werden könne" und man bei der Neugestaltung „nicht auf die Mitarbeit der Verbände zurückgreifen" dürfe[107]. Damit war gemeint, dass die Vertretung von Arbeitnehmerinteressen durch Einzelgewerkschaften abgeschafft und selbst die christlichen Gewerkschaften, die ihre Bereitschaft zur Mitarbeit in dem „neuen Staat" erklärt hatten, aufgelöst werden sollten[108].

---

[102] Protokoll der Ministerbesprechung v. 28. 2. 1933, 11 Uhr, in: Akten der Reichskanzlei. Regierung Hitler 1933-1938, Bd. 1, Dok. Nr. 32, S. 128.

[103] Der Oberbundesanwalt am BVerwG, a.a.O., S. 3.

[104] Ebda.

[105] Ebda.

[106] Anlage zum Schreiben von Reichsarbeitsminister Seldte an den Staatssekretär in der Reichskanzlei Lammers vom 19. 4. 1933, in: Akten der Reichskanzlei. Regierung Hitler 1933-1938, Bd. 1, Dok. Nr. 100, S. 350 ff.

[107] Protokoll der Chefbesprechung vom 4. 5. 1933, 16:30, in: Akten der Reichskanzlei. Regierung Hitler 1933-1938, Bd. 1, Dok. Nr. 118, S. 422.

[108] Vgl. Der Bundesanwalt am BVerwG, a.a.0., S. 4.

Das Schlagwort „Gleichschaltung“ erweist sich damit als gänzlich ungeeignet für eine exakte Grenzziehung zwischen verfolgungsbedingten und verfolgungsneutralen Maßnahmen des NS-Systems. Dass auch die Nationalsozialisten selbst den Begriff „Gleichschaltung“ nur als allgemeines Schlagwort verwendeten, das überhaupt nichts über ihre politische Einstellung zu den gleichgeschalteten Organisationen und namentlich zu deren Überflüssigkeit oder sogar Schädlichkeit aussagte, machte Roland Freisler in seinem im September 1933 erschienenen Aufsatz „Der nationalsozialistische Kämpfer in der Justiz“ unmissverständlich deutlich:

> „Es genügt nicht, dass mit mehr oder weniger Stolz oder mehr oder weniger Beschämtheit der eine oder andere hervorhebt, er sei gleichgeschaltet!
> Ganz im Gegenteil! Diese Gleichgeschalteten sind eine Gefahr!
> Man kann – und das war der Sinn der Gleichschaltung, die in der ersten und zweiten Periode der nationalsozialistischen Revolution eine wesentliche Aufgabe erfüllen – eine Gleichschaltung derart vornehmen, dass man dafür sorgt, dass Organisationen der verschiedensten Art, private und halbamtliche, ständische und berufliche, regionale und sonstige, eine Führung erhalten, die die Gewähr dafür bietet, dass sie in der Richtung arbeitet, die der Führer des Staates bestimmt.
>
> Eine solche Gleichschaltung sichert den Führer während seiner Aufbauarbeit gegen die Gefahr, dass innerlich feindlich eingestellte Leiter gewisser Organisationen ihm während seiner Aufbauarbeit in den Rücken zu fallen suchen, entscheidet also nicht einmal die Frage, ob die gleichgeschalteten Organisationen verändert oder unverändert im Neuaufbau des Staates bestehen bleiben oder ob sie als überflüssig oder schädlich beseitigt werden“[109].

Freisler stellte damit klar, dass aus nationalsozialistischer Sicht die Gleichschaltung insbesondere auch als Vorstufe und Durchgangsstation für eine spätere Beseitigung „schädlicher Organisationen“ diente. Hiermit ist eine „Verfolgungsneutralität“ der Gleichschaltung nicht zu vereinbaren.

„Gleichschaltung“ und „gezielter Zugriff auf eine Organisation, um sie als ideologischen oder weltanschaulichen Gegner auszuschalten“, schließen

---

[109] Preußische Justiz Jg. 95 v. 21. 9. 1933 Ausgabe A Nr. 40, S. 383.

sich danach keineswegs aus[110]. Eine derartige begriffliche Abgrenzung ist folglich zur Feststellung einer Verfolgung aus politischen oder weltanschaulichen Gründen i.S.d. § 1 Abs. 6 S. 1 VermG ungeeignet.

Aber auch wenn der Terminologie des von dem Bundesverwaltungsgericht gewählten Unterscheidungskriteriums nicht zugestimmt werden kann, so ist es dennoch aufgrund der Gesetzeslage geboten zu überprüfen, ob ein „gezielter Zugriff" im Sinne der Rechtsprechung auf die Beamtenorganisationen von seiten der Nationalsozialisten stattgefunden hat.

---

[110] Vgl. dazu auch NJW, RzW 1953, 193.

3. Zwangseingliederung von Beamtenorganisationen aufgrund politischer oder weltanschaulicher Gegnerschaft

Wurden die in der Weimarer Republik bestehenden Beamtenverbände, insbesondere der Deutsche Beamtenbund, die Gewerkschaft Deutscher Lokomotivführer e.V. und die Gewerkschaft Preußischer Polizeibeamter e.V. vom nationalsozialistischen Regime in ihrer Gesamtheit als seine wirklichen oder möglichen politischen oder weltanschaulichen Gegner angesehen und aus diesem Grund unter Zwang in nationalsozialistische Beamtenorganisationen eingegliedert? Diese Frage stellt sich heute, wie bereits in der Einleitung dargestellt, im Rahmen der Aufarbeitung der nationalsozialistischen Vergangenheit für das Gebiet der ehemaligen DDR, sofern es zur Klage auf Rückerstattung von Vermögenswerten gem. § 1 Abs. 6 VermG kommt.

Nach der Terminologie des Bundesverwaltungsgerichts ist dabei entscheidend, ob ein „gezielter Zugriff" der Nationalsozialisten auf die Vereinigungen vorlag, um sie - unter Zwangsanwendung - als politische[111] oder weltanschauliche[112] Gegner aus dem kulturellen und wirtschaftlichen Leben Deutschlands auszuschalten. Es muß sich um eine Maßnahme handeln, die ihren Grund darin hatte, daß der Verfolgte auf politischem oder weltanschaulichem Gebiet als ein Gegner der nationalsozialistischen Herrschaft, nationalsozialistischer Bestrebungen oder nationalsozialistischen Gedankenguts angesehen wurde. Dies gilt auch für Maßnahmen gegenüber Beamtenvereinigungen, die – wie beispielsweise der Deutsche Beamtenbund – die Berufs- und Standesinteressen der Beamten vertraten und damit zwangsläufig darauf angewiesen waren, im politischen Bereich zu handeln[113]. Die Tätigkeit dieser Verbände entfaltete sich auf der Grundlage der Gewährleistungen der Weimarer Reichsverfassung, musste damit aber auch die durch diese Verfassung gezogenen Grenzen beachten. In diesem Sinne standen die Beamtenverbände notwendigerweise auf dem

---

[111] Wobei der Begriff „politisch" im weitesten Umfang zu verstehen ist und nicht nur die allgemeine Staatspolitik (Diktatur) oder die zentralistische Verwaltungspolitik, sondern auch die Wirtschafts-, Kirchen-, Kultur-, Außen-, Rassen- und Rechtspolitik sowie alle sonstigen Erscheinungsformen des staatlichen Lebens umfasst.

[112] „Weltanschauung" ist nach einer gebräuchlichen Umschreibung „die Gesamtheit der Gedanken eines Menschen über die Welt und seine Stellung und seine Aufgabe in ihr", s. Becker/Huber/Küster zu § 1. Vgl. zu diesem Begriff ferner Brunn/Giessler/Klee/Maier/Weiss, S. 25; ferner Blessin/Ehrig/Wilden, S. 224 ff.

[113] Vgl. dazu BVerwGE v. 22. 2. 2001, 7 C 12.00.

Boden der Verfassung; diese legitimierte sie nach Existenz und Zielsetzung[114].

Maßstab für die Feststellung einer Verfolgung aus politischen oder weltanschaulichen Gründen ist nach dem oben Gesagten allein die subjektive Sichtweise der Verfolger, das Verfolgungsmotiv. Dabei sollte eine am Zeitgeschehen orientierte objektivierte Betrachtungsweise zugrunde gelegt werden, nach der sich objektive Anhaltspunkte dafür ergeben, dass die als „Gleichschaltung“ ausgegebene Maßnahme ihren Grund in der Ausschaltung eines politischen oder weltanschaulichen Gegners hatte[115].

Eine mit der Weimarer Reichsverfassung einhergehende Abhängigkeit von dem, was in der verächtlich gemeinten Terminologie der NSDAP das „liberalistische System von Weimar“ hieß, begründete für sich noch keine Gegnerschaft, die für die Nationalsozialisten Anlass zu einer politischen Verfolgung hätte sein können[116]. Den Nationalsozialisten ging es nicht nur um die Eroberung der Macht im Staat. Bekämpft wurde vielmehr auch das „System“ als solches und damit seine Träger, Verteidiger und Befürworter, weil diese als ein beiseite zu räumendes Hindernis auf dem Wege zur Durchsetzung des nationalsozialistischen Totalitätsanspruchs wahrgenommen wurden[117]. Bereits vor seinem Amtsantritt als Reichskanzler am 30. Januar 1933 hatte Hitler kein Geheimnis aus der Ablehnung des Systems der parlamentarischen Demokratie als solchem gemacht[118]. Dieses System wurde von nationalsozialistischen, die Monarchie befürwortenden Organisationen (DNVP, Stahlhelm, Vaterländische Verbände) und der NSDAP als Feind angesehen[119]. In einem Aufsatz vom 6. März 1921 äußerte Hitler sich über das Weimarer System mit den Worten: „...Wir wollen den Kampf predigen, den unerbittlichen Kampf gegen diese ganze parlamentarische Brut, dieses ganze System ...“[120]. In einem Bericht über eine Versammlung der NSDAP in Rosenheim am 21. April 1921 wurde Hitler wie folgt zitiert: „... Sie muss sich auf den Kampf einstellen gegen das parlamentarische System. Die heutigen Vertreter des Parlamentarismus kämpfen zum größten Teil nicht mehr für ihr Volk, sondern für ihre Partei.

---

[114] Ebda.

[115] Vgl. Der Oberbundesanwalt beim BVerwG, Beteiligungsgutachten im Verfahren BVerwG 7 C 13.00, v. 7. Februar 2001, S. 6.

[116] Vgl. dazu BVerwGE v. 22. 2. 2001, 7 C 12.00.

[117] Ebda.

[118] Benz, Geschichte des Dritten Reiches, S. 15.

[119] Ebda., S. 16.

[120] Manuskript des Aufsatzes „Deutschlands letzte Hoffnung“ vom 6. März 1921, in: Hitler, Sämtliche Aufzeichnungen 1905-1924, Dok. 203, S. 333.

Die Vertretung des Volkes ist heute zur Börse, zum Schacher geworden. Wir sind der Überzeugung, dass wir einmal die Bewegung werden müssen, die dieses System zerbricht und ersetzt durch den Ständestaat auf nationaler Grundlage..."[121]. In einem von Hitler mitgetragenen Aufruf des Vaterländischen Kampfbundes vom 2. September 1923 hieß es: „...Wir bekämpfen den Geist der Weimarer Verfassung, die Erfüllungpolitik, das parlamentarische System mit seiner öden Mehrheitsanbetung..."[122].
Aus der letzten Äußerung ergibt sich insbesondere der weltanschauliche Hintergrund der Ablehnung des „Weimarer Systems".
Für einen in der Weimarer Republik tätigen Verband folgt daraus, dass er aus der Sicht der Nationalsozialisten dann als politischer Gegner galt, wenn seine Existenz und Tätigkeit so eng mit dem „Weimarer System" verbunden war, dass er einen unlöslichen Bestandteil dieses Systems bildete[123]. Die Existenz des Verbandes musste sozusagen von der Existenz des Systems abhängen. Dies war dann der Fall, wenn der Verband in einem anderen System als der in der Weimarer Verfassung verkörperten parlamentarischen Demokratie nicht hätte tätig sein können. Bei Verbänden, deren Betätigung mit einem tragenden Bestandteil der nationalsozialistischen Ideologie schlechthin unvereinbar war, kann davon ausgegangen werden, dass sie im Zuge der Gleichschaltung als politische Gegner behandelt wurden[124].

Die Nähe der Beamtenverbände zu dem von den Nationalsozialisten bekämpften „Weimarer System" kann insofern als ein Indiz für eine politische Verfolgung im Sinne des § 1 Abs. 6 VermG angesehen werden.

Die Frage nach dem Verfolgungsmotiv, also nach dem hinter der Auflösung bzw. Gleichschaltung der Beamtenorganisationen stehenden Beweggrund der nationalsozialistischen Machthaber, kann jedoch rechtshistorisch nur dann zuverlässig beantwortet werden, wenn die subjektive Einstellung der Nationalsozialisten zu den Beamten und ihren berufsständischen Organisationen in der historischen Entwicklung betrachtet wird.

Diese Betrachtung hat zwingend in den letzten Jahren der Weimarer Republik anzusetzen, weil die Nationalsozialisten gerade in der ersten Zeit ihrer Herrschaft viele ihrer zentralen Positionen und Grundüberzeugungen

---

[121] Bericht über eine Rede Hitlers auf einer NSDAP-Versammlung in Rosenheim am 21. April 1921, in: Hitler, Sämtliche Aufzeichnungen, Dok. 223, S. 366 f.
[122] Aufruf des Vaterländischen Kampfbundes vom 2. September 1923, in: Hitler, Sämtliche Aufzeichnungen, Dok. 564, S. 991.
[123] Der Oberbundesanwalt beim BVerwG, a.a.O., S. 12.
[124] Ebda., S. 13.

aus den Erfahrungen mit dem untergegangenen, von ihnen gehassten Weimarer „System“ schöpften. Zudem kann davon ausgegangen werden, daß Verbände, welche die NSDAP in der Weimarer Republik politisch und publizistisch im Reichstag, in den Landtagen und in den Kommunen oder gar auf der Straße durch Terror bekämpften, auch nach der Machtergreifung als Gegner behandelt wurden[125]. Etwas anderes muß allerdings für Organisationen gelten, in denen Nationalsozialisten vor dem Regierungsantritt einen bestimmenden Einfluss auf die Geschäftsführung erringen konnten. In diesem Fall ist trotz der bestehenden organisatorischen Selbständigkeit von einer faktischen Anbindung an die NSDAP über die Doppelmitgliedschaft dieser Personen in Partei und Verband auszugehen. Deshalb konnten diese Verbände nach dem 30. Januar 1933 – objektiv betrachtet – nicht mehr als politische oder weltanschauliche Gegner der NSDAP angesehen werden[126]. Dies gilt auch für Organisationen, die, ohne von den Nationalsozialisten unterwandert zu sein, mit Hitler ein politisches Bündnis geschlossen hatten. Zwar waren auch die Deutsch-Nationale Volkspartei (DNVP) und die ihr weltanschaulich nahestehenden Verbände, der Bund der Frontsoldaten „Stahlhelm“, der Kyffhäuserbund und der deutsch-nationale Handelsgehilfen-Verband Opfer der Gleichschaltung geworden. Jedoch waren die Deutsch-Nationalen eine Koalition mit der NSDAP eingegangen. Darüber hinaus hatten sie die im Zuge der Gleichschaltung gegen KPD, SPD und freie Gewerkschaften ergangenen Maßnahmen mitgetragen. Dies wird beispielhaft in der ersten Zusammenkunft der Regierung Hitler am 30. Januar 1933 deutlich. Dort sprach sich der wichtigste Repräsentant der DNVP im Kabinett, der Reichswirtschaftsminister und Reichsminister für Ernährung und Landwirtschaft Hugenberg, für ein Verbot der KPD aus, um dadurch im Reichstag eine Zweidrittelmehrheit für ein Ermächtigungsgesetz zu gewinnen[127]. Der erste Vorsitzende des „Stahlhelm“, Reichsarbeitsminister Seldte, berichtete über die Zustimmung zur Bildung der neuen Reichsregierung in den Reihen seines Verbandes[128]. Auch bestand eine zumindest teilweise Konformität zwischen der Weltanschauung dieser Organisation und der nationalsozialistischen Ideologie im Hinblick auf die Bekämpfung des Marxismus und des „Weimarer Systems“. Damit ist ausgeschlossen, dass diese Organisationen im Zuge der „Gleichschaltung“ als politische Gegner behandelt wurden. Die Auflösung der mit den Nationalsozialisten verbündeten deutschnationalen Organisationen beruht vielmehr auf einem internen Macht-

---

125 Ebda., S. 6.
126 Ebda.
127 Protokoll der Ministerbesprechung vom 30. 1. 1933, 17. Uhr, in: Akten der Reichskanzlei. Regierung Hitler 1933-1938, Bd. 1, Dok. Nr. 1, S. 2.
128 Ebda., S. 3.

Machtkampf, in dem zum Zwecke der Errichtung des zentralistischen Führerregimes auch der Koalitionspartner zurückgedrängt wurde[129].

Ein objektiver Anhaltspunkt für das Vorliegen einer politischen Verfolgung liegt ferner darin, dass der von der „Gleichschaltung“ betroffene Verband eine Weltanschauung vertrat, die bereits vor dem Amtsantritt der Regierung Hitler von der NSDAP als mit der eigenen Ideologie unvereinbar bekämpft wurde[130]. In diesem Fall ist davon auszugehen, dass dieser Verband nach dem 30. Januar 1933 im Zuge der „Gleichschaltung“ auch weiterhin als weltanschaulicher Feind behandelt wurde. Dies gilt auch für Verbände, die in Verbindung zu einer politischen Partei standen, welche eine von den Nationalsozialisten bekämpfte Weltanschauung vertrat[131]. Bei der „Gleichschaltung“ dieser Organisationen kann insbesondere dann von einer politischen Verfolgung ausgegangen werden, wenn Zwangsmaßnahmen erfolgten, obwohl die Organisation nach dem Regierungsantritt Hitlers die Verbindung zu dieser Partei abgebrochen und ihre Bereitschaft zur Mitarbeit mit der neuen Regierung bekundet hatte [132]. Dies gilt beispielsweise für den ADGB. Der Bundesvorstand des ADGB erklärte am 9. April 1933 gegenüber der Reichsregierung seine Bereitschaft zur Mitarbeit bei der Zentralisierung des Gewerkschaftswesens: „...Die Gewerkschaften sind bereit, an dem von der Regierung geplanten berufsständischen Aufbau der deutschen Wirtschaft mitzuarbeiten.... Der ADGB begrüßt die Bestrebungen, eine Vereinheitlichung des deutschen Gewerkschaftswesens herbeizuführen. Er wird dabei dem neuen Staat bei seinem Bestreben, diese Vereinheitlichung herbeizuführen, seine Mitarbeit und seine Erfahrung gern zur Verfügung stellen. ...empfiehlt der Bundesausschuß des ADGB die Einsetzung eines Reichskommissars für die Gewerkschaften....“[133]. Ungeachtet dieser Selbstanpassung wurden am 2. Mai 1933 Einrichtungen des ADGB von der SA besetzt und die führenden Funktionäre dieses gewerkschaftlichen Spitzenverbandes verhaftet. Damit wurde der ADGB von der NSDAP weiterhin als Gegner behandelt, obwohl seine Führung für das Regime erkennbar um Annäherung bemüht war. Dies bedeutet, dass für das Verhalten der NSDAP gegenüber diesem Spitzenverband nicht dessen Anpassungsbestrebungen, sondern die frühere Verbindung zu der als politischer Gegner bekämpften SPD maßgebend war.

---

[129] Der Oberbundesanwalt beim BVerwG, a.a.O., S. 7.
[130] Vgl. ebda., S. 8.
[131] Ebda.
[132] Ebda.
[133] Erklärung des ADGB an die Reichsregierung vom 9. 4. 1933, in: Michaelis, Ursachen und Folgen, Bd. 9, Dok. 2266, S. 627.

3.1 Das Verhältnis der Nationalsozialisten gegenüber den Beamten und ihren berufsständischen Organisationen

3.1.1 In der Zeit der Weimarer Republik

Die Nationalsozialisten verhielten sich in der Weimarer Republik zum Beamtentum höchst widersprüchlich. Grundsätzlichem Unverständnis, derben Worten und einer tief verwurzelten Beamtenfeindlichkeit standen großzügige Versprechungen an die Beamten gegenüber.

Zwischen der nationalsozialistischen Ideologie und dem Beamtentum bestanden von Anfang an kaum überwindbare Gegensätze[134]. Die „revolutionäre Bewegung" Adolf Hitlers konnte mit dem Ideal des allein dem Recht und dem Gesetz verpflichteten Berufsbeamten nur sehr schwer in Einklang gebracht werden. Hinzu kam, dass Hitler dem Bürgertum und der Beamtenschaft aus tiefstem Herzen misstraute. Dies hatte seinen Grund vor allem im Konflikt Hitlers mit seinem Vater. Dieser war österreichischer Zollbeamter gewesen und hatte auch seinen Sohn zu diesem Beruf gedrängt. In seinem 1925 veröffentlichten Selbstzeugnis „Mein Kampf" machte Hitler deutlich, wie sehr er schon als Elfjähriger den Beamtenberuf verabscheute:

> „Weder Zureden noch ‚erste' Vorstellungen vermochten an diesem Widerstande etwas zu ändern. Ich wollte nicht Beamter werden, nein und nochmals nein. Alle Versuche, mir durch Schilderungen aus des Vaters eigenem Leben Liebe und Lust zu diesem Berufe erwecken zu wollen, schlugen in das Gegenteil um. Mir wurde gähnend übel bei dem Gedanken, als unfreier Mann einst in einem Büro sitzen zu dürfen; nicht Herr sein zu können der eigenen Zeit, sondern in auszufüllende Formulare den Inhalt eines ganzen Lebens zwängen zu müssen. Welche Gedanken konnte dies auch erwecken

---

[134] Vgl. Grotkopp, Beamtentum, S. 92; Hattenhauer, Geschichte des deutschen Beamtentums, S. 392 f.

> bei einem Jungen, der doch wirklich alles andere war, aber nur nicht ‚brav' im landläufigen Sinne?"[135].

Hitler bekannte sich also bereits 1925, am Beginn seiner politischen Karriere, zu einer grundsätzlichen Ablehnung des Beamtentums und machte die Beamten als brave Spießbürger mit Sklavengesinnung verächtlich:

> „Kriechende Unterwürfigkeit nach ‚oben' und arrogante Hochnäsigkeit nach ‚unten' zeichnen diesen Stand ebenso sehr aus wie eine oft himmelschreiende Borniertheit, die nur noch durch die manchmal geradezu erstaunliche Einbildung übertroffen wird"[136].

Solange die NSDAP eine von jeder Regierungsbeteiligung weit entfernte Splitterpartei war, hatte sie noch keinen Anlass, sich eingehend mit Fragen des Beamtentums zu befassen oder gar ein beamtenpolitisches Konzept zu entwerfen[137]. Gleichwohl lassen sich auch bereits vor 1930 gewisse Grundpositionen erkennen[138]. Einerseits lobte Hitler in „Mein Kampf" die Beamtenschaft der Monarchie, auf der „die wundervolle Kraft und Stärke des alten Reiches" beruht habe[139], andererseits beklagte er aber deren Zersetzung und Politisierung in der Weimarer Republik[140].

Dieser Gedanke spielte in der nationalsozialistischen Politik der folgenden Jahre eine ganz entscheidende Rolle. Die Nationalsozialisten führten verstärkt Angriffe gegen die „Revolutionsbeamten" und das „Parteibuchbeamtentum"[141]. Sie versprachen die Wiederherstellung von Zucht und Ordnung in der Beamtenschaft und forderten die ruhegehaltslose Entlassung der „Revolutionsbeamten"[142]. Anfang 1930 schrieb Hitler anlässlich der Kandidatur Fricks zum Innenminister in Thüringen einem Parteifreund:

> „Als Innenminister wird Frick eine langsame Säuberung des Verwaltungs- und Beamtenkörpers von den roten Revolutionserscheinungen vornehmen. Dr. Frick wird hier mit rücksichtsloser Ent-

---

135 Hitler, Mein Kampf, S. 6.
136 Ebda., S. 352. Vgl. dazu auch Hitlers derbe Äußerungen in Gruchmann, „Hitler über die Justiz. Das Tischgespräch v. 20. 8. 1942", in: VfZ, 1964, S. 86 ff.
137 Vgl. Grotkopp, a.a.O., S. 93.
138 Ebda.
139 Hitler, a.a.O., S. 308 f.
140 Vgl. Grotkopp, a.a.O., S. 93.
141 Ebda.; Hattenhauer, Geschichte des deutschen Beamtentums, S. 394 f.
142 Ebda.

schlossenheit eine Nationalisierung einleiten, die den anderen bürgerlichen Regierungen zeigen kann, was wir Nationalsozialisten unter diesem Worte verstehen. Vor allem auf dem Gebiet des Polizeiwesens gibt es sehr viel zu tun"[143].

In seinem Manifest „An das Volk" vom 11. August 1930 kündigte Hitler an:

> „Die nationalsozialistische Bewegung wird bei ihrem Siege die deutsche Verwaltung säubern von den Parasiten, die ohne Recht und ohne alle Kenntnisse, nur aufgrund ihres Parteibuchs, die Nation belasten. Wer von neuen Steuern redet, soll erst die Verwaltung von den in zwölf Jahren hineingeströmten Revolutionsparasiten befreien. Man schützt den ehrlichen Beamten nur, indem man seiner Leistung und seiner redlichen Arbeit den Weg freimacht, den parlamentarischen Schieber aber aus dem Amt entfernt"[144].

Klarheit bestand für die Nationalsozialisten insbesondere auch insoweit, als dass dem Beamtenapparat nur „Staatsbürger", d.h. „Volksgenossen" deutschen Blutes, angehören konnten. Das Parteiprogramm der NSDAP von 1920 bestimmte in Punkt 6:

> „Das Recht, über Führung und Gesetze des Staates zu bestimmen, darf nur dem Staatsbürger zustehen. Daher fordern wir, dass jedes öffentliche Amt, gleichgültig welcher Art, gleich ob im Reich, Land oder Gemeinde nur durch Staatsbürger bekleidet werden darf"[145].

Punkt 4 des NSDAP-Parteiprogramms definierte den Begriff des Staatsbürgers wie folgt:

> „Staatsbürger kann nur sein, wer Volksgenosse ist. Volksgenosse kann nur sein, wer deutschen Blutes ist, ohne Rücksichtnahme auf Konfession. Kein Jude kann daher Volksgenosse sein"[146].

---

[143] Auszüge des Briefes v. 3. 2. 1930 finden sich in: Broszat, Die Machtergreifung, S. 104 ff (106). Hitler beschrieb Frick in diesem Brief mit den Worten: „Ein energischer, kühner und verantwortungsfreudiger Beamter von außerordentlich großem Können und fanatischer Nationalsozialist!".

[144] Völkischer Beobachter Nr. 215 v. 10. 9. 1930.

[145] Das Parteiprogramm ist veröffentlicht bei W. Mommsen, Deutsche Parteiprogramme, S. 547 ff (S. 548).

[146] W. Mommsen, a.a.O., S. 548.

Damit war für die Nationalsozialisten selbstverständlich, was ihr „Reichssachbearbeiter für Beamtenfragen", der Postinspektor Jakob Sprenger, 1930 als Richtlinie nationalsozialistischer Beamtenpolitik verkünden sollte, nämlich das Ziel der „Entfernung aller Angehörigen jüdischer Rasse und sonstigen Fremdstämmigen aus öffentlichen Ämtern"[147].

Nach dem für die NSDAP überraschend guten Ergebnis der Reichstagswahl vom September 1930 sahen sich auch die Nationalsozialisten endlich gezwungen, ein beamtenpolitisches Konzept auszuarbeiten. Daher erschienen nun die von Sprenger aufgestellten Richtlinien nationalsozialistischer Beamtenpolitik, in denen einerseits die

> „Aufrechterhaltung des Beamtentums mit seinen verfassungsmäßig garantierten Rechten, insbesondere der Freiheit, der politischen Gesinnung und der freien Meinungsäußerung der Beamten"

garantiert, andererseits aber der

> „Abbau der sog. Revolutionsbeamten, die ohne die vorgeschriebene Vor- und Ausbildung seit der Revolution aus parteipolitischen Rücksichten in die öffentliche Verwaltung Eingang fanden"

sowie die Entfernung der Beamten jüdischer Abstammung aus dem öffentlichen Dienst angedroht wurden[148].

Ergänzt wurden diese Richtlinien durch das Sofortprogramm der nationalsozialistischen Beamtenvertreter vom 20. September 1931 und die 1931 in 1. Auflage erschienene Monographie Heinrich Müllers, „Beamtentum und Nationalsozialismus", in der dieser die Beamten mit der Behauptung beruhigte:

> „Der nationalsozialistische Staat wird von keinem seiner Beamten verlangen, dass er der nationalsozialistischen Partei beitritt. Er wird auch keinem Beamten vorschreiben, welche Zeitungen er lesen darf

---

[147] Punkt 3 der undatierten Richtlinien des Reichssachbearbeiters für Beamtenfragen Sprenger, abgedr. bei Müller, Beamtentum und Nationalsozialismus, S. 60 f. (60).
[148] Punkte 1-3 der Richtlinien, abgedr. bei Müller, a.a.O., S. 60.

und welche nicht"[149].

Die Summe der Parteilehre zog schließlich Müller, indem er das Loblied des Beamten mit den Worten sang:

> „Diese Gewissenhaftigkeit, Ehrlichkeit und Unbestechlichkeit, der Gehorsam den großen Forderungen gegenüber und die unbedingte Verantwortlichkeit werden Ungeheures wirken ... der Beamte wird sich als Teil des ewigen deutschen Volkes fühlen, der Vergangenheit dankbar, der Gegenwart dienend, der Zukunft verpflichtet"[150].

Bürokratie und die Forderung nach einer Säuberung der Ämter von Parteibuchbeamten gingen also mit einem zur Beruhigung namentlich der unteren und mittleren Beamten, die als potentielle Wähler der NSDAP angesehen wurden, abgegebenen rückhaltlosen Bekenntnis zum Berufsbeamtentum einher[151]. Grundsätzlichere und weitreichendere „Vorschläge für Verwaltungsmaßnahmen einer nationalen Regierung im Reich und Preußen" legte hingegen erst der spätere Staatssekretär im Reichsinnenministerium Hans Pfundtner in einer Denkschrift aus dem Jahre 1932 vor[152]. Pfundtner lieferte darin eine genaue Regieanweisung für die Übernahme und Säuberung des Beamtenapparates. Dabei unterschied er zwischen den unmittelbar nach der Regierungsübernahme zu treffenden Sofortmaßnahmen und der erst nach entsprechender propagandistischer Vorbereitung vorzunehmenden grundsätzlichen Änderung der staatlichen Verwaltungspolitik[153]. Hinsichtlich der sofort vorzunehmenden Eingriffe führte er aus:

> „Unter den Sofortmaßnahmen nimmt die Säuberung des Verwaltungsapparates und die damit verbundene Wiederaufrichtung eines fachlich vorgebildeten, verantwortungsfreudigen national eingestellten Berufsbeamtentums natürlich die 1. Stelle ein. Hier erwartet der

---

149 Müller, a.a.O., S. 40. Dieses Versprechen verlor jedoch schon bald an Gültigkeit, da bereits 1933 allen Beamten die Lektüre nationalsozialistischer Schriften und Zeitungen „nahegelegt" wurde, vgl. MBliV 1933 I, Sp. 807 ff. und PrBesBl. 1933 (A), S. 183. Später wurde es sogar zur ausdrücklichen Beamtenpflicht, vgl. den Erlaß v. 3. 12. 1935, MBliV I, Sp. 1443; s. ferner den RdErl des RuPrInMin v. 25. 8. 1937, MBliV I, Sp. 1425.

150 Müller, a.a.O., S. 53.

151 Vgl. Grotkopp, a.a.O., S. 94.

152 BArch Berlin R 1501/5314, Bl. 29 ff.; ferner abgedr. bei H. Mommsen, Beamtentum im Dritten Reich, S. 127 ff.; auszugsweise abgedr. bei Grotkopp, a.a.O., S. 95; siehe auch Schulz, Die Anfänge des totalitären Maßnahmestaates, S. 409 ff.

153 Vgl. Grotkopp, a.a.O., S. 95.

> überwiegende Teil des Volkes radikale, weithin sichtbare Maßnahmen... Die Säuberung des staatlichen Verwaltungsapparates in Reich und Ländern von den ungeeigneten Elementen wird nach 2 Gesichtspunkten vor sich zu gehen haben, nach dem politischen und nach dem fachlichen Gesichtspunkt. Dabei werden nicht immer beide Gesichtspunkte zugleich in Frage kommen. Es sind vielmehr Fälle denkbar, in denen trotz fachlicher Eignung die bisherige politische Betätigung des betreffenden Beamten ihn für jedes Amt innerhalb einer nationalen Regierung als ungeeignet erscheinen lässt, so dass er ohne weiteres entlassen werden muss ... Für Angehörige der marxistischen Parteien wird allerdings innerhalb des aktiven Beamtenapparates einer nationalen Regierung überhaupt kein Platz mehr sein können...“[154].

Da nicht alle Beamten entlassen werden konnten, nur weil sie einer anderen Partei angehörten, seien zunächst die politisch wichtigen Posten zu säubern. Hierzu rechnete Pfundtner die gesamte Ministerialbürokratie, die politischen Beamten und die Personalreferenten[155]. In diesen Bereichen müsse daher, so Pfundtner, radikal vorgegangen werden:

> „Soweit sich unter den Inhabern dieser Stellen ausgesprochene Sozialdemokraten befinden, müssen sie, wie schon hervorgehoben, auch dann verschwinden, wenn sie aus der Beamtenlaufbahn hervorgegangen sind und die erforderlichen Prüfungen bestanden haben. Das gleiche wird auch für ausgesprochene Demokraten gelten müssen...“[156].

Dabei hob Pfundtner die besondere Bedeutung von Eingriffen in den preußischen Beamtenapparat hervor, da „die Besetzung der Stellen mit ausgesprochen links eingestellten Beamten hier unter der Herrschaft der marxistischen Staatsregierung in viel größerem Umfange durchgeführt“ worden sei als im Reich[157]. Deshalb müsse in Preußen „besonders scharf und rücksichtslos durchgegriffen“ werden[158].

---

[154] BArch Berlin R 1501, 5314, Bl. 29 u. 31.
[155] Vgl. Grotkopp, a.a.O., S. 95.
[156] BArch Berlin R 1501, 5314, Bl. 33.
[157] Grotkopp, a.a.O., S. 96.
[158] Vgl. Grotkopp, a.a.O., S. 96.

Diese Denkschrift wird in der rechtshistorischen Literatur zu Recht als „das wahre beamtenpolitische Konzept der NSDAP zur Zeit der „Machtergreifung“[159] angesehen.

3.1.2 Am Ende der Weimarer Republik

Am Ende der Weimarer Republik gab es in Deutschland ca. 900 Beamtenvereinigungen, von denen ungefähr 600 im „Deutschen Beamtenbund“ (DBB) organisiert waren[160]. Mit diesem bildeten der „Reichsbund der höheren Beamten“ (RhB) und der „Allgemeine Deutsche Beamtenbund“ (ADB) die drei Spitzenverbände der deutschen Beamtenschaft[161].

Aus der Sicht der Partei war diese Vielfalt ein beklagenswerter Zustand[162]. Dennoch hatten die Nationalsozialisten auf die Gründung einer eigenen, selbständigen Beamtenorganisation als Gegenorganisation zu diesen Spitzenverbänden zunächst verzichtet. Darum bemühten sie sich ansatzweise vielmehr erstmals 1929. So wurde auf der Sondertagung für Beamtenfragen anlässlich des Reichsparteitages der NSDAP von 1929 beschlossen,

> „zur besseren Wahrnehmung der Belange der nationalsozialistischen Beamten, insbesondere gegen den zunehmenden demokratischen-marxistischen Gesinnungsterror, den berufsorganisatorischen Zusammenschluß der nationalsozialistischen Beamten in die Wege zu leiten und damit den Pg. Sprenger zu betrauen“[163].

Im Jahr darauf wurden einige nationalsozialistische Beamtengruppen gegründet, die jedoch nur unbedeutende Einzelerscheinungen blieben[164]. Nach der Reichstagswahl vom 14. September 1930 erhielt der nunmehr in der nationalsozialistischen Reichstagsfraktion für Beamtenfragen zustän-

---

[159] Grotkopp, a.a.O., S. 96.
[160] Hattenhauer, a.a.O., S. 397.
[161] Ebda.
[162] Ebda.
[163] Völkischer Beobachter, Bayern-Ausgabe, Nr. 211 v. 12. 9. 1929, S. 3.
[164] Wie bspw. der „Kampfbund für deutsche Beamte“, H. Mommsen, Beamtentum im Dritten Reich, S. 28; die Meinungen zur Bildung nationalsozialistischer Beamten- und Fachverbände waren geteilt. Strasser als Reichsorganisationsleiter und Sprenger als Reichsreferent für Beamtenfragen verboten diese noch am 6. 11. 1931, VOBl. 1931, S. 26 f.

dige Sprenger von der Reichsleitung der NSDAP daher den gezielten Auftrag,

> „den Nationalsozialismus in die Beamtenschaft hineinzutragen und möglichst auch eine entsprechende Organisation auf die Beine zu stellen“[165].

Sprenger ging seinen Auftrag mit größter Vorsicht an:

> „Von Anfang an musste ich bei Erfassung nationalsozialistischer Beamten bedacht darauf sein, keinen unserer Anhänger und keinen Parteigenossen dem System ans Messer zu liefern. Ich suchte mir zunächst Vertrauensmänner in den Spitzen der Behörden und der Länderregierungen, ebenso bei den Provinzial- und Bezirksbehörden sowie bei den Lokalbehörden. Sehr zustatten kam mir dabei meine frühere Tätigkeit im Deutschen Postverband und im Deutschen Beamtenbund. Ich hatte während jener Zeit eine große Zahl von Beamten kennengelernt, an die ich zum wenigsten unter der Hand herantreten konnte, ohne Gefahr zu laufen, dass meine Pläne einer breiten Öffentlichkeit sofort aufgedeckt und zugänglich gemacht wurden. So konnte ich schon nach einiger Zeit der Reichsleitung melden, daß ich allmählich gewissermaßen ein Spinnwebennetz der Organisation über ganz Deutschland gezogen hatte, über das langsam die besten Teile der Beamtenschaft an die Bewegung herangebracht wurden“[166].

Anfang 1930 hatte man sich bereits in nationalsozialistischen Kreisen über die Bildung von Beamtengruppen Gedanken gemacht, auf die man bei der Errichtung der Macht gegebenenfalls zurückgreifen konnte[167]. Aber erst Anfang 1931 erhielten die Beamten mit der Neuorganisation der Nationalsozialistischen Betriebszellen-Organisation (NSBO) in der nationalsozialistischen Bewegung auch ihren eigenen Platz[168], aus der sie aber bereits

---

[165] Vgl. Almanach der Deutschen Beamten 1935, S. 38.
[166] Almanach der Deutschen Beamten 1935, S. 38 f.
[167] H. Mommsen, a.a.O., S. 28 (Anm. 32).
[168] Im Rahmen des Reichsparteitages in Nürnberg 1929 fand ein Sonderkongress für gewerkschaftliche Fragen statt, der die Gründung dieser Organisation beschloss, vgl. Völkischer Beobachter v. 12. 9. 1929. Diese Organisation sollte aber keinen Gewerkschaftscharakter besitzen, vielmehr lediglich propagandistischer Stoßtrupp der Partei in den Betrieben sein und der Parteikontrolle unterstehen. Vgl. dazu auch Bracher/Schulz/Sauer, Die nationalsozialistische Machtergreifung, S. 176.

am 1. August 1931 aufgrund einer Anordnung der Reichsleitung wieder ausschieden[169].

An die Stelle der NSBO trat die am 6. September 1931 gegründete „Beamtenabteilung der NSDAP“ als Bestandteil der Reichsleitung der Partei mit Sitz in Frankfurt[170]. Auch wenn diese nach der 2. Reichstagung der Gausachbearbeiter für Beamtenfragen am 8. Mai 1932 als Beamtenabteilung innerhalb der NSDAP mit örtlichen Arbeitsgemeinschaften verselbständigt wurde, blieben die Einrichtungen doch der Partei ein- und untergeordnet[171]. Sie passten sich daher vollständig dem Aufbau der NSDAP an, wodurch die Entwicklung einer nationalsozialistischen Sonderorganisation der Beamtenschaft weiterhin ausgeschlossen blieb[172].

In ihrer Agitation bauten die Nationalsozialisten ab 1930 vor allem auf das berufsständische Selbstverständnis der Beamten und auf die Auswirkungen der drastischen Einkommensverluste im Zuge der Notverordnungspolitik[173]. Mit der Herausgabe einer eigenen Beamtenzeitschrift wurde diese Aktivität ab Anfang 1932 noch verstärkt[174].

Die Einstellung der Nationalsozialisten zu den Beamtenorganisationen der Weimarer Republik und ihren Spitzenverbänden war somit distanziert bis offen feindlich. Diese Einstellung beruhte durchaus auf Gegenseitigkeit.
Die große Mehrzahl der Beamtenverbände begegnete den Nationalsozialisten von Anfang an mit Misstrauen. Die Beamtenverbände standen zu fest auf dem Boden des parlamentarischen Systems, um den Nationalsozialisten unkritisch folgen zu können.
Bereits 1930 konnten die Beamten im Beamten-Jahrbuch unter der Überschrift „Der faschistische Staat und sein Beamtenrecht“ lesen, was die deutschen Beamten angesichts der Erfahrungen des italienischen Staatsdienstes im Falle einer nationalsozialistischen Machtübernahme erwarten

---

[169] Vgl. Schenck, Die Einstellung der deutschen Beamten zur Weimarer Republik, S. 207 f.

[170] Vgl. Sprenger, Die Entwicklung der nationalsozialistischen Beamtenbewegung, S. 39, in: Almanach der Deutschen Beamten 1934; sowie Mursinsky/Brill, Die Organisation, S. 149 f.

[171] Vgl. Hattenhauer, Geschichte des deutschen Beamtentums, S. 432.

[172] Ebda.

[173] Vgl. Caplan, Government without administration, State and civil service, S. 104 f.

[174] Die „Nationalsozialistische Beamtenzeitung“ (NSBZ) erschien erstmals am 5. 1. 1932, vgl. ADB (Hrsg.), Der Nationalsozialismus, S. 80.

durften[175]. Der Verfasser zeigte, dass ein Sieg des Faschismus im Gegensatz zum Kommunismus zwar das Beamtentum nicht abschaffe, es dagegen in seinem Wesen derart ändere, daß der Beamte nicht länger Diener des Volkes, sondern bloßer Vollstrecker des Willens der Staatspartei sei. Es werde daher eine neue Form des Beamtentums unvermeidlich, die mit einer Wiederherstellung der monarchischen Zustände nichts gemein habe. Die Konsequenzen waren einfach, wie Falck im Beamten-Jahrbuch von 1930 darstellte:

> „Wie für England, so ist auch für den europäischen Kontinent das parlamentarische System trotz aller Anfeindungen heute immer noch die beste Regierungsform. Sie ist die Grundlage der Freiheit im Innern und des Friedens nach außen. Ohne das parlamentarische System würde – nach einem Wort des Franzosen Chabron – die ganze europäische Kultur, Deutschland und Frankreich verloren sein. Speziell für die Beamtenschaft liegt es aber klar zutage, was ihr etwa eine Diktatur bringen könnte, gleichgültig von welcher Seite sie käme. Ein Teil der wohl erworbenen und der verfassungsmäßig gewährleisteten Beamtenrechte, vielleicht alle, stehen dabei auf dem Spiel“[176].

Die widersprüchliche Haltung der NSDAP zu den Beamten und zum Beamtentum überhaupt ließ auch nach 1930 bei den Beamtenvereinigungen Zweifel an der Aufrichtigkeit der nationalsozialistischen Beamtenpolitik aufkommen[177]. Die Nationalsozialisten büßten weiter an Glaubwürdigkeit ein, als im Februar 1932 ein vom Fachberater für Beamtenfragen im Gau Hessen der NSDAP angefertigtes Gutachten über „Die Beamtenschaft und die kommende nationalsozialistische Regierung“ bekannt wurde, in dem zwar scharfe Angriffe gegen die Sparpolitik Brünings vorgetragen, zugleich aber die Kürzung der Beamtengehälter sowie eine Anstellungs- und Beförderungssperre empfohlen wurden[178]. Durch die neuen politischen

---

[175] Falck, Der faschistische Staat und sein Beamtenrecht, Beamten-Jahrbuch 1930, S. 27 ff. und 102 ff.

[176] Falck, a.a.O., S. 109.

[177] Vgl. die Zusammenstellung von Äußerungen nationalsozialistischer Politiker, in: Klotz, Nationalsozialismus und Beamtentum, 1931; s. auch „Das Nationalsozialistische Lügenlexikon für die Beamtenschaft“, in: Der Beamte der Republik, hrsg. vom Vorstand der SPD, Nr. 3 v. Juli 1932, S. 4-8.

[178] Vgl. „Kürzung der Beamtengehälter“, in: ADBZ, Nr. 21 v. 20. 2. 1932.

schen Vorgänge wurden die deutschen Arbeiter, Angestellten und Beamten in große Erregung versetzt[179].

Die Mehrheit der Beamtenvereinigungen enthielt sich aber dennoch einer grundsätzlichen Stellungnahme zum Nationalsozialismus. Die Verbände verstanden sich als Standesvertretungen, welche die Politik der Nationalsozialisten vor allem an den beamtenpolitischen Belangen maßen[180]. Zu den Beamtenorganisationen, die sich eingehend mit dem Nationalsozialismus auseinandersetzten und ihn grundsätzlich ablehnten, gehörten u.a. der kleine „Verband katholischer Beamtenvereine Deutschlands"[181] und vor allem der „Allgemeine Deutsche Beamtenbund" (ADB)[182]. Dieser beschränkte sich nicht auf bloße Appelle und sonstige, gegen den Nationalsozialismus gerichtete Veröffentlichungen in der von ihm herausgegebenen „Allgemeinen Deutschen Beamtenzeitung"[183]. Es war auch ein politisches Programm, wenn der ADB im Jahr 1932 die Flugschrift „Der Nationalsozialismus - eine Gefahr für das Berufsbeamtentum" herausgab, die ein geradezu erdrückendes Material über die Gefahren des Nationalsozialismus für das Berufsbeamtentum darbrachte[184].

Außerdem trat der ADB der „Eisernen Front" bei[185]. Diese bildete in Zusammenarbeit mit dem ADB sog. „Hammerschaften" zur Abwehr von Übergriffen der Nationalsozialisten[186]. Eine weitere Maßnahme im Kampf gegen den Nationalsozialismus stellte die Errichtung einer „Terror-Abwehrstelle" beim Vorstand des ADB dar[187]. Es sollte den nationalsozia-

---

[179] Vgl. den Aufruf der gewerkschaftlichen Spitzenverbände vom 20. 7. 1932 „An die deutsche Arbeiterschaft": Vorgehen der Reichsregierung gegen Preußen, abgedr. in: Die Gewerkschaften in der Endphase der Republik 1930-1933, S. 625 f. (Dokument 110).

[180] Vgl. Schenck, Die Einstellung der deutschen Beamten zur Weimarer Republik, S. 195.

[181] Vgl. „Die Weltanschauung des Nationalsozialismus", in: Beamten-Wacht 1932, Nr. 8; „Der Nationalsozialismus der größte Feind des Berufsbeamtentums", in: Beamten-Wacht 1932, Nr. 14; „Es geht um die Freiheit des Beamtentums!", in: Beamten-Wacht 1932, Nr. 31.

[182] Vgl. dazu u.a. Schütz, Zwischen Standesbewusstsein und gewerkschaftlicher Orientierung, S. 311 ff.

[183] Vgl. den Appell des ADB an Regierungen und Beamtenschaft vom Januar 1932, in: ADBZ 1932, Nr. 5; s.a. „Abwehrkampf gegen den Nationalsozialismus", in: ADBZ 1931, Nr. 11; „Der Faschismus und wir....", in: ADBZ 1931, Nr. 32; Gegen die faschistische Durchsetzung der Beamtenschaft", in: ADBZ 1931, Nr. 41.

[184] Vgl. dazu ADBZ Nr. 28 v. 8. 3. 1933 (12. Jg.), BArch Berlin R 8080/182, Bl. 35.

[185] „Eiserne Front für Volksrechte gegen Diktatur!", in: ADBZ 1932, Nr. 10.

[186] Vgl. Schenck, a.a.O., S. 195.

[187] Ebda.

listischen Agitationen in der Beamtenschaft wirksam entgegengetreten werden:

> „Bisher waren die Republikaner in der Beamtenschaft schutzlos diesem Terror ausgeliefert. Schutzlos, weil die Vorgesetzten, weil die Behörden sie nicht in Schutz nahmen. ... Nun, auch das dulden wir nicht mehr. Wenn die Minister der Republik nicht rücksichtslos gegen die nationalsozialistische Agitation vorgehen, werden wir uns selbst helfen. Auf den nationalsozialistischen Terror antworten wir mit unserer Terrorabwehr! Die Minister der Republik und die republikanischen Vorgesetzten werden dann hoffentlich gleiches Recht auch für uns gelten lassen! Es ist alte deutsche Art, auf einen Schelmen anderthalbe zu setzen. Wenn die Nationalsozialisten jetzt Listen über die politische Einstellung der Beamtenschaft aufstellen, Proskriptionslisten über die Beamten, die bei Anbruch des Dritten Reichs auf die Straße gesetzt oder gar gehängt werden sollen, dann meinen wir, dass es jetzt höchste Zeit ist – denn noch leben wir in der deutschen Republik -, diesen Hochverrätern, die den Umsturz der deutschen Republik vorbereiten, das Handwerk zu legen. Auch wir werden die antirepublikanischen Rädelsführer feststellen und sie zur Strecke bringen. ... Die nationalsozialistischen Agitatoren werden in der republikanischen Presse angeprangert werden, dass jeder mit dem Finger auf sie zeigt“[188].

In seinem letztlich vergeblichen Kampf gegen die Nationalsozialisten versuchte der ADB auch beim Deutschen Beamtenbund Unterstützung zu finden. Er wandte sich in einem Schreiben vom 16. Januar 1932 an dessen Vorstand und bat um eine Aussprache über gemeinsam zu ergreifende Maßnahmen gegen die Nationalsozialisten. Dies lehnte der DBB zwar ab, wobei er seine Ablehnung in einem Antwortschreiben vom 23. Januar 1932 mit den Worten begründete:

> „Der DBB war von jeher bemüht, die rechtliche Stellung der Beamten zu sichern und die Beamten vor rechtswidrigem Verhalten anderer ihnen gegenüber im Dienst und außer Dienst zu schützen. Als überparteiliche Spitzenorganisation hat der DBB daher jeden Terror

---

[188] „Schluss mit dem Nazi-Terror in der Beamtenschaft“, in: ADBZ 1932, Nr. 5. Bereits gegen Mitte des Jahres 1932 wurde die „Terror-Abwehrstelle“ in den Zeitschriften des ADB und der ihm angeschossenen Verbände kaum noch erwähnt. Es kann daher angenommen werden, dass dieses Vorgehen des ADB fehlgeschlagen ist, vgl. Schenck, a.a.O., S. 196.

> politischer und anderer Art gegen Beamte, gleichviel von welcher Seite er ausgeübt oder versucht wurde, auf das schärfste verurteilt und bekämpft. Aus der eingehenden Besprechung in der letzten Sitzung unserer Bundesleitung ging eindeutig hervor, dass die dem DBB angeschlossenen Fachverbände die Rechte ihrer Einzelmitglieder im Sinne dieser grundsätzlichen Einstellung jederzeit gewahrt haben. Im besonderen unterstützen sie ihre Mitglieder bei rechtswidrigem unzulässigem Verhalten von Vorgesetzten. Angesichts dieser feststehenden Praxis, die sich bewährt hat, bitten wir, es nicht als einen unfreundlichen Akt aufzufassen, wenn wir meinen, dass uns besondere, von den Beamtenspitzenorganisationen gemeinsam zu ergreifende Maßnahmen in diesem Falle nicht erforderlich erscheinen"[189].

Doch kann hieraus nicht auf eine unpolitische Haltung des DBB und seines Vorstandes gegenüber der NSDAP und ihrer Beamtenpolitik geschlossen werden. So war allgemein bekannt, dass der Vorsitzende des DBB, Wilhelm Flügel, ein Gegner des Nationalsozialismus war, der sich mehrmals in privaten Stellungnahmen gegen die NSDAP und ihre Politik ausgesprochen hatte[190]. Er hielt sich jedoch bei der Ausübung seines Amtes als Bundesvorsitzender mit Äußerungen seiner politischen Ansichten im Interesse der Überparteilichkeit des DBB betont zurück[191]. So äußerte er allenfalls – hier in seinen Ausführungen im Rahmen des 8. Bundestages des DBB 1932 zur parteipolitischen Neutralität, die in der Satzung des DBB festgelegt war:

> „Parteipolitische Neutralität bedeutet die Unabhängigkeit von jeder politischen Partei oder Parteigruppierung. Parteipolitische Neutralität bedeutet völlige Freiheit von jedem Parteieinfluß bei der Bildung des Bundeswillens. Parteipolitische Neutralität schließt in sich die Möglichkeit und den Willen zum Zusammenwirken mit jeder Partei auf dem Boden unserer Berufsinteressen. Parteipolitische Neutralität bedeutet aber auch, daß wir uns gegen Parteien zu wenden haben, die uns angreifen, die uns bedrohen, die die Interessen des Beamtentums verletzten und die sich der Zukunftsentwicklung des Be

---

[189] Zitiert nach: „Dem DBB erscheint Abwehrfront gegen Nazi-Terror ‚nicht erforderlich' ", in: ADBZ 1932, Nr. 10.
[190] Schenck, a.a.O., S. 39.
[191] Ebda.

rufsbeamtentums in den Weg stellen"[192].

> „Der DBB steht der NSDAP ebenso objektiv gegenüber, wie jeder anderen politischen Partei. Er hat den Kampf, der gegenwärtig leider gekämpft wird, nicht von sich aus gesucht. Aber er hat die Pflicht, gegen Parteien sich zu wehren, wenn sie ihn angreifen"[193].

Der DBB informierte seine Funktionäre genauestens über die Beamtenpolitik der Nationalsozialisten, indem er ihnen deren beamtenpolitische Äußerungen mit kritischen Kommentaren zugänglich machte. Die darin zum Ausdruck kommende antinationalsozialistische Einstellung wurde vom „Reichssachbearbeiter für Beamtenfragen" Sprenger in seinen Richtlinien der nationalsozialistischen Beamtenpolitik durchaus klar als politische Gegnerschaft zum Nationalsozialismus erkannt. Verärgert stellte er einleitend fest:

> „Eine Hetze unter Berufsbeamten gegen die Nationalsozialistische Deutsche Arbeiterpartei scheint zur Zeit zu den hervorragendsten Kampfmitteln der absterbenden Parteien zu gehören. Auch einige Berufsverbände lassen sich die Verbreitung von Hetzartikeln angelegen sein. Bei der Nachprüfung stellt sich dann allerdings immer heraus, dass letzten Endes doch parteiverfilzte Organisationsfunktionäre die Hand im Spiele haben. Auch der ‚Deutsche Beamtenbund' hat in seinem Führermaterial durch die Presse tendenziös entstellte Bruchstücke aus Reden nationalsozialistischer Abgeordneter veröffentlicht, ohne vorher den Versuch zu machen, die offensichtlichen Widersprüche zu klären"[194].

Der DBB bezog immer dann eindeutig Stellung, wenn nationalsozialistische Politik in die Rechte der Beamtenvereinigungen eingriff, auch wenn er sich einer offenen Kritik an der NSDAP entzog. Dies war beispielsweise der Fall, als das „Ministerium der Kirchen und Schulen in Oldenburg" dem Vorsitzenden des im DBB organisierten Landeslehrervereins am 12. September 1932 mitteilte, dass die nationalsozialistische Regierung es ablehne, den Vertreter des Deutschen Beamtenbundes und der ihm ange-

---

[192] Abgedr. in „Der DBB gefestigt? – Bleibt er neutral?", in: NSBZ Nr. 22 v. 20. 11. 1932, S. 323, BArch Berlin R 8080/287, Bl. 165 V.

[193] Ebda.

[194] Undatierte Richtlinien zur Beamtenpolitik des „Reichssachbearbeiters für Beamtenfragen" Sprenger, in: Müller, a.a.O., S. 60.

schlossenen Organisation in Zukunft zu empfangen. Die Bundesleitung des DBB verurteilte dieses Verhalten der oldenburgischen Regierung als einen schweren Verstoß gegen die Reichsverfassung sowie die Verfassung des Freistaates Oldenburg und sagte den oldenburgischen Landesorganisationen „in ihrem Kampfe um die Erhaltung ihrer verfassungsmäßigen Rechte“ in jeder Weise Unterstützung zu[195]. Das DBB-Landeskartell Oldenburg und der Oldenburger Beamtenbund forderten die Regierung auf einer gemeinsamen Tagung am 2. Oktober 1932 auf, ihre Maßnahmen zurückzunehmen.

> „Wenn von nationalsozialistischer Seite das Verhalten der Regierung damit begründet worden ist, dass der Deutsche Beamtenbund die nationalsozialistische Partei angegriffen und bekämpft habe, so ist eine solche Behauptung unwahr“[196].

Der Verzicht des DBB auf jegliche Kritik an der NSDAP war genau das, was die Nationalsozialisten mit solchen Aktionen erzwingen wollten[197]. Mit Erfolg, denn zwar verurteilte der DBB einerseits jeweils die direkten Angriffe der NSDAP auf die Beamtenorganisationen, andererseits war er jedoch eifrig bemüht, jede grundsätzliche Auseinandersetzung mit dem Nationalsozialismus zu vermeiden[198].

Insgesamt war daher das Verhältnis der Nationalsozialisten zu den Beamtenvereinigungen höchst problematisch. Zum ADB war es offen feindlich, zum DBB gespannt. Mehrfach wurde den Bundesgremien des Deutschen Beamtenbundes vorgehalten, die parteipolitische Neutralität verletzt zu haben[199]. Eine Gegenorganisation wollten die Nationalsozialisten aber dennoch nicht errichten. Sie versuchten vielmehr, innerhalb des DBB ihren Einfluss geltend zu machen:

---

[195] „Nationalsozialistische Regierung“ Oldenburg und Koalitionsfreiheit, in: Der Beamtenbund, Nr. 73 v. 30. 9. 1932; vgl. ferner Der Beamtenbund, Nr. 74 v. 4. 10. 1932.

[196] Tagungsbericht, in: Der Beamtenbund, Nr. 74 v. 4. 10. 1932.

[197] Schütz, a.a.O., S. 304.

[198] Ebda.

[199] Vgl. diesbezüglich u.a. „Der DBB dementiert sich“, in: ADBZ Nr. 88 v. 4. 8. 1932, BArch Berlin R 8080/182, Bl. 29 VS f.; Flügel äußerte sich u.a. gegen diese Vorwürfe in: „Flügel über die Aufgaben des DBB“, Telegr.-Union v. 8. 2. 1932, S. 2, BArch Berlin R 8080/182, Bl. 37 f.(38).

> „Die nationalsozialistischen Beamten bleiben in ihren Standesvereinigungen oder, sofern sie ihnen fernstehen, gehen sie hinein in die Standesorganisationen und arbeiten kräftig mit, sorgen für Reinhaltung von Parteipolitik und Zersetzung und treten dafür ein, dass nur einwandfreie tatkräftige Personen in die Führung kommen. Die NSDAP lehnt es ab, parteieigene Verbände und dergleichen zu bilden“[200].

In den „Richtlinien für Beamtenvertretung“ vom Februar 1933 legte die Hauptabteilung VII das Verhältnis der NSDAP zu den Fachgewerkschaften folgendermaßen fest:

> „Unsere Einstellung zur Mitgliedschaft zu den einzelnen Fachgewerkschaften usw. ist eindeutig. Die NSDAP ist weder beamtenverbands- noch gewerkschaftsfeindlich eingestellt. Wir verlangen aber, dass die Interessenverbände usw. ihre Überparteilichkeit stets und gegen jedermann peinlich genau wahren. Volksbewußte und arteigen Verbände und dergl. haben unsere tatkräftige Unterstützung bei Verfolgung ihrer im Einklang mit dem Gesamtwohl des deutschen Volkes verfolgten Interessen. Internationalen, volkszerstörenden Bestrebungen gilt unser schärfster Kampf. Die nationalsozialistischen Beamten bleiben daher in ihren Fachverbänden und achten nachdrücklichst auf wirkliche parteipolitische Neutralität und Betätigung der Führer in nur dem Gesamtwohl zuträglichem Sinn. Parteipolitik in den Verbänden oder gar parteieigene Verbände werden von uns strickte abgelehnt“[201].

Es gelang den nationalsozialistischen Beamten allerdings nicht, den erhofften Einfluss auf die Politik des DBB zu gewinnen[202]. Die wichtigsten Gremien des DBB waren für Nationalsozialisten vor 1933 schlicht nicht erreichbar. Auch das Ziel, im Oktober 1932 wenigstens die Wiederwahl des gegen die Nationalsozialisten eingestellten Bundesvorsitzenden Flügel zu verhindern, erreichten die Nationalsozialisten nicht. Zwar hatten sie vor dem 8. Bundestag des DBB in ihrer „Nationalsozialistischen Beamtenzeitung“ einen sechsseitigen Artikel über die angeblichen Verfehlungen des

---

[200] Sprenger, Der deutsche Beamte, S. 24.

[201] „Einstellung der NSDAP zur Mitgliedschaft zu den Beamtenorganisationen“, in: Beamtenecho, Nr. 7, v. 1. 4. 1933, S. 27 f.; vgl. ferner Verwaltungs-Rundschau, Nr. 6 v. Juni 1933, S. 48.

[202] Vgl. DBB (Hrsg.), Deutscher Beamtenbund, S. I/43 f.

DBB-Vorstandes veröffentlicht und die Frage aufgeworfen: „Bleibt der Vorstand – oder der DBB?“[203]. Zudem betonten sie, dass man Verhandlungen mit dem DBB und seinen Untergliederungen ablehne, „solange die Herren Flügel und Heßlein die Politik des DBB bestimmen“[204]. Der achte und vorläufig letzte Bundestag des Deutschen Beamtenbundes wählte indessen Flügel mit der breiten Mehrheit von 272 von 329 Stimmen erneut zum Bundesvorsitzenden und sprach damit auch dem gesamten Bundesvorstand sein Vertrauen aus[205]. Damit wiesen die Delegierten des DBB das nationalsozialistische Ansinnen eines Führungswechsels im DBB mit aller Deutlichkeit zurück. Die Nationalsozialisten gaben die Hoffnung jedoch nicht auf:

> „Die Frage, ob der Deutsche Beamtenbund gefestigt ist, wird zweckmäßig zunächst einmal zurückgestellt, denn darüber wird sich sowohl die Leitung als auch die Summe der Funktionäre, die den Bundestag ausmachen, klar sein, daß das Gesicht des 8. Bundestages nicht das Gesicht der deutschen Beamtenschaft ist. Das Volk ist in Bewegung und davon kann der Deutsche Beamtenbund nicht unberührt bleiben“[206].

3.1.3 Erste Auseinandersetzungen mit Polizeibeamtenverbänden

Die besondere politische Gegnerschaft der Nationalsozialisten bezog sich indessen auf die im DBB organisierten Polizeibeamtenorganisationen. Die Polizei und namentlich die preußische Polizei galten bei den Nationalsozialisten als die Repräsentanten einer „korrupten, bürgerlich-marxistischen Staatsauffassung“, die den Nationalsozialisten gegenüber „ihren Zorn mit Gummiknüppeln abreagierte“, während sie die „Kommunisten, die ‚politischen Kinder‘ des Herrn Severing schonte“[207]. Dieser Hass der Nationalsozialisten auf die Polizei und ihre Beamten übertrug sich auch auf deren Beamtenorganisationen. Diese wurden in ihrer Gesamtheit von den Nationalsozialisten gerade gegen Ende der Weimarer Republik als politische Gegner angesehen, die es aus dem öffentlichen Leben auszuschalten galt.

---

[203] NSBZ, Nr. 20 v. 20. 10. 1932, S. 289 ff.
[204] Ebda., S. 292.
[205] Vgl. Schenck, a.a.O., S. 217.
[206] NSBZ, Nr. 22 v. 20. 11. 1932, S. 324.
[207] Vgl. Göring, Aufbau einer Nation, S. 82 und 85 f.

Es waren daher insbesondere Auseinandersetzungen mit Polizeibeamtenverbänden, die einerseits zu den heftigsten Konflikten zwischen dem DBB und den Nationalsozialisten führten, andererseits aber auch deutlich machten, wie entschlossen und zielgerichtet die Nationalsozialisten gegen die Beamtenorganisationen vorzugehen gedachten. Beispielhaft sei hier der Konflikt um den im DBB organisierten „Landesverband der Polizeibeamten im Lande Braunschweig" genannt. Am 18. Januar 1932 gab der braunschweigische Innenminister Klaggers[208] bekannt, dass er den Landesverband der Polizeibeamten im Lande Braunschweig als Vertretung der Polizeibeamten nicht mehr anerkennen, ihn künftig nicht mehr empfangen und Eingaben von ihm nicht mehr entgegennehmen werde[209]. Am nächsten Tag betonte Klaggers, dass dieser Verband „zu einer Stätte für marxistische und kommunistische Propaganda geworden" sei und verbot allen staatlichen und kommunalen Polizeibeamten in Braunschweig die Zugehörigkeit zu ihrem Landesverband[210]. Ursache dieses rüden Vorgehens war der Verbandstag des Landesverbandes, auf dem ein Vertreter der KPD eine Rede gehalten hatte[211]. Ihm wurde zwar das Wort entzogen, als er zu verbalen Angriffen auf die Demokratie ausholte, doch folgerte der Innenminister aus diesem Vorfall, dass der Landesverband „damit seine rein wirtschaftliche Bedeutung verloren" habe und nunmehr „als eine politische Vereinigung anzusehen" sei[212].

Der Gesamtvorstand des DBB sah in diesem Verbot eine Behinderung der Arbeit des Deutschen Beamtenbundes und seiner Unterorganisationen sowie eine Verletzung des in der Verfassung garantierten Rechts der Koalitionsfreiheit. In seiner Stellungnahme hieß es:

> „Der Gesamtvorstand des DBB nimmt mit Entrüstung Kenntnis von dem Verbot der Zugehörigkeit der Polizeibeamten zum Landesverband der Polizeibeamten im Lande Braunschweig durch den Minister Klaggers. Er erhebt gegen diese willkürliche Verletzung der Reichsverfassung entschieden Protest und bedauert, dass die

---

[208] Braunschweig war nach Thüringen das zweite Land mit einem nationalsozialistischen Innenminister.

[209] Vgl. Schenck, a.a.O., S. 197 f. sowie Georg Stratmann, in: Deutscher Beamtenbund, S. I/87.

[210] Vgl. Gniesmer, Der Weg zu und mit der GdP, S. 26 sowie Georg Stratmann, in: Deutscher Beamtenbund, S. I/87.

[211] Vgl. Schenck, a.a.O., S. 197 f.; ferner Gniesmer, a.a.O., S. 27 sowie Georg Stratmann, in: Deutscher Beamtenbund, S. I/87 f.

[212] Ebda.

> Reichsregierung diesen verfassungswidrigen Zustand noch nicht behoben hat.
>
> Der Gesamtvorstand des DBB fordert von der Reichsregierung, insbesondere von dem Reichsminister des Innern, die umgehende Wiederherstellung des verfassungsrechtlichen Zustandes im Lande Braunschweig. Er ist der Auffassung, dass Beamte, die durch ihren Diensteid verpflichtet sind, die Verfassung und die Staatsform mit Leib und Leben zu verteidigen, von der Reichsleitung erwarten dürfen, dass sie bei der Verteidigung ihrer verfassungsmäßigen Rechte nach dem Grundsatz Treue um Treue den schnellsten und schärfsten Schutz fordern können. Der Gesamtvorstand des DBB erwartet von den Polizeibeamten in Braunschweig, dass sie ihre verfassungsrechtlich gewährte Vereinigungsfreiheit mit allen Mitteln verfechten. Er sichert ihnen in diesem Kampf um Freiheit und Recht seine uneingeschränkte Solidarität zu und beauftragt die Bundesleitung, alles zu tun, um diesen verfassungswidrigen Zustand schnellstens zu beseitigen"[213].

Wurde bei dieser Auseinandersetzung noch die gegen die Polizeibeamtenorganisation gerichtete Politik der Nationalsozialisten hinter der allgemeinen Frage der Überparteilichkeit von Beamtenverbänden verborgen, so bekämpfte man bereits kurze Zeit darauf den „Verband Preußischer Polizeibeamter e.V." (sog. Schrader-Verband) unverhohlen als politischen Gegner. Am 3. Juni 1932 brachte die preußische Landtagsfraktion der NSDAP im Preußischen Landtag folgenden Antrag ein:

> „Der Landtag wolle beschließen: Das Staatsministerium wird ersuchen, im Bereich des Freistaates Preußen aus Gründen der politischen Sauberkeit und Moral den sog. Schrader-Verband der Polizeibeamten sofort aufzulösen. Das Vermögen des Verbandes ist zugunsten der Kriegs-Hinterbliebenenfürsorge sicherzustellen"[214].

Mit diesem Antrag machten die Nationalsozialisten unmissverständlich klar, dass sie diesen im DBB organisierten Verband für einen politischen

---

[213] „Gegen willkürliche Verletzung der Reichsverfassung", in: Der Beamtenbund, Nr. 23 v. 22. 3. 1932, S. 1.

[214] Drucksachen des Preußischen Landtags, 4. Wahlperiode, 1. Tagung, 1. Bd., 1933, Nr. 163, S. 101; vgl. ferner Preußische Polizeibeamten-Zeitung, Nr. 24 v. 11. 6. 1932 sowie DBB (Hrsg.), Geschäftsbericht 1930/32, S. 337 f.

Gegner des Nationalsozialismus hielten, den es auszulöschen galt, um „politische Sauberkeit und Moral" wiederherzustellen. Der Konflikt der Nationalsozialisten mit dem DBB war folglich unvermeidlich. Der geschäftsführende Vorstand des DBB wandte sich „aufs schärfste" gegen diesen Antrag und erwartete von der Reichsregierung, dass sie „in Wahrung der Grundrechte der Reichsverfassung gegen jeden Versuch einer Beeinträchtigung der Vereinigungsfreiheit mit allen Mitteln" vorgehe[215]. Wenn später der Antrag gegen die Stimmen der Antragsteller abgewiesen wurde, so war das für diese natürlich Anlass genug, gegen den DBB und seinen Bundesvorsitzenden öffentliche Vorwürfe zu erheben[216].

Zusammenfassend lässt sich daher feststellen, dass die Nationalsozialisten am Ende der Weimarer Republik ein äußerst gespanntes Verhältnis zu den Beamtenverbänden hatten. Diese entzogen sich ihrem politischen Einfluss und wurden gerade deshalb von den Nationalsozialisten mit Misstrauen beobachtet. Während sich die Nationalsozialisten dem DBB gegenüber darauf beschränkten, vermeintliche Verletzungen der parteipolitischen Neutralität zu beanstanden, begegneten sie dem ADB und auch einzelnen im DBB organisierten Beamtenvereinigungen, wie namentlich denen der Polizeibeamten, mit offener politischer Feindschaft. Diese Verbände wurden wegen ihrer vermeintlichen Nähe zum „marxistischen System" Weimars bekämpft und sollten ausgelöscht werden, um die „politische Sauberkeit und Moral" wiederherzustellen.

3.1.4 Die „Wiederherstellung des Berufsbeamtentums"

Nachdem die Nationalsozialisten am 30. Januar 1933 die Regierung übernommen hatten, begannen ihre Anhänger, die Übernahme der Macht auf allen Ebenen durchzusetzen. Dabei wurde mit physischer Gewalt, illegalen Druckmitteln und falschen Versprechungen gearbeitet. SA-Gruppen besetzten Rathäuser, Zeitungsredaktionen, Parteibüros und Gewerk-

---

215 „Um die Vereinigungsfreiheit der Beamten", in: Der Beamtenbund 1932, Nr. 42, S. 3.

216 Georg Stratmann, in: Deutscher Beamtenbund, S. I/89. Um diese Vorgänge richtig zu würdigen, ist zu bedenken, dass der DBB rd. 1 Mio. Beamte in etwa 300 Fachverbänden zusammengeschlossen hatte. Bei einem Organisationsbereich von rd. 1,5 Mio. öffentlichen Beamten gehörten somit annähernd zwei Drittel aller Beamten dem DBB an.

schaftshäuser. Ohne rechtliche Grundlage wurden führende Funktionäre der oppositionellen Parteien und Verbände inhaftiert, demokratisch gewählten, leitenden Persönlichkeiten wurde der Zutritt zu ihren Geschäftsstellen verwehrt. Zahlreiche Parteien und Verbände wurden relativ schnell verboten oder aufgelöst, die übrigen wurden mit Auflösungsandrohungen bedrängt und gefügig gemacht.
Das Ziel war die Verstärkung des nationalsozialistischen Einflusses, also die Geltendmachung des totalitären Anspruchs auf die Ausrichtung seiner Untertanen. Die Überwindung der Gegensätze zu der nationalsozialistischen Konzeption, soweit sie durch Religion, Weltanschauung oder politische Einstellung bedingt waren, trat in den Hintergrund.

Unmittelbar nach der „Machtübernahme" begann die planmäßige Arbeit Hitlers und der NSDAP an der Zerstörung des parteipolitisch neutralen (Art. 130 WRV) Berufsbeamtentums, indem einerseits der verfassungsmäßige Schutz der Beamten gegenüber dem Gesetzgeber (Art. 129 WRV) beseitigt, andererseits das Beamtenverhältnis in ein besonderes persönliches Treueverhältnis zu Hitler selbst und in ein Abhängigkeitsverhältnis zu der den Staat beherrschenden Partei umgestaltet wurde[217].

Die „Machtergreifung" gab den Nationalsozialisten die Möglichkeit, die in der Denkschrift Pfundtners vorgeschlagenen Maßnahmen zur Übernahme und „Säuberung" des Staatsdienstes in die Praxis umzusetzen[218]. Dessen rigorose Vorstellungen waren insbesondere durch ihre rücksichtslose Hinwegsetzung über die Institution des Berufsbeamtentums gekennzeichnet[219]. Getreu den darin enthaltenen Anregungen wurden sofort nach Amtsantritt der Regierung Hitler erste Eingriffe in das Beamtentum vorgenommen[220]. Das NS-Regime ließ nun keine Spielart von Maßnahmen mehr aus, um solch ein Beamtentum ganz in seinem Sinne zu schaffen und es vollkommen „gleichzuschalten"[221]. Terror, Einschüchterungen und Diffamierungen leiteten das große Aufräumen ein[222]. Korruptions- und Bereicherungsvorwürfe gegen leitende Beamte, Pressekampagnen, körper-

---

[217] BVerfGE 3, 1953, S. 89.
[218] Vgl. dazu auch Hirsch/Majer/Meinck, Recht, Verwaltung und Justiz im Nationalsozialismus, S. 297 ff.
[219] Mühl-Benninghaus, a.a.O., S. 5.
[220] Vgl. Grotkopp, a.a.O., S. 96; ferner Wunder, Geschichte der Bürokratie in Deutschland, S. 138.
[221] Vgl. Grotkopp, a.a.O., S. 159.
[222] S. dazu auch Kolb, Die Maschinerie des Terrors, S. 270 ff.

liche Mißhandlungen führten zu „freiwilligem“ Urlaub, Pensionierungen und Selbstmord[223]. Neef sagte 1935 auf dem Reichsparteitag:

> „Dass der Staat sich ungeeigneter, unerwünschter Elemente entledigt, ist nur natürlich und selbstverständlich. Er würde sonst der bewussten oder unbewussten, der bedachten oder unbedachten Sabotage an seiner Aufbauarbeit hilfreiche Hand bieten. ... Es steht überdies jedem Beamten frei, der glaubt, aus Meinungs- oder Gesinnungsgründen dem nationalsozialistischen Staat und Volk nicht dienen zu können, unsere Reihen zu verlassen“[224].

Das Beamtentum sollte sich nicht nur loyal „auf den Boden des neuen Staates“ stellen und korrekt die ergangenen Gesetze ausführen, sondern vielmehr von der nationalsozialistischen Weltanschauung bis in die Tiefe durchdrungen sein[225].

3.1.4.1 Reaktionen in der Beamtenschaft

Nachdem die Nationalsozialisten und die Deutschnationalen die Mehrheit im Reichstag errungen hatten, verstummte in der Beamtenschaft jeglicher öffentlicher Protest gegen die neue Regierung[226]. Auch der DBB war weiterhin in seinen Stellungnahmen zur neuen politischen Lage vorsichtig. Er äußerte lediglich sein Befremden darüber, dass die neue Reichsregierung in ihrem „Aufruf an das deutsche Volk“ die Beamten nicht erwähnt habe[227]. Zu einer öffentlichen Mißbilligung der einsetzenden beamtenpolitischen Maßnahmen Hermann Görings, der das Amt des kommissarischen preußischen Innenminister erhalten hatte[228], konnten sich jedoch auch die Bundesgremien des DBB nicht entschließen[229]. Sie begnügten sich mit der

---

[223] Vgl. H. Mommsen, Bürokratie im Nationalsozialismus, in: von Richthofen, Beamte im Nationalsozialismus, S. 13.
[224] Neef, Die politisch-weltanschauliche Reorganisation, S. 14 f.
[225] Vgl. Huber, Verfassungsrecht, S. 445.
[226] Vgl. Schenck, a.a.O., S. 167.
[227] Vgl. Mühl-Benninghaus, a.a.O., S. 105.
[228] IMT, Der Nürnberger Prozeß, S. 282.
[229] Vgl. Mühl-Benninghaus, a.a.O., S. 105.

Forderung, dass die Reichsregierung eine unzweideutige Stellungnahme zum Berufsbeamtentum abgeben möge[230].

Statt kritischen Äußerungen übersandten vielmehr zahlreiche Beamtenverbände anlässlich der Erfolge der NSDAP bei den Reichstagswahlen vom 5. März 1933 Loyalitätsadressen an den Reichskanzler, in denen sie „der Regierung des nationalen Aufbaus treueste Gefolgschaft", die „hingebende Pflichterfüllung" und „volle Unterstützung" bekundeten[231]. Sie waren darum bemüht, ihre weitere Existenzberechtigung nachzuweisen und den neuen Machthabern ihre Mitarbeit anzubieten. Auch der RhB bekannte sich vorbehaltlos zur „nationalen Erhebung", wobei er für sich in Anspruch nahm, „an seinem Teile grundlegende Vorarbeit" für die faschistische Machtergreifung geleistet zu haben[232].

Angesichts der bereits erfolgten Eingriffe in die Verwaltung kamen derartige - fast überschwengliche - Reaktionen etwas unerwartet[233]. Die Betrachtung des Beamtenanteils an den Mitgliedern der NSDAP konnte zu ihrer Erklärung nicht weiterhelfen, da die Beamtenschaft vor der Reichstagswahl trotz steigender Tendenz nie mehr als ein Zehntel der gesamten Mitgliedschaft der NSDAP ausmachte, folglich zu keiner Zeit eine führende oder gar entscheidende Kraft in der Partei bildete[234]. Die maßgeblichen Gründe für die positive Antwort weiter Teile der Beamtenschaft auf die erneute Reichskanzlerschaft Hitlers sind daher an anderer Stelle zu suchen. Sicherlich trieb zum einen die Sorge um den weiteren Bestand der Beamtenorganisationen manche Beamtenfunktionäre zu Ergebenheitserklärungen. In privater Hinsicht dürfte die Angst vor dem etwaigen Verlust der eigenen Existenzgrundlage von Bedeutung gewesen sein. Die Auflösung der sozialen Homogenität der Bürokratie[235], die vielen Enttäuschungen anlässlich der einschneidenden Sparmaßnahmen von 1923 und

---

[230] Rundschau für Kommunalbeamte Nr. 5 v. 4. 2. 1933, S. 51.
[231] Vgl. Grotkopp, a.a.O., S. 100, der in Anm. 83 auf das Telegramm des Vorstandes des Reichsbundes der Kommunalbeamten und –angestellten Deutschlands v. 19. 3. 1933 (GStA Berlin Rep. 77, Nr. 1 Bl. 7) sowie auf das Schreiben der Ortsgruppe Dorsten des Verbandes preußischer Polizeibeamter v. 19. 4. 1933 (GStA Berlin Rep. 77, Nr. 28, Bl. 5 f.) verweist; s. ferner das Schreiben des Reichsverbandes Deutscher Post- und Telegraphenbeamten e.V. v. 23. 3. 1933 in: BArch Berlin R 4701/22218, Bl. 500 f. sowie Schenck, a.a.O., S. 167 ff mit weiteren Hinweisen.
[232] Zeitschrift des RhB, 15. Jg. Nr. 4 v. 18. 3. 1933, S. 45.
[233] Vgl. Grotkopp, a.a.O., S. 100.
[234] Ebda; s. dazu auch Hattenhauer, Geschichte des Beamtentums, S. 366.
[235] Vgl. dazu Grotkopp, a.a.O., S. 83.

1930[236] sowie die lediglich verstandesmäßige Bejahung der republikanischen Staatsform führte gegen Ende der Weimarer Republik dazu, dass das Gros der eher deutschnational eingestellten Beamten wenn schon nicht zu offenen Anhängern, so doch wenigstens zu wohlwollenden Sympathisanten Hitlers wurden[237]. Es darf aber auch hier nicht außer Acht gelassen werden, dass die Nationalsozialisten innerhalb kürzester Frist entscheidende Stellungen in den Beamtenverbänden besetzten und somit die Arbeit dieser Verbände grundlegend beeinflussen konnten[238]. Darüber hinaus erweckte es neue Hoffnung, wenn Göring im Februar 1933 an die „Ideale des altpreußischen Beamtentums" appellierte[239]. Viele Amtswalter waren deshalb gerne bereit, im Glauben an die versprochene Wiederherstellung der herbeigesehnten stabilen Zustände für eine Übergangszeit Rechtseinbußen zu ertragen[240], womit sie sich nicht anders verhielten als die Masse des übrigen Volkes.

3.1.4.2 Nazifizierungsversuche der Bürokratie

Opfer des „Säuberungs"-Terrors waren vor allem die von den Nationalsozialisten gehassten „Parteibuchbeamten", die kommunistischen Beamten und die Beamten jüdischer Abstammung sowie die in der Weimarer Zeit eingestellten fachfremden „Außenseiter"[241]. Diese Hauptfeinde der Nationalsozialisten konnten nicht mit Schonung rechnen[242]. Gegen sie richtete sich die „Säuberung" in ihrer ganzen Schärfe[243].

> „Rechtmäßige wie unrechtmäßige Amtsenthebungen in Form von Entlassungen, Ruhe- und Wartestandsversetzungen kraft ministerieller Verfügung oder Gesetzes, unbefristete Beurlaubungen, Inter-

---

[236] Vgl. hierzu Mommsen, Die Stellung der Beamtenschaft in Reich, Ländern und Gemeinden in der Ära Brüning, in: VfZ 1973, S. 151 ff (S. 154 ff).
[237] Vgl. Grotkopp, a.a.O., S. 101; s. dazu ferner Erdmann/Schulze, Weimar, S. 161 sowie Mühl-Benninghaus, a.a.O., S. 106.
[238] Vgl. Schenck, a.a.O., S. 192.
[239] S. den Anruf „An alle Beamten der Preußischen Inneren Verwaltung" v. 1. 2. 1933, in: MBliV 33 I, Sp. 89 f.; vgl. ferner Hitlers Worte zur Gewerkschaftsbewegung, die ebenfalls beruhigend auf die Beamtenschaft wirken sollten, in: Der Staatsdienst Nr. 4, 16. Jg. v. 12. 4. 1933, S. 3.
[240] H. Mommsen, a.a.O., S. 14.
[241] Vgl. Grotkopp, a.a.O., S. 159.
[242] Vgl. Grotkopp, a.a.O., S. 159.
[243] Ebda.

nierungen und Inschutzhaftnahmen oder erzwungene, ‚freiwillige' Rücktritte wurden angewendet, um unliebsame Personen aus dem öffentlichen Dienst zu entfernen. Amnestien, erleichterte Einstellungen sowie die erschwerte Versetzung ‚alter Kämpfer' und anderer verdienter Nationalsozialisten sollten im Gegenzug die eigene Machtposition in den Behörden ausbauen"[244].

Die gesetzlichen Grundlagen dieser Maßnahmen waren vielgestaltig[245] und reichten vom „Gesetz zur Wiederherstellung des Berufsbeamtentums" (BBG) vom 7. April 1933[246] über das „Gesetz zur Änderung von Vorschriften auf dem Gebiet des allgemeinen Beamten-, des Besoldungs- und des Versorgungsrechts" vom 30. Juni 1933[247] bis zum „Deutschen Beamtengesetz" vom 26. Januar 1937[248].

Allerdings fand das von den Nationalsozialisten angedrohte und begonnene „Großreinemachen" in der Beamtenschaft nur zum Teil statt. Der Kreis der entlassenen Beamten blieb erstaunlich überschaubar[249]. Entweder, weil es doch nicht so viele „Parteibuchbeamte" und Juden in der Beamtenschaft gab, oder aber, weil man mehr auf die Einschüchterung der Beamten in ihrer Gesamtheit durch das exemplarische Vorgehen gegen einzelne republikanische Beamte setzte[250]. Die Neubildung eines nationalsozialistischen Beamtenkorps von Grund auf kam damit über das Stadium einzelner Erwägungen nicht hinaus; die Personalverluste und der geistige Personalbedarf durch die Annexion neuer Gebiete und die Verwaltung der besetzten Territorien setzte solchen Plänen darüber hinaus eine natürliche

---

[244] Grotkopp, a.a.O., S. 159.

[245] Vgl. dazu auch Matzerath, Nationalsozialismus und kommunale Selbstverwaltung, S. 75.

[246] RGBl. 1933, I, S. 175 ff.; damit schufen die NS die rechtliche Grundlage, um offene und potentielle Gegner aus der öffentlichen Verwaltung auszuschalten, um Platz für die Unterbringung bewährter NS zu schaffen. Das Gesetz ermöglichte die Legalisierung früherer und zukünftiger Maßnahmen. Vgl. dazu auch Runge, Politik und Beamtentum, S. 241; sowie von Richthofen, Beamte im Nationalsozialismus, S. 14 f.

[247] RGBl. I, 433. Hierzu bemerkte Walz (Das Ende der Zwischenverfassung, S. 35), mit dem Gesetz zur Bereinigung des Berufsbeamtentums werde „ein Strich gesetzt unter die liberal-marxistische wirtschaftliche Interessenpolitik der ‚wohlerworbenen Rechte' ".

[248] RGBl. I, 39 ff.; s. dazu im Allgemeinen und zu den einzelnen Durchführungsverordnungen/Änderungsgesetzen BArch Berlin R 1501/1135.

[249] Vgl. die Zahlen bei Schütze, Beamtenpolitik im Dritten Reich, S. 51.

[250] Vgl. Hattenhauer, Geschichte des deutschen Beamtentums, S. 412 f.

Grenze[251].

Dennoch sollte die von der „Regierung der nationalen Erhebung“ begonnene „Gleichschaltung“ der Verwaltung weiter vorangetrieben werden[252]. Durch eine Vielzahl von Vergünstigungen für Parteigenossen sowie Erziehungsmaßnahmen auf ideologischem Gebiet sollte die beherrschende Rolle der NSDAP in der Beamtenschaft gefestigt und ausgebaut werden[253]. Der Reichspostminister ging sogar so weit, dem Reichsminister des Innern folgendes zu unterbreiten:

> „Entsprechend einem Vorgehen der Reichsfinanzverwaltung käme auch für mich in Frage, Beamte, die ... dem Republikanischen Richter- oder Beamtenbund ... angehört haben und nicht vor dem 30. Januar 1933 in die NSDAP eingetreten sind, ... auf Zeit oder für immer von der Beförderung auszuschließen[254].

In der kommissarischen Besprechung über die Beförderung von Beamten wurden jedoch Bedenken erhoben, die Vorschläge des Reichspostministers als künftige Richtlinien aufzustellen[255]. Letztlich wurden sie für zu weitgehend gehalten[256].

Obwohl der Versuch, die Bürokratie zu nazifizieren, aus vielfältigen Gründen begrenzt war, wurden Hunderte von Nationalsozialisten Regierungsbeamte, und die Beamten, die außerhalb der NSDAP blieben, wurden rigoros mit der Parteiideologie indoktriniert[257]. Die Unberechenbarkeit und Härte der Maßnahmen führten zu einer nachhaltigen Verunsicherung der Beamtenschaft[258]. In vielen Behörden entstand ein unklares Kompetenz- und Machtgefüge zwischen den kraft Gesetzes zuständigen Stellen, den Parteiorganen und – soweit vorhanden – den Kommissaren[259].

---

[251] Vgl. H. Mommsen, a.a.O., S. 14.
[252] Grotkopp, a.a.O., S. 134.
[253] Ebda.
[254] Schreiben des Reichspostministers an den Reichsminister des Innern vom 30. Dezember 1933 zur Frage der Beförderung von Beamten, abgedr. in: H. Mommsen, a.a.O., S. 168 f. (168 f.).
[255] Vgl. Ergebnisse der interministeriellen Konferenz vom 17. Januar 1934 über die Frage der Beförderung der Beamten, Abschrift der Niederschrift der kommissarischen Besprechung, abgedr. in: H. Mommsen, a.a.O., S. 169 f. (169).
[256] Ebda., S. 170.
[257] Vgl. Petersen, The Limits of Hitler's Power, S. 36, 41 f. u. 86.
[258] Vgl. Grotkopp, a.a.O., S. 103.
[259] Ebda.

3.1.4.3 Preußen als „Hort des Marxismus"

Namentlich Preußen bekam als „Hort des Marxismus" die ganze Härte der „Regierung der nationalen Erneuerung" zu spüren[260]. Hier wurde Hermann Göring als kommissarischer preußischer Innenminister damit beauftragt,

> „an dieser Stelle, im größten Lande des Reiches, den Kommunisten niederzuwerfen und zu zerbrechen, die staatszerstörende, staatsfeindliche Partei auszurotten und anstelle einer korrupten bürgerlich-marxistischen Staatsauffassung die harte Weltanschauung des Nationalsozialismus in die Beamtenschaft und Verwaltung einzuführen"[261].

Zu diesem Zweck schleuste Göring eine Reihe sog. ehrenamtlicher Kommissare ins preußische Innenministerium ein, die in umfangreichen Personalschüben Entlassungen und Neuernennungen verfügten[262]. Einer der ersten, die ihre Stellung verloren, war Ministerialdirektor Klausener, Ressortchef der preußischen Polizei[263]. An seine Stelle setzte Göring einen

---

[260] Ebda., S. 159; vgl. ferner die Denkschrift des späteren Staatssekretärs im Reichsministerium des Innern, Hans Pfundtner, über beamtenpolitische Maßnahmen, Frühjahr 1932, abgedr. bei H. Mommsen, a.a.O., S. 127 ff. (S. 132); s. außerdem zum nach Beamtengruppen aufgeschlüsselten Gesamtausmaß der Säuberungen in Preußen, Behrend, Zur Personalpolitik des preußischen Ministeriums des Innern, S. 210.

[261] Göring, a.a.O., S. 82.

[262] Vgl. Fest, Hitler, S. 538.

[263] Dieser hatte bei der Polizeibeamtenschaft besonderes Vertrauen genossen. Auf dem Kongress der Preußischen Polizeibeamten im Jan. 1933 nahm der Verbandstag einstimmig eine Entschließung an, in der es u.a. heißt, „dass die im Verband Preußischer Polizeibeamten organisierte Polizeibeamtenschaft in den Jahren, in denen Klausener ... sein Amt verwaltete mit besonderem Interesse das Werk Klausener beobachtet und die Überzeugung gewonnen habe, dass Klausener mit seltener Umsicht und weit gesteckten Zielen sowie mit besonderer Sachkunde seine hohe staatspolitische Aufgabe - die Vereinigung staatlicher Notwendigkeit mit den Interessen der Polizeibeamtenschaft - erfüllt habe. ... Der Verband habe, getragen von dem ernsthaften Verantwortungsbewusstsein für die Notwendigkeit der Erhaltung einer leistungspflichtigen und berufsfreudigen Polizeibeamtenschaft außerordentlich bedauert, dass in dieser Zeit häufig die Personen in den höchsten Staatsstellen ihre Ämter wechselten, insbesondere die Personen, die sich das Vertrauen der Polizeibeamtenschaft erworben hätten". Zurufe brachten zum Ausdruck, dass Klausener sein Amt nicht freiwillig verlassen habe. Vgl. den Bericht über den „Kongress der Preußischen Polizeibeamten" v. 25. 1. 1933, Bl. 6, BArch Berlin R 19/384.

„Gefolgsmann" Himmlers, den Angestellten der Berliner Müllabfuhr und Chef der Berliner SS, Kurt Daluege[264]. Dieser hatte sich bei der Rebellion der Berliner SA im Jahre 1930 gewisse Verdienste erworben[265]. Er kommandierte die preußische Polizei und wurde von Göring nach einigen Wochen sogar zum General befördert[266]. „Reihenweise", so kann man in einem zeitgenössischen Bericht lesen, „werden die Systembonzen hinausgeworfen. Vom Oberpräsidenten bis zum Portier erfolgt diese rücksichtslose Säuberung"[267].

Das besondere Augenmerk der Nationalsozialisten galt dabei wiederum der preußischen Polizei und hier namentlich der Schutzpolizei[268]. Göring beschrieb die personelle „Säuberung" in diesem Bereich rückblickend mit den Worten:

> „Eine schwere Verantwortung hatte ich übernommen, ein riesiges Arbeitsfeld lag vor mir. Ich war mir klar darüber, dass ich von dem Bestehenden nur wenig gebrauchen konnte, das meiste hingegen beseitigen musste. Als wichtigstes galt es mir zunächst, das Machtinstrument der Schutzpolizei und der politischen Polizei fest in meine Hand zu bekommen. Hier nahm ich die ersten durchgreifenden Personalveränderungen vor. Von 32 vorhandenen Obersten der Schutzpolizei verabschiedete ich 22. Hunderte von Offizieren und Tausende von Wachtmeistern folgten im Laufe der nächsten Monate. Neue Kräfte wurden herangezogen und überall wurden diese Kräfte aus dem großen Reservoir der SA und SS genommen. Einen vollständig neuen Geist galt es der Schutzpolizei einzuimpfen"[269].

Auch wenn Göring hier übertrieben haben mag, wird seine Schilderung jedenfalls im Kern durch den Arbeitsbericht des Leiters der Polizeiabteilung des Preußischen Ministeriums des Innern, Ministerialdirektor Daluege, an Hitler vom 1. Februar 1934 bestätigt[270]. Daluege konnte darin melden:

---

[264] Vgl. Meissner/Wilde, Die Machtergreifung, S. 202.
[265] Ebda.
[266] Ebda.
[267] Vgl. Gritzbach, Hermann Göring. Werk und Mensch, S. 31; ferner Horkenbach, Das Deutsche Reich von 1918 bis heute, S. 66.
[268] Vgl. Fest, Hitler, S. 538; ferner Wette, Ideologien, Propaganda und Innenpolitik, S. 172 sowie auch Grotkopp, a.a.O., S. 97 f.
[269] Göring, a.a.O., S. 83 f.
[270] Vgl. den Arbeitsbericht in: Minuth, Akten der Reichskanzlei. Regierung Hitler; ferner in: BArch Berlin R 43 I 2290, Bl. 27 – 38.

> „Die Säuberung des Polizeioffizierkorps und der Beamtenschaft von wesensfremden und national unzuverlässigen Elementen ist zum größten Teil durchgeführt“[271].

Insbesondere wurde darauf hingewiesen, daß es zu einem grundlegenden Umbau des Polizeioffizierskorps gekommen sei[272]. Durch das Gesetz zur Änderung des Polizeibeamtengesetzes vom 19. Mai 1933 und die Verordnung zur Änderung der Ausführungsbestimmungen zum Polizeibeamtengesetz und zum Schutzpolizeibeamtengesetz vom 8. Mai 1933 wurden ferner alle Bestimmungen über Beamtenausschüsse der Schutzpolizei aufgehoben[273]. Anschließend ordnete der Preußische Minister des Innern an, dass an die Stelle der Beamtenausschüsse bei der Schutzpolizei Vertrauensmänner eingestellt wurden[274].

Daluege listete weiter exakt auf, dass bis zum 31. Dezember 1933 insgesamt 1.476 preußische Polizeibeamte entlassen worden seien. Die dadurch entstandenen Lücken seien durch „neue Kräfte, die die unbedingte Gewähr dafür bieten, dass sie sich jederzeit rückhaltlos für den nationalsozialistischen Staat einsetzen,“ ausgefüllt worden[275]. Bis Ende 1933 seien insgesamt 3.669 Nationalsozialisten im Dienst der staatlichen Polizei und im Gemeindepolizeivollzugsdienst Preußens untergebracht worden[276]. Insbesondere hinsichtlich der preußischen Schutzpolizei betonte Daluege:

> „Der Umbruch dieses Instruments der Staatsgewalt von der Prügelgarde eines volksfremden Systems zur volksverbundenen Schutzorganisation konnte in so kurzer Zeit nur erreicht werden, weil weite Teile der Beamten sich seit langem selber gegen den Missbrauch ihrer freien Persönlichkeit als Staatsdiener zum Polizeiknüppel innerlich zur Wehr gesetzt hatten. Immerhin hatte das vergangene System noch seine Helfer in zahlreichen Führerstellen, in den Mitgliedern der Beamtenausschüsse und in der marxistisch geleiteten Fachpresse, die ständig Zwietracht zwischen Vorgesetzten und Untergebenen säte. Hier mußte den Grundlagen echten preußischen Beamtentums, den soldatischen Ehrbegriffen des Dienstes am Volksganzen, durch die Entfernung unwürdiger Elemente wieder

---

[271] Arbeitsbericht, a.a.O., S. 1107 (Bl. 27).
[272] Ebda.
[273] Völkischer Beobachter Nr. 152, S. 2 v. 1. 6. 1933.
[274] Ebda.
[275] Arbeitsbericht, a.a.O., S. 1107, Bl. 28.
[276] Ebda.

zum Durchbruch verholfen werden. Auf dem von Unkraut bereinigten Feld begann schon im ersten Jahr der Machtübernahme der personelle Aufbau“[277].

In einer Denkschrift vom November 1935[278], die zu den Vorarbeiten der durch Gesetze vom 19. Juli 1937 und 28. August 1940[279] geregelten Verreichlichung der Haushalte der staatlichen Polizei der Länder gehörte, gab Daluege ein Überblick über die Verluste an Personal: Die Gesamtstärke der Schutzpolizei der Länder betrug am 30. 1. 1933 104.000 Mann, am 30. 2. 1935 93.000 und am 1. 10. 1935 nur noch 48.673 Mann. Aus dem einstigen „Machtinstrument der Länder“, der Schutzpolizei der Weimarer Republik, wurde im Dritten Reich eine unbedeutende Einrichtung im expandierenden Institutionsgefüge der SS[280].

Die Eingriffe in die Verwaltung der anderen Gliedstaaten der Republik glichen denjenigen in Preußen, fielen jedoch im Umfang erheblich geringer aus[281]. Auch auf der Reichsebene hielten sich die Säuberungen anfangs noch in Grenzen. Da die Republikanisierungsbestrebungen der zwanziger Jahre hier nur halbherzig durchgeführt worden waren, befürchteten die Nationalsozialisten von den Reichsbeamten keinen Widerstand[282].

---

277 Arbeitsbericht, a.a.O., S. 1109, Bl. 32 f.

278 „Die deutsche Polizei vor der Machtübernahme, ihre Entwicklung und der Stand am 1. Oktober 1935, die Organisation für die Zukunft im Zuge der Verreichlichung“, in: BArch Berlin R 43 II, 391, Bl. 87 – 110.

279 RGBl. 1937/I, S. 325 und 1940/I, S. 613. Vgl. dazu Neufeldt, Entstehung und Organisation des Hauptamtes Ordnungspolizei, S. 8 f, 19 f.

280 Leßmann, Die preußische Schutzpolizei, S. 414.

281 Vgl. zu Eingriffen in die Verwaltung der außerpreußischen Länder, Schulz, a.a.O., S. 431 f., 446 f.

282 Vgl. Grotkopp, a.a.O., S. 100.

3.2 Die Auflösung der Beamtenorganisationen im Dritten Reich

Die Beamtenpolitik der nationalsozialistischen Machthaber richtete sich aber nicht nur gegen die republikanischen und jüdischen Beamten, sondern auch und gerade gegen die alten Beamtenorganisationen, da diese mit dem „Führerprinzip" nicht zu vereinbaren waren[283]. Parallel zur „personellen Säuberung" betrieben die Nazis die Liquidierung der noch bestehenden Beamtenverbände[284]. Möglicherweise entwickelten die Nationalsozialisten schon vor der Machtübernahme, jedenfalls aber, wie eindeutig feststeht, sofort im Anschluß daran ausführliche Pläne, die Beamtenverbände ganz zu beseitigen und sie unter die Kontrolle der NSDAP zu bringen[285]. Einem NSBZ-Artikel zufolge hatte Hitler bereits am 1. April 1933 „Grundsatzanweisungen über die Gestaltung der Beamtenorganisationsverhältnisse" in einer Unterredung mit dem Leiter der Beamtenabteilung der Reichsleitung der NSDAP, Jakob Sprenger, und dem Organisations- und Propagandaleiter der Beamtenabteilung, Neef, erteilt[286]. Sprenger wurde zum Reichskommissar für Beamtenorganisationen ernannt, Neef zu dessen Stellvertreter[287].

Die Aufgabe des nun eingerichteten Reichskommissariats bestand im Umorganisieren der aus der Weimarer Republik überkommenen Beamtenorganisationen – soweit sie sich nicht selbst auflösten bzw. bereits freiwillig aufgelöst hatten – und ihrer Zusammenfassung in einem der NSDAP angeschlossenen Beamtenbund[288]. Im Gegensatz zu den Regierungen der Weimarer Republik, die die politische Neutralität der Beamtenschaft idealisierten, war die NSDAP-Elite darum bemüht, die weitgehende politische Neutralität der Beamten in aktives Engagement für die Ziele der NSDAP umzuwandeln[289].

---

[283] Vgl. Wunder, a.a.O., S. 142.
[284] Vgl. Fricke/Fritsch/Weißbecker, Lexikon zur Parteiengeschichte, Bd. 3, S. 634.
[285] Vgl. NJW, RzW 1953, S. 193 f.. In der Öffentlichkeit wurde dagegen ausdrücklich betont, die NSDAP sei weder beamtenverbands- noch gewerkschaftsfeindlich eingestellt, vgl. bspw. in: „Voraus" Nr. 19, Jg. 15, vom 7. 5. 1933, S. 194; Der Staatsdienst, Nr. 3/ 16. Jg. vom 15. 3. 1933, S. 3 sowie Nr. 4/16. Jg. v. 12. 4. 1933, S. 3.
[286] NSBZ, 17. 4. 1933, S. 292.
[287] Vgl. Abschrift des Schreibens Fricks an Sprenger v. 8. 4. 1933, BArch Berlin, R 8081, 86, Bl. 82.
[288] Mühl- Benninghaus, a.a.O., S. 114.
[289] Ebda.

Die Beamtenverbände sollten jedoch nicht nur umorganisiert und neu strukturiert werden, sondern in ihrer Gesamtheit aus dem gesellschaftlichen Leben Deutschlands ausgeschlossen werden. Kaum zur Macht gelangt, hieß es deshalb in einem internen Erlaß des Staatssekretärs Ludwig Grauert für das Preußische Ministerium des Innern vom 18. April 1933 sogleich:

> „Wenn wir so wieder allmählich, und zwar je eher, desto besser, den verantwortungsvollen, mit reiner Weste arbeitenden Beamtenstand schaffen wollen, so werden auf der anderen Seite Anklänge an kollektivistische Ideen in der Beamtenschaft verschwinden müssen. Ich denke dabei in erster Linie an die gewerkschaftlich aufgezogenen Beamtenverbände und an die Beamtenausschüsse. Im neuen Deutschland lässt sich kein Vorgesetzter übertreffen durch irgendeinen mit hauptamtlich bestellten, aus dem Beamtenberuf ausgeschiedenen Kräften geleiteten Verband in der Sorge um das Wohl und Wehe der ihm unterstellten Beamten. Es mögen sich die Beamtenvereine wie früher als wirtschaftliche oder kameradschaftliche Zusammenschlüsse erhalten; für die eigentliche Tätigkeit und den Dienst der Beamten werden wir sie nicht mehr brauchen“[290].

Zwar gewährleistete Art. 130 Abs. 2 WRV das – nicht suspendierbare – Recht der Beamten, sich zu Vereinigungen zusammenzuschließen, doch passte die Existenz unabhängiger Beamtenvereinigungen nicht in das Leitbild des nationalsozialistischen Staates[291]. Die Nationalsozialisten richteten sich daher gegen alle Anklänge einer gewerkschaftlichen Interessenvertretung der Beamtenschaft. Es kann daher den Feststellungen Hans Hattenhauers in seiner „Geschichte des Beamtentums“ nur uneingeschränkt zugestimmt werden, wenn er schreibt:

> „Es war aus Sicht der alten wie der neuen Herren eine Selbstverständlichkeit, dass der in der Weimarer Zeit so erfolgreiche Deutsche Beamtenbund im neuen Reich keinen Platz mehr hatte. Wenn die Organisation der Beamtenschaft unter der Schirmherrschaft Adolf Hitlers völlig neu durchgeführt werden musste, so hatte dies

---

[290] Abgedr. bei H. Mommsen, a.a.O., S. 135 ff (136); vgl. ferner den Bericht über die Ansprache Grauerts vor den Beamten des Preußischen Innenministeriums, in: Zeitschrift des Verbandes der Polizeibeamten Deutschlands, Nr. 17 v. 23. 4. 1933, S. 197 f. sowie Völkischer Beobachter Nr. 110 v. 20. 4. 1933, S. 2.

[291] Vgl. Echterhölter, Das öffentliche Recht im nationalsozialistischen Staat, S. 36; vgl. ferner Wunder, a.a.O., S. 142.

> nicht nur seinen Grund in der Tatsache, dass in den Tagen der Republik gerade der Deutsche Beamtenbund unermüdlich seine Anhänger vor Hitler gewarnt hatte. Dass die Gegner von gestern mitsamt ihrer Organisation ‚ausgemerzt' werden würde, wußten diese selbst"[292].

Die Auflösung der Beamtenorganisationen war für die Nationalsozialisten schon deshalb zwingend geboten, weil sie diese Vereinigungen mit dem Weimarer „System" identifizierten. Daneben war den Nationalsozialisten die Vielfalt und das Nebeneinander von rund 900 Beamtenvereinigungen ein grundsätzliches Ärgernis:

> „Es war ein Kampf aller gegen alle. Jede Beamtenorganisation kämpfte um politischen Einfluß und um politische Macht. Unterschiede im einzelnen fallen bei diesen allgemeinen und grundsätzlichen Betrachtungen nicht ins Gewicht. Es gab sogar ausgesprochen klassenkämpferische, marxistische Beamtenverbände. Sie waren schon deshalb geradezu widernatürlich, weil der Beamte durch die Natur seines Dienstes nicht einem Volksteil oder einer Volksschicht, sondern dem ganzen Volke und geschlossenen Staate verpflichtet ist"[293].

> „An Stelle der sinnlosen Vielspältigkeit und der Unklarheit staatspolitischen Denkens setzte der Nationalsozialismus die Prinzipien der Führerverantwortung, der Volksgemeinschaft und der durch Blut und Boden geforderten unteilbaren Einheit. Diesen Grundsätzen hatte als Endziel eine Beamtenorganisation des Dritten Reiches in ihrem organischen Aufbau und bei Erfüllung ihrer Aufgaben zu folgen. An Stelle der durch Mehrheitsbestimmungen geförderten Flucht aus der Verantwortung musste verantwortungsbewußtes Führertum, an Stelle von Klüngelei, Klassenkampf und Standesdünkel der Gedanke der Volksgemeinschaft und echter Berufskameradschaft, an Stelle der Zersplitterung und Aufspaltung nach Interessentengruppen die auf dem gleichen Dienst am Volke berufsethisch begründete Einheit der deutschen Beamten treten[294].

---

[292] Hattenhauer, Geschichte des Beamtentums., S. 397.
[293] Neef, Das Beamtenorganisationswesen, S. 5.
[294] Neef, Die Entwicklung des Beamtenorganisationswesen zum Nationalsozialismus, in: Almanach der Deutschen Beamten 1934, S. 41 ff (43).

Es ging den Nationalsozialisten also von Anfang an um die „Liquidierung der alten Beamtenverbände“[295], denen sie erhebliche Bedeutung beimaßen. Dabei richtete sich die Ablehnung der Nationalsozialisten keineswegs nur gegen die standespolitischen Beamtenorganisationen, sondern gerade auch gegen die auf „fürsorgerische Betätigung“ ausgerichteten Beamtenvereinigungen, denen ebenfalls „klassenkämpferische, volkszerstörende und staatsauflösende Tätigkeit“ zum Vorwurf gemacht wurde[296]. Auch insoweit ist den Ausführungen Hattenhauers nichts hinzuzufügen:

> „Das Misstrauen der Nationalsozialisten richtete sich nicht nur gegen die standespolitischen Organisationen, denen man die Zerstörung des Staatsgedankens zum Vorwurf machte. Auch die auf Gemeinschaftspflege gerichteten Beamtenvereine, bei denen man sich singend und sporttreibend zusammenfand, waren verdächtig. Mochten sie als einzelne betrachtet harmlos sein, mochten sie in ihrem Rahmen manche hilfreiche Tat leisten, so ließen diese Gruppen doch Platz für Individualität und für Vereinigung auf privater, parteiferner Grundlage. Sie boten Raum für unkontrollierbare Einflüsse auf das Beamtentum und waren daher noch gefährlicher für die totalitäre Politik als die beamteten Standespolitiker. Soziale Ordnung in der Beamtenschaft durfte nur von der Partei geleistet werden. Beamtenvereinigungen waren aus dieser Sicht nicht nur überflüssig, sondern staatsgefährdend“[297].

Die Nationalsozialisten gingen gegen die Beamtenverbände sogleich nach der „Machtergreifung“ planmäßig und zielgerichtet zu Werke. Die Frage, ob in den Maßnahmen der Nationalsozialisten ein „gezielter Zugriff“ im Sinne der Rechtsprechung am Bundesverwaltungsgericht auf die einzelnen Beamtenvereinigungen gesehen werden kann, um diese unter Zwang als ihre tatsächlichen oder möglichen politischen oder weltanschaulichen Gegner auszuschalten, lässt sich dabei nur beantworten, wenn man die genaue Vorgehensweise gegenüber einzelnen Verbänden näher betrachtet.

---

[295] Neef, Das Beamtenorganisationswesen, S. 14.

[296] Der spätere Vorsitzende des Deutschen Beamtenbundes, Hermann Neef, stellte dies im Jahre 1935 rückblickend dar: „So hat der Weimarer Staat nicht nur politische Parteien geduldet, die offen auf die Unterhöhlung und den Sturz des Staates selbst hinarbeiteten, sondern auch Organisationen anderer Art, die z.B. unter dem Mantel fürsorgerischer Betätigung eine klassenkämpferische, volkszerstörerische und staatsauflösende Tätigkeit entfalteten“, Neef, Das Beamtenorganisationswesen, S. 4.

[297] Hattenhauer, a.a.O., S. 397.

3.2.1 Die Spitzenverbände im Allgemeinen und der Deutsche Beamtenbund im Besonderen

3.2.1.1 Der Allgemeine Deutsche Beamtenbund

Der den Sozialdemokraten und den Freien Gewerkschaften nahe stehende Allgemeinen Deutschen Beamtenbund (ADB)[298] hatte sich schon in der Weimarer Republik in aller Deutlichkeit gegen die Nationalsozialisten gestellt[299]. Insbesondere in seinem Verbandsorgan, der ADBZ, trat er der nationalsozialistischen Agitation in der Beamtenschaft entgegen. Auch nach der nationalsozialistischen Machtergreifung blieb die Verbandszeitschrift ihrer Linie treu, wenn sie auch mit Rücksicht auf das jederzeit drohende Veröffentlichungsverbot in ihrer Wortwahl wesentlich vorsichtiger wurde[300]. Dennoch mussten die Berichte in der ADBZ für jeden Nationalsozialisten weiterhin eine Provokation bedeuten[301]. Im Februar 1933 veröffentlichte die ADBZ ein Schreiben des ADB an den Reichspräsidenten Hindenburg, das die nationalsozialistische Säuberungsaktionen in der Beamtenschaft kritisierte und den „berufenen Hüter der Verfassung" zum Einschreiten aufforderte:

> „Die beamtenpolitischen Maßnahmen der letzten Wochen haben die verfassungsmäßigen Grundlagen des Beamtentums und den Glauben weiter Kreise des deutschen Volkes an die Unparteilichkeit der Verwaltung erschüttert. ....
> In großem Umfange werden über den begrenzten Kreis der politischen Beamten hinaus auch sonstige Fachbeamte aus politischen Gründen ihres Amtes entsetzt und, bis in die Schichten der mittleren und unteren Beamten hinein, wegen Ausübung des verfassungsmäßigen Rechtes der Freiheit der politischen Gesinnung und der Vereinigungsfreiheit in ihrer Existenz als Beamte bedroht"[302].

In derselben Ausgabe der ADBZ hieß es weiter:

---

[298] Vgl. Wunder, a.a.O., S. 125; ferner Politische Zeitung Nr. 170 v. 10. 4. 1933 (Abendausgabe).
[299] Siehe dazu die Ausführungen auf S. 58 f.
[300] Schütz, a.a.O., S. 336.
[301] Ebda.
[302] ADBZ, Nr. 24 v. 25. 2. 1933. Vgl. ferner Volksstimme Chemnitz sowie Leipziger Volkszeitung jeweils v. 27. 2. 1933.

> „Die wenigen Wochen des neuen Regierungskurses haben vollauf genügt, um der Beamtenschaft die Gefahren vor Augen zu führen, die ihr von einer Beamtenpolitik nach nationalsozialistischem Muster drohen".

Am 11. März 1933 untersagte der Berliner Regierungspräsident die weitere Herausgabe der ADBZ[303]. Während die „Gewerkschafts-Zeitung" des ADGB noch bis zur Zerschlagung der Gewerkschaften im Mai 1933 ungehindert erscheinen konnte, war nur ein paar Tage nach den Reichstagswahlen vom 5. März das endgültige Aus für die ADBZ gekommen. Auch Verbandsorgane einzelner ADB-Mitgliedsorganisationen bekamen Repressalien zu spüren[304].
Dennoch versuchte der ADB weiterhin, die NSDAP durch ein – allerdings sehr eingeschränktes – Entgegenkommen von der Auflösung des Verbandes abzubringen. Am 24. März 1933 verkündete der Bundesvorstand des ADB:

> „Die Beamtenschaft als Diener des gesamten Volks achtet diese Entscheidung (Reichstagswahl vom 5.3.1933), indem sie wie in der Vergangenheit so auch jetzt und in Zukunft mit größter Gewissenhaftigkeit ihre Pflichten gegenüber dem deutschen Staat und Volk erfüllt.
> Unter Beachtung dieses Grundsatzes ist sich der allgemeine deutsche Beamtenbund mit seinen Verbänden einig in dem Bestreben, auch in Zukunft im Rahmen der Gesetze und verfassungsmäßigen Rechte unter Ausschaltung aller religiösen und parteipolitischen Bestrebungen die gemeinsamen Interessen der Beamten und Beamtenanwärter auf sozialem, wirtschaftlichen und rechtlichen Gebiete wahrzunehmen und die angeschlossenen Verbände bei der Vertretung ihrer Mitglieder und der Fürsorge für sie zu unterstützen"[305].

Dieser Versuch blieb aber ohne Erfolg, weil der von den Nationalsozialisten als „marxistisch" betrachtete ADB in den Augen der neuen Machthaber jede Existenzberechtigung verloren hatte.

---

[303] Vgl. ADBZ Nr. 31 v. 14. 3. 1933 (12. Jg.).
[304] vgl. dazu auch Schütz, a.a.O., S. 339.
[305] Beschluss des Bundesvorstandes des ADB v. 24. 3. 1933, BArch Berlin, R 8081, 86, Bl. 88; vgl. auch Abdruck in ABC Nr. 71 v. 25. 3. 1933, S. 2, BArch Berlin R 8080 182, Bl. 23.

Doch nicht nur innenpolitisch geriet der ADB unter Druck. Einige Mitgliedsverbände versuchten auch aus opportunistischen Gründen ihr Organisationsverhältnis zu dem freigewerkschaftlichen Dachverband zu lösen, indem sie ihre Austritte aus dem ADB erklärten[306]. Den Weg der Anpassung wollte der ADB jedoch nicht gehen[307]. Dennoch erkannte die Führung des ADB sehr schnell, dass die Nationalsozialisten die Organisation nicht unangetastet lassen würden. Aus diesem Grund löste sich der Verband bereits am 3. April 1933 selbst auf[308].

Mit dieser Selbstauflösung hatte der ADB gerade noch den nationalsozialistischen Zugriff auf die Organisation verhindern können, denn der Verband musste jeden Tag mit der Gleichschaltung oder einem Verbot rechnen. Folglich spricht alles für die Interpretation Braunthals, daß der ADB sich aufgelöst hat, „um einer entsprechenden Maßnahme der Regierung zuvorzukommen“[309]. Mit diesem Verhalten unterschied sich die freigewerkschaftliche Beamtenspitzenorganisation erheblich von den freien Arbeitergewerkschaften, die weitgehend bereit waren, ihre bisherigen politischen „Prinzipien der Erhaltung der Organisation zu opfern“[310].

3.2.1.2 Der Reichsbund der höheren Beamten

Ähnlich erging es dem nationalgesinnten „Reichsbund der höheren Beamten“ (RhB)[311]. Auch dieser versuchte anfänglich, die eigene Existenz zu retten, in dem er sich der Wiedereingliederung in den DBB widersetzte. Zunächst wies er darauf hin, dass er seinerzeit aus dem DBB ausgeschieden sei, weil die Betonung des gewerkschaftlichen Charakters und insbesondere die satzungsmäßige Bestimmung, dass bei der Vertretung der Be-

---

[306] Wie bspw. der Landesverband Sächsischer Staatsbeamter, s. Der Sächsische Staatsbeamte Nr. 4 v. 1. 4. 1933, S. 25 f sowie der Reichsverband Deutscher Jutizwachtmeister, s. Schreiben v. 24. 3. 1933 an den Reichskommissar, GStA HA, Rep 84a, Nr. 2724, Bl. 51 f.; vgl. ferner ADLZ, Nr. 15 v. 15. 4. 1933, S. 274 sowie Voraus Nr. 16 v. 16. 4. 1933, S. 167.

[307] Der stellvertretende ADB-Vorsitzende Kotzur hatte offenbar sogar eine eigene Widerstandsgruppe in Berlin aufgebaut, vgl. den entsprechenden Vermerk in: Esters/ Pelger, Gewerkschafter im Widerstand, S. 144.

[308] Deutsche Techniker-Zeitung, Nr. 4 v. 7. 4. 1933.

[309] Braunthal, Der Allgemeine Deutsche Beamtenbund, S. 94.

[310] Bracher, in: ders./Schulz/Sauer, Die nationalsozialistische Machtergreifung, S. 252.

[311] Vgl. zum RhB auch Kobler-Zwiedineck, Internationales Handwörterbuch, S. 1304 ff. sowie Wunder, a.a.O., S. 125.

Beamtenbelange alle gewerkschaftlichen Mittel anwendbar seien, seinen Anschauungen widersprach[312]. In einem Telegramm an Vizekanzler von Papen nahm der geschäftsführende RhB-Vorstand in Anspruch, „grundlegende Vorarbeit zu dem nationalen Wiederaufbau des Vaterlandes geleistet“ zu haben; deshalb erwartete der RhB, „dass die nationale Regierung den höheren Beamten Vertrauen entgegenbringt, wie es das Wohl von Volk und Staat angesichts der schweren Aufgaben der Gegenwart erheischt“[313]. Am 6. April 1933 wandte sich der Vorstand des RhB dann in einem Telegramm an den Reichskanzler Hitler und sämtliche Reichsminister und hob hervor:

> „Der Reichsbund der höheren Beamten ist stark beunruhigt durch Pressenachrichten über geplante Ausschaltung der bestehenden Beamtenorganisationen durch Gründung von Fachschaften. Die vertikale Gliederung der Fachschaften ist zu begrüßen. Sie verträgt sich durchaus mit dem Fortbestand der horizontalen Gliederung nach Berufsständen und Laufbahnen, wie sie im Reichsbund der oberen Beamten bereits besteht und hinsichtlich der mittleren und unteren Beamten in Ansätzen vorhanden ist. Mitgliedschaft in beiden Organisationen ist durchführbar und erwünscht. Zusammenarbeit wäre durch entsprechende Organisation leicht zu sichern. So würden zum Wohle des Staatsganzen die großen in den bestehenden berufsständischen Organisationen ruhenden Werte erhalten und durch die Arbeit der Fachschaften wirksam ergänzt werden“[314].

Das darin angedeutete Entgegenkommen nützte dem RhB indessen nichts. Gegenüber der Äußerung der mit der Führung der Verhandlungen beauftragten Vorstandsmitglieder des RhB, dass sie zu einer Zustimmung zur Auflösung des RhB nicht ermächtigt seien und zudem die Eingliederung des RhB (in den DBB) als selbständiges geschlossenes Ganzes forderten[315], machte der inzwischen durch den Reichsminister des Innern Frick zum „Reichskommissar für Beamtenorganisationen“ ernannte Sprenger[316] alsbald deutlich,

---

[312] Vgl. Rundschreiben 3/33, BArch Berlin 8080, 182, Bl. 92 V.
[313] Telegramm v. 18. 3. 1933, GStA HA, Rep 90, Nr. 613, Bl. 199.
[314] Rundschreiben 3 b/33 des RhB v. 10. 4. 1933, BArch Berlin, R 8081, 86, Bl. 81.
[315] Vgl. dazu auch Fricke/Fritsch/Weißbecker, a.a.O., Bd. 3, S. 645.
[316] Abschrift des Ernennungsschreibens von Frick an den Reichstagsabgeordneten Sprenger vom 8. April 1933, BArch Berlin R 8081 86, Bl. 82; vgl. auch Voraus Nr. 16 v. 16. 4. 1933, S. 167.

> „dass er die Befugnis habe, den RhB auch gegen seinen Willen aufzulösen, und dass er auch gewillt sei, davon Gebrauch zu machen, falls eine Einigung nicht zustande käme“[317].

Sprenger erkannte allerdings an,

> „dass eine solche Auflösung den RhB in der Öffentlichkeit in den nicht gerechtfertigten Verdacht einer mangelnden nationalen Gesinnung bringen und dem Ansehen der höheren Beamten und damit auch dem Staate abträglich sein würde. Er erklärte sich deshalb zu einem Entgegenkommen bereit, um diese Maßnahme zu vermeiden“[318].

Aufgrund dieser deutlichen Aussage Sprengers, sah sich der RhB dem Zwang ausgesetzt, folgende „gemeinsame Erklärung“ vom 8. April 1933 zu formulieren:

> „1. Der Reichsbund der höheren Beamten erklärt sich grundsätzlich mit seiner Eingliederung in den neu aufgebauten Deutschen Beamtenbund einverstanden.
> 2. Die Art der Eingliederung wird von Herrn Reichskommissar M.d.R. Sprenger im Einvernehmen mit der Vertretung des Reichsbundes der höheren Beamten bestimmt“ [319].

Welchem Druck der RhB in dieser Phase ausgesetzt war, kann man der Niederschrift einer Besprechung bei der „Reichsleitung für Beamtenfragen“ am 22. Mai 1933 entnehmen, an der neben Sprenger für den RhB der Stadtbaurat Seegert-Duisburg teilnahm. Der RhB-Vertreter versuchte noch einmal, die Existenz des Verbandes durch Bildung einer neuen „Vereinigung der akademisch vorgebildeten Beamten zur Pflege der berufsständischen Fragen“ zu retten[320]. Er musste sich aber von Sprenger nach dem Austausch der üblichen Floskeln in aller Deutlichkeit sagen lassen, dass der RhB jede Existenzberechtigung verloren habe. Sprenger betonte,

---

[317] Rundschreiben des RhB 4 a/33 v. 20. 4. 1933, BArch Berlin, R 8081, 86, Bl. 72.
[318] Ebda.; vgl. dazu ferner Zeitschrift des RhB, 15. Jg., Nr. 5 v. April 1933, S. 61.
[319] Rundschreiben 4 a/33 des RhB v. 20. 4. 1933, a.a.O.; s. dazu auch „Einheitsvertretung der Beamten“, in: Politische Zeitung vom 10. 4. 1933, Nr. 170/33 Abendausgabe, BArch Berlin, R 8081 86, Bl. 79; Rundschreiben des RhB 3b/33, BArch R 8081, 86, Bl. 81 R.
[320] Niederschrift über die Besprechung bei der Reichsleitung für Beamtenfragen in Frankfurt/M. am 22. 5. 1933, BArch Berlin, R 8081, 86, Bl. 34 VS.

> „jede horizontale Gliederung wird abgelehnt, auch z.B. der Zusammenschluss in einer ‚Reichsgemeinschaft der akademisch Gebildeten'. Der Staat sorge sogar in allem für alle seine Beamten. Nach marxistischem System brauche nichts durch horizontal gegliederte Verbände erzwungen zu werden. Was der Führer anordnet, das geschieht, Kommentare anderer sind unzulässig; nötigenfalls werden sie vom Führer selbst gegeben"[321].

Sprenger machte dabei deutlich, was er von den alten Beamtenverbänden und ihren Vorständen hielt:

> „Vorhandene Verbandsbüros seien bedeutungslos. Kenntnisse des alten Beamtenrechts pp. seien unwichtig, alles werde neu aufgebaut. Hierzu seien alte Beamtenführer kein unbedingtes Erfordernis. Alle alten Verbände hätten sich aufzulösen, nachdem sie ihre Privatgeschäfte ohne Schaden abgewickelt hätten"[322].

Gleichzeitig stellte Sprenger dabei unmissverständlich fest, dass sich der RhB „mit allen seinen Unterorganisationen auflösen müsse"[323]. Damit war auch das Schicksal des RhB besiegelt, seine Eingliederung in den inzwischen nationalsozialistisch geführten Deutschen Beamtenbund unausweichlich. Im Dezember 1933 kündigte der RhB-Vorstand die Auflösung des Verbandes an[324].

3.2.1.3 Der Deutsche Beamtenbund

Mit dem Deutschen Beamtenbund (DBB)[325] selbst wollten und konnten die Nationalsozialisten nicht in dieser Weise umspringen. Zu groß war die

---

321 Ebda., Bl. 35 R.
322 Ebda.
323 Ebda., Bl. 36.
324 Zeitschrift des RhB Nr. 12, 1933 (15. Jg.), S. 138.
325 Der Vorsitzende der 1916 gegründeten „Interessengemeinschaft deutscher Beamtenverbände" Remmers gründete, unter Übergehung des konkurrierenden „Verbandes deutscher Beamtenvereine" (VDBV) am 4. 3. 1918 in Berlin den DBB als Dachorganisation der Beamtenorganisationen in Preußen und im Reich, vgl. Wunder, Geschichte der Bürokratie in Deutschland, S. 124 f. Zur Geschichte des DBB von 1918-1933 im Allgemeinen, s. Fricke/Fritsch/Weißbecker, a.a.O., Bd. 2, S. 42 ff.

Bedeutung der Beamten für das Funktionieren des NS-Staates, zu vielversprechend war die Dienstbarmachung des großen, einflussreichen und vermögenden Spitzenverbandes der deutschen Beamten. Daher kam von vornherein nicht in Betracht, die Mitglieder des DBB und dessen Vermögen auf die „Beamtenabteilungen„ der NSDAP zu übertragen[326]. Diese waren viel zu klein und unbedeutend, als dass sie dieser Aufgabe gewachsen gewesen wären[327].
Die Auflösung des DBB vollzog sich daher in kleinen Schritten und in „verdeckter Weise“[328].

Die Auflösung des DBB war zentrales Element der nationalsozialistischen Beamtenvereinigungspolitik. Sie sollte unter „die liberal-marxistische wirtschaftliche Interessenpolitik der ‚wohl erworbenen Rechte‘“ einen Schlussstrich ziehen[329]. Sogleich nach der Machtübernahme begann man daher von Seiten der nationalsozialistischen Machthaber und insbesondere der „Beamtenabteilung“ der NSDAP mit den üblichen Druckmitteln und Einschüchterungsmaßnahmen gegen Funktionäre des DBB und der in ihm organisierten Vereinigungen. Diese wurden dienstrechtlich drangsaliert, politisch in die „marxistische“ Ecke gestellt und falschen Verdächtigungen – insbesondere hinsichtlich der Veruntreuung von Mitgliedsbeiträgen – ausgesetzt.

Auch die Führung des DBB unter ihrem Bundesvorsitzenden Wilhelm Flügel versuchte zunächst, sich auf die durch die „Machtergreifung“ und die
Reichstagswahl vom 5. März 1933 eingetretene neue Lage einzustellen. Bereits im Vorfeld des Ermächtigungsgesetzes bot der DBB Hitler seine Mitarbeit an, doch unterblieb trotz der Ergebenheitsadressen jede Reaktion der neuen Machthaber[330]. Noch bevor die NSDAP die Gleichschaltung der Beamtenorganisationen in die Wege leitete, stellte sich der DBB damit selbst in den Dienst der nationalsozialistischen Sache[331]. Das Verbandsorgan veröffentlichte in großem Umfang Anweisungen der Regierung und druckte nur noch zustimmende Artikel ab[332]. Für die Mitgliederschaft wurde damit von der Verbandsleitung nunmehr eine eindeutige Kursbe-

---

326 Vgl. Hattenhauer, Geschichte des Beamtentums, S. 398.
327 Ebda.
328 Hattenhauer, Geschichte des deutschen Beamtentums, S. 430.
329 Walz, Das Ende der Zwischenverfassung, S. 35.
330 Kröker/Schmitz, Lebensbilder der Vorsitzenden des Deutschen Beamtenbundes, S. 77.
331 Schütz, a.a.O., S. 323.
332 Ebda.

stimmung vorgegeben[333]. Sie signalisierte der NSDAP ein gewisses Entgegenkommen, um sie so von der Auflösung des Bundes abzubringen. Am 14. März 1933 bot sie in einer Presseerklärung der neuen Reichsregierung deutlich ihre Mitarbeit an und betonte,

> „der Deutsche Beamtenbund als die überparteiliche Berufsorganisation der deutschen Beamten wird bei dem staatlichen und wirtschaftlichen Neubau des Reiches tatkräftig mitarbeiten, getreu seinem Programmsatz, dass das Allgemeinwohl den Einzelinteressen voranzugehen hat.
>
> Der Deutsche Beamtenbund dankt der Reichsregierung dafür, dass sie unmissverständlich alle eigenmächtigen und ungesetzlichen Eingriffe in den Gang der öffentlichen Verwaltung unterdrückt hat, um damit Recht und Ordnung zu sichern. Für den deutschen Berufsbeamten kann es nichts anderes geben, als dass er sich willig und mit voller Hingabe zur Verfügung stellt und die Regierung durch treue Pflichterfüllung unterstützt“[334].

Diese Versuche blieben jedoch erfolglos. Der DBB-Bundesleitung unter Wilhelm Flügel wurde von Seiten der NSDAP jeder persönliche Kontakt zur Reichsregierung gezielt sabotiert. Am 17. März 1933 empfahl Jakob Sprenger als Führer der NSDAP-Beamtenabteilung der Reichskanzlei, von jeder Beantwortung dieser Entschließung des DBB abzusehen und nur deren Eingang zu bestätigen. Dies wurde unverhohlen mit der politischen Haltung des DBB und seiner Führung begründet:

> „Der Deutsche Beamtenbund umfasst auch Organisationen, die ausschließlich von Marxisten geführt werden. In der Nr. 12 seiner Zeitschrift vom 10. Februar 1933 hat es der Bund noch fertig gebracht, den Aufruf der Reichsregierung gleichzeitig mit einem Aufruf des inzwischen flüchtig gegangenen Ministerpräsidenten Braun zu veröffentlichen. Solange die Führung in diesen Händen liegt, also solange sich Flügel nicht gereinigt hat von den belasteten Führern, - und er ist selbst stark mit belastet – kann ein Verhandeln mit dem Deutschen Beamtenbund kaum in Frage kommen.

---

[333] Ebda.

[334] BArch Berlin R 43 I 2651, Bl. 16; vgl. ferner Der Beamtenbund, Nr. 22 v. 17. 3. 1933 sowie Rundschau für Kommunalbeamte, Nr. 11 v. 18. 3. 1933, S. 119; ähnliche Ausführungen finden sich auch in einem Schreiben des DBB an das Preußische Staatsministerium v. 25. 3. 1933, GStA I. HA Rep. 90, Nr. 613, Bl. 200 f.

> Im übrigen beginnt z.Zt. die Mitgliedschaft des Deutschen Beamtenbundes im ganzen Reich zu revoltieren. Die guten Elemente gehen scharenweise zur Beamtenabteilung der NSDAP über. Der Deutsche Beamtenbund würde zweifelsohne jede, auch eine nichtssagend abgefaßte Antwort seitens des Herrn Reichskanzlers oder des Herrn Reichsinnenministers dazu benutzen, die abmarschierenden Massen zum Stillstand zu bringen“[335].

Zwei Tage später stellte Sprenger für die NSDAP-Beamtenabteilung in einem weiteren Schreiben an den Reichskanzler noch einmal klar, dass der Deutsche Beamtenbund auch nicht in der Lage sei, bei der Bearbeitung des anstehenden Ermächtigungsgesetzes mitzuwirken, „da er in der Führung rein demokratisch-parlamentarisch eingestellt“ sei[336]. Die gewählte DBB-Führung wurde also von der Reichsregierung und der Beamtenabteilung der NSDAP systematisch isoliert. Dafür gab es eine Reihe von Gründen. Flügel hatte sich bei der NSDAP durch sein Eintreten gegen den Reichsausschuss für das deutsche Volksbegehren, das auch vom Geschäftsführenden Vorstand geteilt wurde[337], als auch durch sein - bereits dargestelltes - öffentliches Auftreten gegen das durch den nationalsozialistischen Innenminister des Landes Braunschweig vorgenommene Verbot der Mitgliedschaft im Landesverband der Polizeibeamten unbeliebt gemacht[338]. Auch der bereits erwähnte Widerstand des DBB gegen den Antrag der nationalsozialistischen Fraktion im Preußischen Landtag zur Auflösung des Preußischen Polizeibeamten-Verbandes spielte eine Rolle. In den Augen der NSDAP-Sympathisanten, die seit 1931 die DBB-Mitgliedsverbände infiltriert hatten, verließ der DBB den Pfad der parteipolitischen Neutralität[339].

In dieser für den Bund schlicht ausweglos erscheinenden Situation, konnte es nicht verwundern, dass eine nationalsozialistische Opposition den Vorsitzenden Flügel als exponierten Gegner des Nationalsozialismus sowie einige andere von den Nationalsozialisten heftig kritisierte Funktionäre aufforderte, von ihren Ämtern zurückzutreten, „um die Möglichkeit für den Deutschen Beamtenbund zu schaffen, zu der NSDAP wieder in ein er-

---

[335] NSDAP Reichsleitung, BArch Berlin, R 43 I 2651, Bl. 19 f.; am Rand notierte der Chef der Reichskanzlei, Dr. H. Lammers: „Antwort an Beamtenbund kommt nicht in Frage“.

[336] NSDAP Reichsleitung, BArch Berlin, R 43 I/2651, Bl. 43.

[337] Vgl. Der Beamtenbund, Nr. 18 (1929), S. 13.

[338] Vgl. DBB-Geschäftsbericht 1932, S. 334.

[339] Kröker/Schmitz, a.a.O., S. 77.

trägliches Verhältnis zu kommen"[340]. Was Michael Schneider im Hinblick auf die christlichen Gewerkschaften als „Gleichschaltung von innen" ab Mitte März 1933 bezeichnet[341], vollzog sich zum gleichen Zeitpunkt auch beim DBB unter dessen bisheriger Führung. Die taktisch geschickt eingesetzte Nichtbeachtung verursachte Unsicherheit und setzte Ängste frei, von den nationalsozialistischen Machthabern nicht als Verhandlungspartner akzeptiert zu werden[342]. Flügel, dem vermeintlichen Hindernis für eine Beteiligung am Meinungsbildungsprozess der neuen Reichsregierung, wurde daher mehr oder weniger deutlich der Rücktritt nahegelegt[343]. Am 23. März 1933 gab Flügel dem auf ihn ausgeübten Druck nach und ließ sich von seinen Amtsgeschäften entbinden[344]. Diese wurden zunächst auf einen provisorischen Ausschuss übertragen[345]. Die Pressestelle des DBB teilte dazu mit, dass der Bundesvorstand folgenden Beschluss gefasst habe:

> „Der Bundesvorstand beschließt, in Anbetracht der politischen Lage dem Bundesausschuß die Abhaltung eines außerordentlichen Bundestages zu einem möglichst nahen Zeitpunkt zur Vornahme von Neuwahlen vorzuschlagen.
> Der Bundesvorsitzende Flügel, der sich diesem Beschluss für seine Person angeschlossen hat, ist auf seinen eigenen Wunsch bis auf weiteres von den Amtsgeschäften entbunden worden.
> Die Geschäftsführung übernehmen die stellvertretenden Vorsitzenden Oberinspektor Schneider und Stadtrat a.D. Ehrmann, in erster Linie Oberinspektor Schneider[346].
> Mit der kommissarischen Leitung der Organisationsabteilung des DBB wurde ehrenamtlich Generalsekretär Vogel betraut ..."[347].

Wolffs telegraphisches Büro berichtete, dieser Wechsel gehe auf eine schwere Missstimmung in weiten Kreisen der Beamtenschaft zurück, die

---

340 So Klüver, der Vorsitzende des Bundes Deutscher Technischer Zollbeamter, vgl. Kröker/Schmitz, a.a.O., S. 78 (Anm. 257).

341 Michael Schneider, Die christlichen Gewerkschaften, S. 719.

342 Kröker/Schmitz, a.a.O., S. 78.

343 Ebda.

344 Vgl. auch NSBZ Nr. 1 v. 11. 1. 1934, S. 5.

345 Zeitschrift des Verbandes der Polizeibeamten Deutschlands, Nr. 14 v. 2. 4. 1933, S. 171.

346 Ehrmann war Bundesdirektor des Reichsbundes der Kommunalbeamten und –angestellten Deutschland, Johannes Schneider Vorsitzender des Deutschen Postverbandes, vgl. ABC Nr. 71, 9. Jg. v. 25. 3. 1933.

347 Bekanntmachung in: Deutsche Post Nr. 12/14 (33. Jg.) vom 6. 4. 1933, S. 135.

dem früheren Vorsitzenden eine mangelhafte Pflege der Beziehungen des Verbandes zu den nationalen Parteien zum Vorwurf machten[348].

Flügel war indessen keineswegs das einzige Mitglied der Bundesleitung des DBB, das zurücktreten musste. Sein Stellvertreter und Vorsitzende des Reichsverbandes Deutscher Post- und Telegraphenbeamten, Franz Kugler (SPD), wurde Mitte März unter dem Verdacht strafrechtlicher Verfehlungen verhaftet[349], die sich später jedoch als unbegründet erwiesen[350]. Er teilte dem DBB am 16. März 1933 daher mit, daß er sein Amt als stellvertretender Vorsitzender und Mitglied der Bundesleitung bis zur Beendigung des gegen ihn eingeleiteten Ermittlungsverfahrens nicht ausüben werde[351]. Gleichzeitig wurden weitere personelle Veränderungen in Angriff genommen. Der langjährige Pressereferent und Hauptschriftleiter des DBB, Paul Heßlein, stellte, nach dem auch er „einem gewissen Druck" ausgesetzt war[352], sein Amt zur Verfügung und schied aus[353]. An seine Stelle trat Theodor G. Martini[354]. Ferner traten Schmidt und Kamossa aus der Tätigkeit beim DBB aus[355], so dass der völligen Gleichschaltung des DBB in der Verbandsspitze niemand mehr im Wege stand.

Unter der Leitung des stellvertretenden DBB-Vorsitzenden Schneider, der nun praktisch die Verbandsgeschäfte übernommen hatte, versicherte am 24. März eine Konferenz der Landes- und Bezirkskartelle des DBB in Berlin einstimmig, „dass sie getreu ihrer traditionellen Berufs- und Pflichtauffassung die Reichsregierung durch hingebende Arbeit unterstüt

---

348 Hattenhauer, Geschichte des deutschen Beamtentums, S. 430.

349 Eil-Presse Dienst v. 16. 3. 1933, S. 1; Telegraph. Union Parlamentsdienst v. 16. 3. 1933, BArch R 8080 182, Bl. 24. Die Vorwürfe gegen Kugler betrafen dessen Tätigkeit in der Berliner Postbeamtenkrankenkasse und in einer Berliner Beamten-Baugenossenschaft. In beiden Fällen versuchten die Nationalsozialisten Kugler mit dem Vorwurf, Bestechungsgelder angenommen zu haben, persönlich zu diffamieren; später trat der Vorwurf der Steuerhinterziehung hinzu, s. Deutsche Post Nr. 12/14 vom 6. 4. 1933, S. 135.

350 Eil-Presse Dienst v. 16. 3. 1933, S. 13.

351 Ebda., S. 1; Rundschau für Kommunalbeamte, Nr. 12 v. 25. 3. 1933, S. 147; Telegraphen- Union Parlamentsdienst v. 16. 3. 1933, BArch Berlin R 8080 182, Bl. 24.

352 NSBZ Nr. 1 v. 11. 1. 1934, S. 5.

353 Vgl. „Einheitsvertretung der Beamten", in: „Politische Zeitung" vom 10. 4. 1933, Nr. 170/33 Abendausgabe, BArch Berlin R 8081 86 Bl. 79 – in „gütlichem Einvernehmen", wie es dort hieß.

354 Bekanntmachung in: Deutsche Post Nr. 12/14 (33. Jg.) v. 6. 4. 1933, S. 135; vgl. auch ABC, Nr. 71 v. 25. 3. 1933, S. 1, BArch Berlin R 8080 182, Bl. 22.

355 Ebda.

zen wird"[356]. Die Tagung begrüßte die Erklärung Hitlers, dass die Regierung „besonders der hingebenden Treue und Arbeit unseres Berufsbeamtentums" bedürfe[357]. Damit schien der Brückenschlag zwischen dem traditionellen Berufsbeamtentum und der nationalsozialistischen Führung endgültig gelungen. „Die Beamtenschaft, zur Mitarbeit an dem stolzen Werke deutscher Erneuerung und nationalen Wiederaufbaues besonders berufen, will (...) auch in ihrer berufsständischen Vertretung Gleichschaltung üben"[358].

3.2.1.3.1 Sprenger übernimmt die Führung

Bereits Anfang April 1933 trugen drei demokratisch nicht legitimierte „Bevollmächtigte" des DBB dem Leiter der Beamtenabteilung der Reichsleitung der NSDAP Sprenger den Vorsitz im DBB an[359]. Dieser übernahm am 8. April offiziell die Führung des DBB und wurde unabhängig davon vom Reichsminister des Innern, Frick, zum Reichskommissar für Beamtenorganisationen ernannt, in dessen Funktion er die „Gleichschaltung der bestehenden Beamtenorganisationen" vollziehen und den „Zusammenschluss von Beamten in der Form von Gewerkschaften" künftig ausschließen sollte[360]. Zugleich hob Frick noch einmal hervor, dass die deutschen Beamtenorganisationen in ihrer derzeitigen Gestalt ihre Hauptaufgabe bisher in der Verfolgung materieller Ziele gesehen hätten[361]. Dagegen müsse eine hinter der Regierung der nationalen Erhebung stehende Beamtenschaft „die Ehre und die sittlichen Pflichten des Berufsbeamtentums in den Vordergrund stellen"[362]. Ein Zusammenschluss von Beamten „in der

---

[356] Der Beamtenbund, Nr. 25 v. 28. 3. 1933. Vgl. auch Schreiben des DBB v. 25. 3. 1933 an das Preußische Staatsministerium, GStA HA, Rep 90, Nr. 613, Bl. 200.

[357] Ebda.

[358] Ebda.

[359] Einen demokratischen Beschluss scheint es hierfür nicht gegeben zu haben. Die Verhandlungen führten Schneider, Ehrmann und Vogel, vgl. ADLZ, Nr. 15 v. 15. 4. 1933.

[360] Abschrift des Schreibens Fricks an Sprenger v. 8. 4. 1933, BArch Berlin, R 8081, 86, Bl. 82; vgl. auch den Bericht im Voraus Nr. 16 v. 16. 4. 1933 S. 167; ferner Rundschau für Kommunalbeamte Nr. 15 v. 15. 4. 1933, S. 1; Deutsche Post Nr. 15 v. 13. 4. 1933, S. 150 sowie Der Beamtenbund, Nr. 29 v. 11. 4. 1933; s. außerdem bereits oben S. 80 f.

[361] Abschrift des Schreibens Fricks an Sprenger v. 8. 4. 1933, a.a.O.; vgl. auch den Bericht im Voraus a.a.O.

[362] Ebda.

Form von Gewerkschaften“ widerspreche dem Wesen des Berufsbeamtentums[363].

Zwischen dem Reichskommissar für das Beamtenorganisationswesen der NSDAP und dem Führer des DBB war damit Personalunion entstanden. Sprengers Stellvertreter, Hermann Neef, übernahm den Vorsitz des Beamtenwirtschaftsbundes und des Bezirkskartells Berlin des DBB. Letzteres hatte noch wenige Wochen zuvor einen neuen, demokratischen Vorstand gewählt und musste nun bereits zum 1. Juni 1933 seine Tätigkeit einstellen[364]. Das Ende des DBB, das Flügel mit seinem kampflosen Rücktritt wahrscheinlich verhindern wollte, war damit endgültig besiegelt[365]. Anders interpretierte „Der Beamtenbund“ diesen Schritt. In seinen Augen war die Übernahme, die am 8. April erfolgte, die Krönung eines „Verständigungswerk(es) von größter beamtenpolitischer und hoher staats- und volkspolitischer Bedeutung. Der tatsächlichen Einigung der deutschen Beamtenschaft – der äußeren wird die innerliche im wahren Geiste der Volksgemeinschaft folgen – hat er einen Dienst erwiesen“[366]. Neef schrieb rückblickend 1934 im Almanach der Deutschen Beamten:

> „Es war ein Zeugnis für die Kraft und den mitreißenden Schwung des Nationalsozialismus, dass nach langen Besprechungen zwischen dem damaligen Deutschen Beamtenbund und der Beamtenabteilung der NSDAP sich der Deutsche Beamtenbund durch seine drei bevollmächtigten Personen freiwillig dem Führer der Beamtenabteilung, Jakob Sprenger, unterstellte. Bei dem Vortrag des Anerbietens war von vornherein die Erkenntnis klar zum Ausdruck gebracht worden, dass die zukünftige Arbeit des Deutschen Beamtenbundes unter Loslösung von der parlamentarischen Methode der Mehrheitsbeschlüsse nur auf dem Führerprinzip beruhen werde“[367].

Als Ergebnis mehrwöchiger Verhandlungen[368] zwischen Sprenger und dem provisorisch die Amtsgeschäfte führenden Ausschuss wurde in einer gemeinsamen Entschließung folgender Aufgabenbereich des DBB festgelegt:

---

[363] Ebda.
[364] Beamtenwarte 9. Jg. Nr. 5 v. 15. 5. 1933, S. 2 und Nr. 3 v. 15. 3. 1933.
[365] Kröker/Schmitz, a.a.O., S. 79.
[366] Der Beamtenbund, Nr. 29 (1933), 17.
[367] Neef, Die Entwicklung des Beamtenorganisationswesens zum Nationalsozialismus, S. 42, in: Almanach der Deutschen Beamten, 1934.
[368] Vgl. Preußische Polizeibeamten-Zeitung Nr. 15 (Jg. 20) v. 15. 4. 1933, S. 270.

> „1. Die Aufbautätigkeit der Reichsregierung mit allen Kräften zu unterstützen und deren Streben nach Schaffung einer wahren Volksgemeinschaft zu fördern,
>
> 2. die sittliche Berufs- und Lebensauffassung des deutschen Beamten auf der Grundlage deutscher Überlieferung zu pflegen und weiter zu entwickeln,
>
> 3. die Bedeutung des Berufsbeamtentums als organischen Bestandteil des deutschen Volks- und Staatslebens bei allen Volksgenossen zu verlebendigen,
>
> 4. alle Standes- und sonstigen Beamtenfragen initiativ zu pflegen und zu vertreten,
>
> 5. die fachliche und staatspolitische Weiterbildung der Beamtenschaft tatkräftig zu fördern“[369].

Dieser neuen Zielsetzung sei die alte Zweckbestimmung in § 2 der Satzung des DBB in der Fassung von 1928 gegenübergestellt, die wie folgt lautet:

> „Der Deutsche Beamtenbund hat den Zweck, unter Wahrung der parteipolitischen und religiösen Neutralität die rechtlichen, wirtschaftlichen und beruflichen Interessen des von den Bundesmitgliedern organisierten Personenkreises zu schützen und zu fördern. Der Bund wird zur Erreichung seiner Ziele alle gewerkschaftlichen Mittel anwenden“[370].

Die Nationalsozialisten sahen in der Aufgabenstellung einen Wandel des DBB von „einer einseitigen Interessenvertretung nach liberalen Grundsät-

---

[369] „Die Beamtenberufsverbände“, in: Rundschau für Kommunalbeamte 1933, Nr. 16, S. 194; Allgemeine Deutsche Lehrerzeitung, Nr. 15 v. 15. 4. 1933, S. 273; „Amt und Volk“ Nr. 4, 1933, S. 58; „Einheitsvertretung der Beamten“, in: Politische Zeitung Nr. 170 v. 10. 4. 1933 (Abendausgabe); Mursinski/Brill, Die Organisation der nationalsozialistischen Beamten, S. 5. Der neue DBB sollte dabei auf Fachverbänden errichtet werden, vgl. „Amt und Volk“ Nr. 4, 1933, S. 59.

[370] Abdr. der Satzung des DBB v. 26. 10. 1928, in: DBB (Hrsg.), Deutscher Beamtenbund, S. II/121ff. sowie in: BArch Berlin R 8082/139, Bl. 5 ff.; s. ferner Mursinsky/Brill, a.a.O., S. 5.

zen“ zu einer Organisation mit der „Aufgabe der Mitarbeit am Neubau des Reiches“[371]. Die veränderte Ausrichtung des DBB wird darüber hinaus besonders deutlich in einem Rundschreiben Sprengers vom 13. April 1933 über die „Neuwahlen in den angeschlossenen Organisationen“. Auch die angeschlossenen Organisationen sollten auf eine einheitliche nationalsozialistische Linie gebracht werden. In dem Rundschreiben hieß es:

> „Die Durchbildung des Deutschen Beamtenbundes im Sinne des Führergedankens erfordert, dass die Vorstände der Beamtenverbände auf der Grundlage der Satzungen neu gewählt werden. Die Neuordnung soll in enger Anlehnung an die politische Gleichschaltung erfolgen. Die Neuordnung der Orts-, Kreis-, Bezirks- usw. und Zentralvorstände muß daher raschens erfolgen“[372].

Dass diese politische „Gleichschaltung“ des DBB in Wirklichkeit satzungswidrig war, erkannten die Nationalsozialisten genau, hieß es doch in der Verlautbarung Sprengers gerade hinsichtlich des Deutschen Beamtenbundes weiter:

> „Die in den Satzungen des Bundes und der dem Bunde angehörenden Verbände vorgesehenen Fristen zur Abhaltung von Generalversammlungen und Tagungen werden hiermit aufgehoben. Die entsprechenden Versammlungen können daher schnellstens stattfinden. ... Die Bildung der Vorstände muss nach dem Erlass des Reichsministers des Innern auf der Linie der Gleichschaltung liegen. ... Diese Bestimmung ist peinlich zu beachten, da sonst ein Eingreifen des Reichskommissars zu erwarten ist. Zur Erläuterung diene, daß für die Vorstände nur Personen in Frage kommen, die nach ihrer politischen Tätigkeit und Einstellung die Gewähr bieten für restlose Unterstützung der Maßnahmen der Regierung der nationalen Erhebung“[373].

---

[371] Mursinsky/Brill, a.a.O., S. 5; vgl. auch Fabricius, Der Beamte einst und im Neuen Reich, S. 101.

[372] Der Beamtenbund, Nr. 30 v. 21. 4. 1933; vgl. ferner Rundschau für Kommunalbeamte, a.a.O.; Preußische Polizeibeamten-Zeitung Nr. 16 v. 22. 4. 1933, S. 286.

[373] Rundschau für Kommunalbeamte, a.a.O.; Preußische Polizeibeamten-Zeitung Nr. 16 v. 22. 4. 1933, S. 286; vgl. dazu auch die Niederschrift über den Verbandstag des Reichsverbandes der höheren Verwaltungsbeamten des Reichs und der Länder am 21. 5. 1933 in Berlin, in: BArch Berlin R 8081 86, Bl. 46.

Nach dem Sprenger die Führung im DBB übernommen hatte, ordnete er zunächst die Auflösung der Orts-, Bezirks- und Landeskartelle des DBB an, an deren Stelle die „Bundeswarte" als Bevollmächtigte des Leiters traten, die u.a. die Anpassung der Grenzen der örtlichen Gliederung entsprechend der Abgrenzung der Gaue, Kreise und Ortsgruppen der NSDAP vorzunehmen hatten[374]. Auch hiermit wurde eine Maßnahme von grundlegender Bedeutung getroffen, da die Angleichung der örtlichen Beamtenorganisationen an die der NSDAP eine Voraussetzung für den erforderlichen engen Zusammenhang zwischen Beamtenorganisation und Partei bildete.

Dem neuen Reichskommissar Sprenger ging es von Anfang an um die Schaffung einer neuen, alle Beamten umfassende Einheitsorganisation, die auf der Grundlage der Einzelmitgliedschaft eine einheitliche nationalsozialistische Führung sicherstellen sollte. Ausgenommen waren lediglich die im NS-Rechtswahrerbund organisierten juristisch ausgebildeten Beamten und Richter sowie die im NS-Lehrerbund vereinigten Lehrer. Bereits in einer Erklärung vom 22. April 1933 machte Sprenger deutlich, wie er sich die Durchführung der politischen „Gleichschaltung" der Beamtenorganisationen vorstellte:

> „Für Vorstände der angeschlossenen Fachorganisationen kommen nur Personen in Betracht, die nach ihrer bisherigen politischen Einstellung und Tätigkeit die sichere Gewähr bieten für jegliche Unterstützung der Maßnahmen der Regierung der nationalen Erhebung:
>
> 1. Als Vorstände haben endgültig auszuscheiden Mitglieder, welche
>
> a) marxistischen Parteien oder deren Hilfs- oder Ersatzorganisationen angehören und sich in diesen betätigt haben,
> b) sich in scharfem Gegensatz durch Wort, Schrift oder Handeln zu den Parteien, welche die nationale Regierung tragen, gestellt haben,
> c) nichtarischer Abstammung sind.
>
> 2. Zur Erreichung der politischen Gleichschaltung ist eine beachtliche Durchsetzung der Vorstände mit Mitgliedern der NSDAP

---

[374] Mursinsky/Brill, a.a.O., S. 6; vgl. auch „Weitere Neuordnung im Deutschen Beamtenbund", in: Rundschau für Kommunalbeamte Nr. 18, 1933, S. 226; ferner ADLZ Nr. 18 v. 6. 5. 1933 u. Nr. 23 v. 10. 6. 1933. Zur Weiteren Aufgabenstellung der „Bundeswarte" durch Neef v. 1. 7. 1933, vgl. Rundschau für Kommunalbeamte Nr. 23, 1933, S. 310 f.

unerlässlich. Personalunion mit der NSDAP-Beamtenabteilung dürfte hierbei für Erleichterung oder Initiative Pflege und Vertretung aller Standes- und sonstigen Beamtenfragen vorteilhaft sein.

3. Bisherige Vorstände, welche sich auf organisatorischem und beamtenpolitischem Gebiet bewährt haben, können – sofern die Voraussetzungen unter Ziff. 1 nicht behindern – nach Möglichkeit bei den bevorstehenden Neuwahlen in Betracht gezogen werden.

4. Auf die Durchbildung des Führerprinzips ist durch die Erteilung weitgehender Vollmachten für die Vorstände besonderer Wert zu legen.

5. Die gewählten Vorsitzenden der Zentralinstanz (Verbands-, Bundesvorstände usw.) bedürften der Bestätigung durch den Führer des Deutschen Beamtenbundes.

Mit deutschem Gruß!“[375].

Nach diesem Muster erfolgte bereits ab April 1933 die Ausschaltung aller politischen Gegner aus den Vorständen der Beamtenvereinigungen und ihre Ersetzung durch überzeugte Nationalsozialisten. Die Beamtenzeitungen hielten ihre Leserschaft über die „Fortschritte“ des Prozesses auf dem Laufenden[376].

Die Anweisung zur schnellen Vereinheitlichung der fachlichen Einheitsorganisation der Beamtenschaft, die am 12. Mai im Auftrage Sprengers durch den Hauptgeschäftsführer des DBB, Gunkel, erlassen wurde, lautete:

„Der Reichskommissar für Beamtenorganisationen hat angeordnet, dass die Bildung der Einheitsorganisation für jede einzelne Fach-

---

[375] Richtlinien für die Neuordnung, Neuwahlen und Gleichschaltung der dem DBB angeschlossenen Verbände usw. vom 27. 4. 1933; Abschrift der Erklärung an die Fach- und Landesverbände, nachrichtlich an die Landes- und Bezirkskartelle, Ortskartelle, BArch Berlin R 8081 86, Bl. 32; Rundschau für Kommunalbeamte, Nr. 17, 1933, S. 209; Zeitschrift des Verbandes der Polizeibeamten Deutschlands, Nr. 18 v. 30. 4. 1933, S. 209.

[376] Vgl. nur z.B. Rundschau für Kommunalbeamte 1933, Nr. 19, S. 248 f.; Nr. 21, S. 278 f.

gruppe der Beamtenschaft (...) mit Beschleunigung, spätestens jedoch bis zum 22. Mai, durchgeführt sein soll[377].
Die Beauftragten des Reichskommissars für Beamtenorganisationen haben hierfür besondere Anweisungen erhalten.
Die Vorstände der angeschlossenen Fachorganisationen werden hiermit angewiesen, der Aufforderung des Beauftragten des Reichskommissars Folge zu leisten und von sich aus alle Schritte zu unternehmen, um möglichst auf dem Wege der freiwilligen Vereinbarung bis zum genannten Termin alle übrigen Organisationen der gleichen Fachgruppen in einer Großorganisation zu vereinigen. Auch mit der bisher noch außerhalb des DBB stehenden Organisationen sind Verhandlungen in dieser Richtung anzuknüpfen. ...“[378].

Bezüglich der Neuorganisation des DBB verkündete Sprenger dann am 22. Mai 1933 folgende Richtsätze:

„Die weitere Entwicklung der allgemeinen politischen Linie erfordert die rasche Angleichung des Aufbaues der Beamtenverbände nach dem Stand des großen, allgemeinen innenpolitischen Geschehens.
Es ist nicht angängig, wollte die Beamtenschaft weiterhin versuchen, die ihr zugewiesenen Aufgaben in einer Anzahl von Verbänden und Bünden zu lösen. Die hohen Ziele und Absichten des Führers auf diesem Gebiet weisen entschieden andere Wege und Mittel. Die nationale Einheitsfront der gesamten deutschen Beamtenschaft ist das Gebot der Stunde. Unberührt steht die Beamtenabteilung (Fachschaften) der NSDAP...“[379].

Ferner teilte er mit:

„Ich ersuche, die Gleichschaltung der Beamtenverbände und ihrer Vorstände mit tunlichster Beschleunigung durchzuführen. Die Beauftragten des Reichskommissars für Beamtenorganisationen haben

---

377 Diese Frist wurde nach späterer Anweisung bis zum 31. Mai verlängert.
378 Unter dem Reichsadler, 25. Jg. Nr. 10 v. 25. 5. 1933 Bl. 146. Bspw. der Verband der deutschen Reichs-Post- und Telegraphenbeamtinnen e.V. kam dieser Aufforderung prompt nach, indem die Mitgliedschaft des Verbandes am 16. 5. 1933 geschlossen in die Einheitsorganisation der Postbeamtenschaft, den „Deutschen Postbund“, überführt wurde, s. ebda., S. 147.
379 ADLZ, Nr. 23, S. 407; Rundschau für Kommunalbeamte, Nr. 21, 1933, S. 270; ähnlich in: Der Freiheitskampf Nr. 122 v. 27./28. 5 1933.

> zu diesem Zweck jede stattfindende Versammlung der einzelnen Beamtenverbände persönlich zu überwachen oder durch von ihnen zu ernennende Obleute überwachen zu lassen. Die neu zu wählenden Vorsitzenden der Verbände sind von den Beauftragten des Reichskommissars für Beamtenorganisationen in Vorschlag zu bringen. Bei der Durchführung der Wahl ersuche ich jedoch, in gütlichem Einvernehmen mit der derzeitigen Verbandsleitung die Wahl der von Ihnen vorgeschlagenen Verbandsangehörigen zu erreichen und in keinem Falle zu Zwangsmaßnahmen zu greifen. Falls für die Wahl andere als die von Ihnen vorgeschlagenen Personen aus der Versammlung heraus namhaft gemacht werden, so ersuche ich, unverzüglich Einspruch gegen deren Wahl einzulegen. In allen Fällen, in denen das Ergebnis der Wahl nicht Ihren Vorschlägen entspricht, ist mir unverzüglich zu berichten“[380].

Bei einem Gespräch Sprengers mit Hitler am 25. Juni 1933 sicherte der neue Führer des DBB dem Kanzler zu, „die Organisation der Beamten in Kürze zu dem erwünschten Instrument der Staatsführung zu machen“[381]. Im Gegenzug erhielt er praktisch freie Hand bei der Auflösung aller Beamtenverbände und der Zusammenfassung ihrer Mitglieder auf der Basis von Einzelmitgliedschaften in einem neuen deutschen Beamtenbund, der als Einheitsorganisation alle Beamten unter nationalsozialistischer Führung zusammenfassen sollte. Dies bedeutete ein gewisses Entgegenkommen Hitlers insofern, als dass die Beamtenorganisationen nicht in die Deutsche Arbeitsfront (DAF), die alle Arbeiter und Angestellten erfassen sollte, überführt wurden.

3.2.1.3.2 Neef an der Spitze des Deutschen Beamtenbundes

Im Juli 1933 übernahm Hermann Neef in Absprache mit dem RMdI die Führung im DBB, nachdem Sprenger wegen seines neuen Amtes als Gauleiter in Hessen[382] zurückgetreten war[383]. Neef war damit zugleich

---

[380] Allgemeine Deutsche Lehrerzeitung, Nr. 23, S. 408.

[381] Voraus, Nr. 28 v. 9. 7. 1933, S. 294; bereits Anfang April waren Sprenger und Neef bei Hitler gewesen, bei dem sie vermutlich die Zustimmung einholten, den DBB zu übernehmen.

[382] Zur Ernennung Sprengers zum Reichsstatthalter in Hessen, s. NSBZ Nr. 10 v. 20. 5.

Chef der Beamtendienststellen der Partei und Führer des DBB[384]. Selbstverständlich mußte unter dieser Führung ein Klimawechsel stattfinden[385]. Deutlichen Ausdruck fand die veränderte Haltung der Reichsregierung gegenüber den Beamtenorganisationen in einem Rundschreiben des Reichsministers des Innern vom 17. Juli 1933, in dem dieser erklärte, dass seit der Übernahme der ausschließlichen Führung des Staates durch die Regierung der nationalsozialistischen Revolution

> „Eingaben und Anträge von Beamten und Beamtenorganisationen an die Behörden, insbesondere an die Ministerien, die sich mit Fragen der Besoldung, Einstufung, Laufbahn und dergleichen befassen, nicht nur unnötig, sondern auch unzulässig" seien[386].

Weiter forderte das RMdI: „Unbedingt zu unterlassen sind solche Eingaben und Vorstellungen, die auf eine Kritik an Vorgesetzten und damit an der allein verantwortlichen Staatsführung hinauslaufen"[387].

Am 11. Juni 1933 auf der Kundgebung der Reichsfachgruppe „Kommunale Verwaltung und Betriebe" und „Körperschaften des öffentlichen Rechts" im DBB hatte Neef bereits gesagt:

> „Das Ziel stand von vornherein fest. Der Weg zum Ziel war vielleicht etwas langsamer als der Weg, der etwa bei der Arbeitsfront beschritten wurde. ... Aber wir wollten auf alle Fälle gerade bei den Beamtenorganisationen wegen der besonderen Einstellung der Beamten an sich die Wege vermeiden, die bei der Arbeitsfront notwendig und leider nur allzu berechtigt waren. Wir wollten vermeiden, mit SA und SS in die Büros der Beamtenorganisationen einzudringen und uns dort nun als die Herren aufzuspielen, die Mitglieder vor die Tatsache der vollendeten Gleichschaltung unter Zwang zu stellen, sondern wir glaubten den Beamten in Deutschland vertrauen zu dürfen. Wir glaubten gerade der Berufsauffassung der Beamten .... vertrauen zu dürfen und den Beamten den Weg der Freiwilligkeit weisen zu können, in der Überzeugung, dass es trotz oder gerade wegen dieser Freiwilligkeit noch besser als sonst möglich wäre, zu

---

1933, BArch Berlin R 8080/287, Bl. 67.

383 Vgl. Mursinsky/Brill, a.a.O., S. 8; s. ferner Berliner Börsenzeitung Nr. 275 v. 16. 6. 1933, BArch Berlin R 8080/182, Bl. 20.

384 Zur Ernennung Neefs zum Leiter der Beamtenabteilung, s. NSBZ Nr. 15 v. 5. 8. 1933, BArch Berlin R 8080/287, Bl. 17.

385 Vgl. Hattenhauer, Geschichte des Beamtentums, S. 398.

386 JöR Bd. 22, 1935, S. 125; vgl. auch Neef, Das Beamtenorganisationswesen, S. 27.

387 JöR Bd. 22, 1935, S. 125.

> dem Ziele zu kommen, zu dem wir alle hinstreben, zu der Einheit, zu dem Aufhören des Austragens der Gegensätze, die leider allzu häufig in der Vergangenheit im Vordergrund standen"[388].

Anfang September 1933 schien die Gleichschaltung des DBB weitgehend abgeschlossen, die laut einem Voraus-Artikel mit „harter Hand" vollzogen wurde[389]. Um daneben auch die Umerziehung der Beamtenschaft zur nationalsozialistischen Weltanschauung weiter voranzutreiben, gab Neef im Anschluß an den Reichsparteitag am 6. September 1933 als Leiter der Beamtenabteilung der NSDAP folgende Anordnung bekannt:

> „Die programmatische Erklärung des Führers auf dem nationalsozialistischen Reichsparteitag des Sieges hat die politische Initiative für das gesamte deutsche Staatswesen in die Hände der NSDAP gelegt. Ich ordne daher an: Die „NSBZ" (Nationalsozialistische Beamtenzeitung) wird Organ der gesamten deutschen Beamtenschaft"[390].

Neben den zunächst noch fortbestehenden Fachzeitschriften der einzelnen Fachgruppen wurde somit die NSBZ, das Kampforgan der nationalsozialistischen Beamten, zum Pflichtorgan für alle deutschen Beamten[391].

Auf der letzten Reichstagung der NS-Beamtenabteilung am 26. September 1933 wurde schließlich von den langjährigen Mitkämpfern die Notwendigkeit der restlosen Durchsetzung der nationalsozialistischen Führung aller Beamten gefordert[392]. Gleichzeitig wurde betont, dass die planmäßige Erziehung der gesamten Beamtenschaft zu nationalsozialistischem Denken und Handeln und der volle Einsatz der Beamten zur Unterstützung der Regierung nur denkbar sei bei einheitlicher Zusammenfassung aller Kräfte und bei Schaffung einer organisatorischen Grundlage, die die gleichmäßige organisatorische Erfassung auch des letzten Beamten sicherstellt[393]. Durch das Nebeneinander der Fachschaften der NS-Beamtenabteilung als organisatorische Gliederung der Partei und der Reichsfachgruppen des DBB hatten sich gewisse Schwierigkeiten organisatorischer Art erge-

---

[388] Kundgebung der Reichsfachgruppe, S. 5, Staatsbibliothek zu Berlin PK.
[389] Voraus Nr. 36 v. 3. 9. 1933, S. 373.
[390] NSBZ, Nr. 18 v. 20. 9. 1933; Mursinski/Brill, a.a.O., S. 9.
[391] Mursinsky/Brill, a.a.O., S. 9.
[392] Ebda.
[393] Ebda.

ben[394]. Als Konsequenz löste Neef schließlich den DBB ohne jedes Votum seiner Mitglieder im Zusammenspiel mit dem Reichsminister des Innern, Frick, im Oktober 1933 auf[395]. Anfang Oktober 1933 hatte Neef bereits offen in der Pommern-Kundgebung in Stettin angekündigt:

> „Es ist unmöglich, den Dualismus zwischen Beamtenabteilung der NSDAP auf der einen Seite und Deutschem Beamtenbund auf der anderen Seite aufrechtzuerhalten. Es ist unmöglich, zwei Kategorien von Beamten zu schaffen. Diejenigen, die nach der Durchführung des Berufsbeamtengesetzes im Amt verblieben sind, sind damit auch für würdig erachtet worden, Diener des Staates zu sein. Deshalb müssen sie auch würdig sein, der Gemeinschaft anzugehören. Der Dualismus hört also auf zu bestehen und es wird nur übrig bleiben eine große Beamtenorganisation, die allerdings unter restloser Führung der NSDAP steht“[396].

Als auch die deutschen Beamten noch auf etwas grundlegend Neues hofften, kannte ihre Begeisterung keine Grenzen. Die neue Zeit wurde im Bundeszentralorgan des Beamtenbundes am 16. Mai 1933 noch hoch gepriesen:

> „Nun plötzlich schwingt ein einfacher Gedanke auch durch unsere Reihen: Gleichschaltung! Gleichschaltung sicherlich erst im Sinne der Weltanschauungsgemeinschaft, Gleichschaltung aber auch der gleichgearteten Kräfte nach innen und nach außen und Gleichschaltung schließlich zur Förderung und Herbeiführung einer wahren Volksgemeinschaft; und dabei entschleiert sich denn auch uns das Geheimnis des großen Führers, auf einmal erkennen wir, dass das, was wir in den 14 Jahren in tausend Sitzungen so unendlich kompliziert haben, sich im Grunde auf eine ganz einfache Formel bringen lässt: Einheitsorganisation für jede einzelne Fachgruppe, diese zusammengeschlossen im Deutschen Beamtenbund“[397].

---

[394] Ebda.
[395] BVerfGE 3, S. 93.
[396] NSBZ Nr. 20 v. 20.10. 1933; Mursinsky/Brill, a.a.O., S. 9 f.
[397] Almanach der Deutschen Beamten 1933, S. 47.

Die Gleichschaltung fiel jedoch schlimmer aus. Sie besiegelte das Schicksal des DBB[398]. Die Beamten mussten erkennen, dass die stolzen Formeln der neuen Zeit zur Entmündigung der Staatsdiener geführt hatte[399].

3.2.1.3.3 Der Reichsbund Deutscher Beamten

Am 15. Oktober 1933 erklärte Neef auf einer Kundgebung der rheinischen Beamtenschaft in Köln, dass mit diesem Tag der Deutsche Beamtenbund aufhörte zu bestehen und stattdessen in organisatorischer Verschmelzung mit der NS-Beamtenabteilung als einzige und einheitliche Zusammenfassung der gesamten Beamtenschaft der „Reichsbund der Deutschen Beamten (RDB) e.V." gegründet sei[400].

> „Eine vorhergehende förmliche Auflösung des Deutschen Beamtenbundes habe ich nicht vorgenommen; er bleibt mit den alten Verbänden der rechtlichen Abwicklung überlassen. Sie wird aller Voraussicht nach im ganzen auf der Grundlage eines Gesetzes erfolgen, das in Bearbeitung ist und an dem ich vorbereitend mitwirke"[401].

In einem Mitte Dezember 1933 veröffentlichtem Aufruf des Reichsbundes hieß es:

> „ Die bisherigen Beamtenverbände sind damit überflüssig geworden.
> Ihre Mitglieder gehen durch Ausfertigung der beiliegenden Beitrittserklärung in den neuen ‚Reichsbund der Deutschen Beamten' über. Ebenso sind in ihm auch die Mitglieder der Fachschaften des Amtes für Beamte der NSDAP aufzunehmen. Für die aus den verschiedensten Gründen bisher nicht organisierten Beamten ist jetzt

---

[398] Vgl. Hattenhauer, Geschichte des Beamtentums, S. 401.
[399] Ebda.
[400] Mursinsky/Brill, a.a.O., S. 10; vgl. ferner Neef, Die Entwicklung des Beamtenorganisationswesens zum Nationalsozialismus, S. 47. Infolge der Gleichschaltung der übrigen Verbände erreichte der RDB eine Mitgliederzahl von 1,2 Millionen, siehe bei H. Mommsen, a.a.O., S. 144 Anm. 1. Der RDB war damit wirtschaftlich und nach den Mitgliederzahlen mächtiger als je eine deutsche Beamtenorganisation zuvor, vgl. Hattenhauer, a.a.O., S. 401. Vgl. dazu auch „Der Staatsbeamtenbund", Nr. 20 v. 20. 12. 1933, S. 231.
[401] Neef, Der Beamte im nationalsozialistischen Führerstaat, S. 15.

> der Zeitpunkt gekommen, sich in die große Gemeinschaft des deutschen Berufsbeamtentums einzuordnen"[402].

Damit war der entscheidende Schritt vom freien und demokratischen Beamtenvereinigungswesen der Weimarer Republik zur nationalsozialistischen Einheitsorganisation für alle Beamte getan[403]. Eine von der NSDAP unabhängige Beamtenorganisation war fortan im Deutschen Reich nicht mehr denkbar[404]. Das RMdI bezeichnete den neu entstandenen RDB als eine „Schöpfung" und ein „Instrument" der Reichsregierung zur politischen Beeinflussung der Beamten[405]. Neef stellte klar, daß es keine führende Stelle im RDB geben werde, die nicht durch das Amt für Beamte der NSDAP mit einem Nationalsozialisten besetzt sei[406]. Der RDB wurde vom Hauptamt für Beamte der NSDAP in Personalunion geführt. Auf allen Ebenen besetzten die entsprechenden Funktionäre der NS-Beamtenorganisation die parallelen Posten im RDB. Dabei bestimmte Neef nach dem „Führerprinzip" die entsprechenden leitenden Mitarbeiter[407], wodurch „ein wesentlicher Grundsatz nationalsozialistischer Weltanschauung auf die Beamtenorganisation übertragen" worden war[408]. Neef dokumentierte die Gründung des RDB später mit den Worten:

> „Dem Führer, dem Volk, der Partei und dem Staat stand im Reichsbund der Deutschen Beamten eine Organisation zur Verfügung, die nach Grundlage, Wesen und Ziel nichts mehr gemein hatte mit den gewerkschaftlich orientierten Beamtenorganisationen früherer Art, und die nur das Bestreben kannte, gemäß dem Willen des Führers

---

[402] Letzter Geschäfts- und Kassenbericht des Reichsverbandes Deutscher Post- und Telegraphenbeamten e.V. vom April 1934, S. 15, BArch Berlin R 4701/22219, Bl. 78.

[403] Einer Angabe von Caplan zufolge, erfasste der RDB 1938 98% der Gesamtbeamtenschaft, s. Caplan, Gouvernment without administration, state and civil service, S. 192.

[404] Das Gesetz über Beamtenvereinigungen vom 27. 5. 1937 (RGBl. I, S. 597) verstärkte den Charakter des RDB als Einheitsorganisation, indem es mit Wirkung vom 17. 1. 1937 andere Beamtenvereinigungen (mit Ausnahme einiger nationalsozialistischer Organisationen) verbot und Neugründungen von der Genehmigung des RMdI abhängig machte.

[405] Mühl-Benninghaus, a.a.O., S. 114.

[406] NSBZ, Nr. 20 v. 20. 10. 1933, S. 362; vgl. ferner Neef, Die Entwicklung des Beamtenorganisationswesens zum Nationalsozialismus, S. 47.

[407] Vgl. § 2 und 4 der Satzung des RDB, Beamten-Jahrbuch 1933, Heft 4, S. 610 ff.; ferner NSBZ Nr. 22 v. 26. 11. 1933, S. 409 und Nr. 24 v. 25. 11. 1934, S. 987.

[408] Vgl. Neef, Beamtenorganisationswesen, S. 16.

ständig einsatzbereit zu sein und sich auf diesen Einsatz in ernster und eifriger Arbeit vorzubereiten“[409].

Dass dieser neu geschaffene nationalsozialistische Beamtenverband nichts mehr mit dem demokratisch-parlamentarisch funktionierenden DBB zu tun hatte, der sich die Überparteilichkeit und Unabhängigkeit auf die Fahne geschrieben hatte, zeigt auch hier nichts deutlicher als ein Vergleich der Satzung des am 31. Oktober 1933 gegründeten RDB[410] mit dem bereits erwähnten § 2 der Satzung des DBB in der Fassung von 1928, der darüber keinen Zweifel aufkommen lässt:
§ 2 der Satzung des DBB in der Fassung von 1928 hatte die Zweckbestimmung dieser freien Beamtenvereinigung mit den Worten beschrieben:

> „Der Deutsche Beamtenbund hat den Zweck, unter Wahrung der parteipolitischen und religiösen Neutralität die rechtlichen, wirtschaftlichen und beruflichen Interessen des von den Bundesmitgliedern organisierten Personenkreises zu schützen und zu fördern. Der Bund wird zur Erreichung seiner Ziele alle gewerkschaftlichen Mittel anwenden“[411].

Demgegenüber beschrieb § 5 der Satzung des RDB die Aufgaben der neuen, nach dem Führerprinzip geleiteten Einheitsorganisationen folgendermaßen in fünf Punkten:

> „1. Erziehung der Mitglieder zu vorbildlichen Nationalsozialisten und Durchdringung der gesamten Beamtenschaft mit dem nationalsozialistischen Gedankengut.
>
> 2. Erziehung der Beamten für ihre Sonderstellung unter den Volksgenossen als Vollzieher des in der Gesetzgebung und in den Maßnahmen der Regierung zum Ausdruck kommenden Willens des Führers.
>
> 3.Unterstützung der Regierungen als Vollzieher der Weisungen des Führers in ihren beamtenpolitischen Maßnahmen.

---

409 Neef, Beamtenorganisationswesen, S. 14.

410 Vgl. diesbzgl. auch den Erlass des Reichsministeriums des Innern vom 26. 3. 1934 über die Funktion des Reichsbunds der Deutschen Beamten, abgedr. bei H. Mommsen, a.a.O., S. 143 f. (143), der mit den in der Satzung genannten Punkten weitgehend identisch ist.

411 S. bereits oben S. 100 f.

4.Unterhaltung, Ausbau und Umbau solcher bestehenden gesunden Einrichtungen, die von der Reichsregierung als durch die Sonderstellung der Beamten berechtigte Selbsthilfeeinrichtungen anerkannt werden.

5. Unterhaltung von Einrichtungen, die der Berufsbildung dienen“[412].

Aus dem freien, an demokratisch-parlamentarischen Grundsätzen ausgerichteten DBB der Weimarer Republik war eine nationalsozialistisch geführte Einheitsorganisation geworden, die nichts mehr mit den Prinzipien der Vorgängervereinigung gemeinsam hatte. Neef bestätigte dies 1935 rückwirkend mit den Worten:

> „... nach einer kurz bemessenen, auf der äußeren Grundlage des Alten beruhenden Übergangszeit (ist) das Beamtenorganisationswesen völlig neu gestaltet worden. Hier hat keine Fortentwicklung in dem Sinne stattgefunden, dass früher Bestehendes in die neue Zeit hinübergeführt worden ist[413].
>
> Es gibt nach Wesen und Zielsetzung keinen Zusammenhang zwischen dem Reichsbund der Deutschen Beamten und den früheren Beamtenverbänden. Der Reichsbund der Deutschen Beamten knüpft an die Vergangenheit nicht an. Es war zweckmäßig, das Alte vollends aufzugeben. Es war notwendig, ganz von vorn einen neuen, den nationalsozialistischen Weg unmissverständlich und entschlossen zu beschreiten“[414].

Nachdem am 27. November 1933 Frick das „Reichskommissariat für Beamtenfragen“ aufgelöst hatte[415] und am 1. Dezember 1933 das „Gesetz zur Sicherung der Einheit von Partei und Staat“ erlassen worden war, nahm der RDB am 1. Januar 1934 unter politischer und personeller Führung des

---

[412] Beamten-Jahrbuch 1933, Heft 4, S. 611; Neef, Das Beamtenorganisationswesen, S. 17; sowie Abdr. der gesamten Satzung des RDB, in: BArch Berlin R 43 I/2651, Bl. 62 ff.; s. dazu auch Mursinsky/Brill, a.a.O., S. 10.

[413] Neef, Der Beamte im nationalsozialistischen Führerstaat, S. 13.

[414] Ebda, S. 16.

[415] Völkischer Beobachter, Nr. 332 v. 28. 11. 1933

rung des Amtes für Beamte der NSDAP seine Tätigkeit offiziell auf[416]. Anfänglich schien der RDB jedoch, entgegen der eigentlichen Zielsetzung, noch einige berufspolitische Aktivitäten entwickelt zu haben, denn der Reichsminister des Innern musste mit zwei Erlassen seine Kompetenzen weiter beschneiden. Am 10. Februar 1934 stellte Frick durch einen Runderlass erneut ausdrücklich fest,

> „1. dass die Beamten nach den Anordnungen des Führers nicht als besonderer Stand im ständischen Aufbau des deutschen Volkes zusammengefasst und auch nicht in einen der bestehenden Stände eingegliedert werden dürfen,
> 2. dass der Reichsminister des Innern allein für die Organisation aller Beamten im Reichsgebiet zuständig ist,
> 3. dass grundsätzlich der auf freiwilliger Einzelmitgliedschaft beruhende Reichsbund der Deutschen Beamten die Einheitsorganisation für alle Beamten ist“[417].

Zugleich wurde der Aufgabenkreis des Reichsbundes auf Erziehungs- und Unterstützungsfunktionen eingeschränkt und ihm die Einmischung in Verwaltungsangelegenheiten der Behörden untersagt[418]. Am 27. Dezember 1934 wurde Frick noch deutlicher . Er untersagte erneut den Beamtenorganisationen, Eingaben und Anträge an Behörden zu richten, die mit Fragen der Besoldung und Laufbahnrichtlinien zu tun hätten. Die NS-Fachschaft hieß es lapidar, „habe sich danach jeder Einmischung in Angelegenheiten der Staats- oder Gemeindeverwaltung zu enthalten“[419]. Der Mitgliederorganisation der Beamten, also dem RDB, war damit keinerlei Einwirkung auf berufspolitische und soziale Regelungen möglich[420]. Im

---

[416] vgl. Fricke/Fritsch/Weißbecker, a.a.O., Bd. 3, S. 635.

[417] BArch Berlin R 43 4009, Bl. 4 ff. (4); Vgl. dazu auch NSBZ v. 18. 2. 1934 sowie Post und Postler im Nationalsozialismus, S. 76.

[418] Vgl. ebda.; Neef schrieb dazu in „Fünf Jahre nationalsozialistische Beamteneinheitsorganisation“, S. 16: „Der Umfang und die Notwendigkeit der gegenwärtigen erzieherischen Aufgabe ergibt sich daraus, dass aus dem alten Beamtenkörper ein volksnahes, auf den Führer verschworenes, politisch kämpferisches und soldatisch gestrafftes Beamtentum einheitlicher weltanschaulicher Prägung zu bilden ist; soweit das liberale, marxistische und reaktionäre Erbe der Vergangenheit noch in Vorurteilen und Gewohnheiten weiterlebt, muss es bis zum letzten ausgemerzt werden.

[419] BArch Berlin R 3901/ 20.495, Bl. 169. Frick nahm dabei sowohl auf seinen Erlass v. 17. 7. 1933 als auch auf die für Preußen ergangene Anordnung des Preußischen Ministerpräsidenten v. 4. 10. 1933 bezug. Vgl. dazu auch H. Mommsen, a.a.O., S. 143 ff; Neef, Die Beamten im nationalsozialistischen Führerstaat, S. 13.

[420] Vgl. Post und Postler im Nationalsozialismus, S. 79.

Kräftespiel der verschiedenen Machtträger des nationalsozialistischen Regimes führte der RDB vielmehr ein ausgesprochenes Schattendasein[421]. Entscheidenden Einfluss auf die Beamtenpolitik des Dritten Reiches hat er jedenfalls nie gehabt[422]. Es war daher auch nichts weiter als die Sanktionierung eines bereits seit langem bestehenden tatsächlichen Zustandes, wenn Martin Bormann, der Leiter der Parteikanzlei, unmittelbar nach der Proklamierung des „totalen Krieges", nämlich am 26. Januar 1943, die Einstellung der Tätigkeit des Hauptamtes für Beamte und des RDB verfügte[423].

3.2.1.4 Zusammenfassung

Der DBB wurde ebenso wie der ADB und der RhB unter Druck gesetzt und zur Auflösung gezwungen. Wie beschrieben, erfolgte dies jeweils in unterschiedlicher Ausformung und Intensität. In großem Maße waren zunächst Funktionäre und Verbandsvorsitzende Zielscheibe der nationalsozialistischen Verfolgungsmaßnahmen. Zwar sind gegen einzelne Mitglieder oder Funktionäre gerichtete Zwangsmaßnahmen für sich genommen noch kein Indiz dafür, dass auch der Verband als politischer oder weltanschaulicher Gegner getroffen werden sollte[424]. Die Nationalsozialisten waren bestrebt, die Mitglieder der gleichzuschaltenden Verbände an sich zu binden. Zu diesem Zweck sollten sie in eigene Parteiorganisationen übernommen werden. Dazu war erforderlich, die Mitglieder aus ihren bisherigen Verbänden herauszulösen. Dies geschah dadurch, dass Zwangsmaßnahmen auf führende Funktionäre und das Vermögen beschränkt wurden, die einfachen Funktionäre und Mitglieder aber unbehelligt blieben[425]. Dementsprechend erhielt beispielsweise auch die Masse der Gewerkschaftsangestellten nach der Verhaftung der führenden Funktionäre des ADGB das Angebot, unter der Leitung eingesetzter Kommissare der Nationalsozialistischen Betriebszellenorganisation (NSBO) weiterzuarbei-

---

[421] DBB (Hrsg.), Deutscher Beamtenbund, S. II/172.
[422] Ebda.
[423] Ebda.; vgl. ferner H. Mommsen, a.a.O., S. 144.
[424] Der Oberbundesanwalt beim BVerwG, Beteiligungsgutachten im Verfahren BVerwG 7 C 13.00, v. 7. Februar 2001, S. 13.
[425] Ebda.

ten[426]. Eine Herauslösung des Funktionärs bzw. Mitglieds aus dem Verband ist indes bei einer engen Bindung der Person an die Organisation nicht möglich. Dies gilt insbesondere für Funktionäre oder führende Mitglieder, die ihren Verband, wie beispielsweise Wilhelm Flügel, derart prägten, dass Person und Organisation miteinander verschmolzen. In diesen Fällen wurde der Verband mit der Person des Betroffenen identifiziert[427]. Verfolgungsmaßnahmen, die im Hinblick auf das Verhalten der Person erfolgten, wurden deshalb auch auf den Verband bezogen. Deutlichen Ausdruck findet dies im Hinblick auf Wilhelm Flügel auch bereits dadurch, dass die Nationalsozialisten sich weigerten mit dem DBB zu kommunizieren, solange der „stark mitbelastete" Flügel an dessen Spitze stand[428]. Die gewählte DBB-Spitze wurde von den Nationalsozialisten gezielt und systematisch isoliert und letztlich damit zum Rücktritt gezwungen.

Dass der DBB als Gegner des Nationalsozialismus angesehen wurde, wird auch aus einer Äußerung Sprengers vom 15. Oktober 1933 deutlich, in der es hieß: „Wir haben diesen DBB auch bisher niemals bejaht. Wir übernahmen ihn damals im April des Jahres lediglich aus unserer Kampfstellung gegen diese Organisation heraus"[429]. Die Bekämpfung und Liquidation des DBB erfolgte zwangsweise und satzungswidrig. Der nach der Satzung gewählte Vorstand wurde zwangsweise ausgeschaltet und durch Vorstandsmitglieder ersetzt, die als Untergebene der Nationalsozialisten ihre Befehle direkt von der NSDAP und deren Beamtenabteilung erhielten. Dabei konnte der Nationalsozialismus die Enttäuschungen der Beamten mit der Parole einer Wiederherstellung des Berufsbeamtentums erfolgreich ausnutzen; zugleich erleichterte die mindestens psychologisch gegebene Aushöhlung der subjektiv-öffentlichen Rechte in der Ära der Präsidialkabinette die spätere Gleichschaltung des Beamtenapparats, der aus dem Bewusstsein materieller und moralischer Verunsicherung heraus den nationalsozialistischen Versprechungen weitgehend Glauben schenkte[430].

Unter Zugrundelegung der dargestellten Gesichtspunkte ergibt sich, dass die gegen den DBB gerichteten, als Gleichschaltung ausgegebenen Maß-

---

[426] Thamer, Verführung und Gewalt, S. 286; Rundschreiben des Stabsleiters der politischen Organisation der NSDAP, Ley, zur Gleichschaltungsaktion gegen die freien Gewerkschaften vom 21. April 1933, in: Michaelis, a.a.O., Dok. 2269, S. 629.

[427] Der Oberbundesanwalt beim BVerwG, a.a.O., S. 13.

[428] S. oben S. 94 f.

[429] Vgl. den Bericht über die Kundgebung der rheinischen Beamtenschaft am 15. 10. 1933, in: NSBZ Nr. 20 v. 20. 10. 1933, S. 362.

[430] Vgl. dazu H. Mommsen, a.a.O., S. 39 ff.

nahmen eine politische Verfolgung im Sinne des § 1 Abs. 6 VermG darstellen.

3.2.2 Die Polizeiverbände im Allgemeinen und der Verband Preußischer Polizeibeamten e.V. im Besonderen

Nach demselben für die Beamtenverbände im Allgemeinen dargestellten Muster gingen die Nationalsozialisten auch gegen die Verbände der Polizeibeamten vor[431]. Auch sie wurden von den Nationalsozialisten als politische Gegner aufgefasst und daher planmäßig und zielgerichtet ausgeschaltet. Dabei waren die Konsequenz und die Härte der Nationalsozialisten allerdings deutlich größer, was sicher aus ihrer allgemeinen Ablehnung der Polizei der Weimarer Republik und vor allem der Polizei Preußens resultierte.

3.2.2.1 Die Polizei am Ende der Weimarer Republik[432]

Die Nationalsozialisten gingen besonders energisch gegen solche Verbände vor, die sie als „republiktreu" und „marxistisch" ansahen. Dies betraf zunächst den „Verband ehemaliger Polizeibeamten Preußen e.V." (kurz „VePP" genannt). Dieser wurde von den Nationalsozialisten schlicht als „marxistische Organisation" angesehen, mit der nicht verhandelt werden dürfe, „um ein Eindringen unlauterer Elemente in die Bewegung zu verhindern"[433].

Noch deutlicher betrachteten die Nationalsozialisten den im DBB organisierten „Verband Preußischer Polizeibeamten e.V." als politischen Gegner des Nationalsozialismus, der schon wegen seiner Republiktreue ausge-

---

[431] Zwischenzeitlich gab es über 100 polizeiliche Berufsvereinigungen, die insbesondere in der Weimarer Zeit gegründet worden waren. Es gab bei diesen Verbänden Spaltungen, Zusammenschlüsse und Vereinnahmungen.

[432] S. auch die dazu bereits getroffenen Ausführungen auf S. 65 ff.

[433] Schreiben der Notgemeinschaft ehemaliger Polizeibeamten v. 13. 3. 1933 an die Gauleitung Groß-Berlin der NSDAP, BArch Berlin, R 19 384.

schaltet werden musste[434]. Bei dem Verband handelte es sich um eine wohlhabende Beamtenvereinigung, die auf gewerkschaftlicher Basis organisiert war. 1930 konnte sie 71.025 Mitglieder, rund 80 Prozent des Personals der gesamten preußischen Polizei in sich vereinigen[435].

Diese nach ihrem langjährigen Vorsitzenden Ernst Schrader als „Schrader-Verband" bezeichnete Organisation sollte nach dem Willen der Nationalsozialisten bereits 1932 aus Gründen der „politischen Sauberkeit und Moral" aufgelöst und das Vermögen zugunsten der Kriegshinterbliebenenfürsorge sichergestellt werden[436]. Die betroffene Organisation gab sich überzeugt, „dass dieser Antrag nur ein Agitations- und Zermürbungsantrag sein soll, um unseren Verband aus parteipolitischen Gründen zu schädigen"[437]. Eine Funktionärskonferenz des Gaues Groß-Berlin bekannte sich daraufhin ausdrücklich zum „Treueschwur auf die Reichsverfassung" und zur „demokratisch republikanischen Staatsform"[438]. Auch der DBB-Vorstand verurteilte den NSDAP-Antrag „aufs schärfste", weil das damit verfolgte Ziel „einen schweren Eingriff in die verfassungsmäßig gewährleistete Vereinigungsfreiheit" bedeute[439]. Zwar lehnte der Hauptausschuß den NSDAP-Antrag erwartungsgemäß am 4. Juli 1932 „mit allen Stimmen gegen die Antragsteller" ab[440], jedoch war den Nationalsozialisten damit eine gezielte Aktion gelungen, die vor allem der Verunsicherung und Einschüchterung von republikanisch gesinnten Beamten diente. Gleichzeitig sollte damit der DBB insgesamt vollends auf einen Tolerierungskurs gegenüber der NSDAP gebracht werden[441].

---

[434] Der Verband ist ursprünglich aus dem am 13. 12. 1915 gegründeten Verband der Kameradenvereine Königlicher Schutzleute des Landespolizeibezirks Berlin entstanden, der sich nach Vereinigung mit anderen Polizeibeamtenorganisationen schließlich am 29. 9. 1922 zum Einheitsverband umstellte und von da ab den Namen „Verband Preußischer Polizeibeamten" führte, s. Kobler-Zwiedineck, Internationales Handwörterbuch, S. 1273 f. sowie Ausschnitt aus der „Deutschen Presse", Nr. 40/41, 1926, S. 23 f.

[435] Vgl. Leßmann, Die preußsiche Schutzpolizei, S. 165; zum 1. 10. 1932 wuchs die Mitgliederzahl sogar auf 83.620 Personen an.

[436] S.o., S. 67 f.

[437] Preußische Polizeibeamten-Zeitung, Nr. 24 v. 11. 6. 1932.

[438] Tagungsbericht v. 13. 6. 1932, in: Preußische Polizeibeamten-Zeitung, Nr. 25 v. 18. 6. 1932.

[439] Der Beamtenbund, Nr. 42 v. 10. 6. 1932; vgl. ferner DBB (Hrsg.), Geschäftsbericht 1930/32, S. 338.

[440] Preußische Polizeibeamten-Zeitung, Nr. 28 v. 9. 7. 1932.

[441] Schütz, a.a.O., S. 303.

Im gleichen Jahr war der Verband darüber hinaus in eine schwere organisationsinterne Krise geraten. Seit dem Papen-Putsch am 20. Juli 1932 war er in ein von wechselnder Panik geprägtes Wechselspiel zwischen Anpassung und Selbstbehauptung, Rechtfertigung und dem Eingeständnis von Irritation geraten[442]. Damit hatte er sich in der preußischen inneren Verwaltung in eine isolierte Position manövriert[443]. Hinzu kam, dass der Verbandsvorsitzende Schrader schon am 20. Juni 1932 aus gesundheitlichen Gründen einen Erholungsurlaub angetreten hatte[444], so dass er die Verbandsgeschäfte nicht mehr führen konnte, was in der Führung des Verbandes erhebliche organisatorische Schwierigkeiten auslöste. Vor seiner beabsichtigten Rückkehr Anfang September bat Schrader den Verbandsvorstand um eine Verlängerung des Urlaubs, verzichtete aber dann am 13. September 1932 endgültig auf den Vorsitz des Verbandes[445]. Die nationalsozialistische Fraktion des preußischen Landtages erklärte in einer Anfrage anlässlich eines Schreibens des Reichskommissars Bracht an Schrader u.a., dass Schrader der SPD angehöre und sich jahrelang die denkbar größte und zum Teil erfolgreiche Mühe gegeben habe, die preußische Schutzpolizei mit marxistischem Geiste zu erfüllen und zu zersetzen. Er wird als der „Schädiger des Preußischen Staates, des preußischen Volkes und der preußischen Polizeibeamten" bezeichnet[446]. Schrader war für die Nationalsozialisten ein rotes Tuch, sein Rücktritt ein Erfolg. Er starb am 13. 6. 1936 im Konzentrationslager[447].

Der stellvertretende Verbandsvorsitzende Hans Brebeck, der eher zur Anpassung an die neuen Machtverhältnisse in Preußen neigte, musste sich bereits im September 1932 gegen den Vorwurf des sozialdemokratischen „Vorwärts", der Verband vollziehe einen Rechtsdruck, zur Wehr setzten[448]. Am 6. August 1932 wurde u.a. die Aufhebung des Verbots der Betätigung von Beamten in der NSDAP als „Beitrag zur Bereinigung der in-

---

442 Vgl. Leßmann, a.a.O., S. 379.
443 Ebda.
444 Ebda.
445 Preußische Polizeibeamten-Zeitung, 1932 (19. Jg.), S. 549 f., 597 f., 794.
446 Zeitschrift des Verbandes der Polizeibeamten Deutschlands, Nr. 7 v. 12. 2. 1933 (19. Jg.), S. 82 ff.. Noch im November 1932 wird ihm, dem „Abgesägten", in der NSBZ die Vergeudung von Verbandsgeldern u.ä. zum Vorwurf gemacht, s. NSBZ Nr. 22 v. 20. 11. 1932, S. 328, BArch Berlin R 8080/287, Bl. 167 R.
447 Vgl. Gniesmer, Der Weg zu und mit der GdP, S. 31. Das gleiche Schicksal widerfuhr bereits 1933 Emil Winkler, Sekretär des Schrader-Verbandes und der Internationalen Vereinigung. Vgl. dazu auch die Lebensberichte weiterer Kollegen, in: Gniesmer, a.a.O., S. 34 ff.
448 Preußische Polizeibeamten-Zeitung, Nr. 37 v. 10. 9. 1932 (19. Jg.).

nerpolitischen Verhältnisse" gelobt[449]. Brebeck nahm das frühere, prononciert republikanische Selbstverständnis zurück, in dem er die Polizei als das „Machtinstrument der jeweils vorhandenen legalen Regierung" bezeichnete, „mehr war und wollte die Beamtenschaft" seiner Meinung nach nicht sein[450]. Am 20. August 1932 wurde ferner der Bezug des SPD-Organs „Vorwärts" als Privatsache eines Angestellten beim Vorstand des Verbandes entschuldigt, um „Missdeutungen" entgegenzutreten[451]. Die republikanisch eingestellten Polizeibeamten wurden zunehmend verunsichert. Am 12. November verteidigte der Verbandsvorstand staatsbürgerliche Rechte der Beamten, insbesondere die Koalitionsfreiheit, gegenüber bestimmten Gerüchten aus Kreisen der Kommissariatsregierung und des Polizeioffizierkorps[452]. Trotz der verwirrenden Lage hatte der Verband jedoch im Zeitpunkt des 7. Ordentlichen Verbandstages vom 23. – 25. 1. 1933 84.000 Mitglieder und war damit zu einer bedeutenden Organisation geworden[453].

Die Wahl des neuen Verbandsvorsitzenden auf dem Verbandstag brachte ein überraschendes Ergebnis[454]. Brebeck erhielt nur 36 von 151 Stimmen, während 99 Stimmen auf den als Kommandeur der Berliner Schutzpolizei abgelösten Heimannsberg entfielen[455]. Heimannsberg wollte den Verband ganz im Sinne Schraders weiterführen und betonte unter dem Beifall der Delegierten: „Ich bin ein Schüler und werde ein Schüler Ernst Schraders bleiben, des stärksten Mannes des preußischen Polizeibeamtenverbandes"[456]. „Solange ich Vorsitzender des Verbandes preußischer Polizeibeamter sein werde", erklärte er, „wird der Verband weiter wie unter Schrader parteipolitisch neutral geführt werden..."[457]. Dieser Vorgang wurde von den Nationalsozialisten und ihren konservativen Bündnispartnern als

---

[449] Ebda., S. 481.
[450] Ebda., S. 482.
[451] Ebda., S. 509 f.
[452] Ebda., S. 684 sowie S. 600.
[453] Bericht über den „Kongress der Preußischen Polizeibeamten" v. 23. 1. 1933, Bl. 1, BArch Berlin, R 19 384. Vgl. auch Schütz, Zwischen Standesbewusstsein und gewerkschaftlicher Orientierung, S. 328.
[454] Vgl. Schütz, a.a.O., S. 328.
[455] Bericht über den „Kongress der Preußischen Polizeibeamten" v. 25. 1. 1933, Bl. 7, BArch Berlin, R 19 384; vgl. ferner den Tagungsbericht, in: Preußische Polizeibeamten-Zeitung Nr. 4 v. 28. 1. 1933 (20. Jg.) sowie Schütz, a.a.O., S. 328.
[456] Bericht a.a.O.
[457] Leipziger Volkszeitung v. 28. 1. 1933.

offene Kampfansage aufgefasst[458]. Die rechtsgerichtete „Deutsche Zeitung“ sah in der Wahl Heimannsbergs „eine bewusste Herausforderung des roten Schrader-Verbandes an die Staatsgewalt“[459]. Es zeige sich, „dass die Folgen der roten Personalpolitik in der Schutzpolizei noch nicht in ausreichendem Maße beseitigt sind“[460].

Auch die Reichsgewerkschaft deutscher Polizeibeamter, die Spitzenorganisation des größten Teils der deutschen Polizeibeamtenverbände, wählte Heimannsberg zu ihrem Vorsitzenden[461]. Die Chemnitzer „Allgemeine Zeitung“ schrieb dazu:

> „Diese Wahl stellt eine recht bedenkliche Demonstration dar. Die Polizeigewerkschaft bringt dadurch die Polizeibeamten in einen schweren Gewissenskonflikt. Heimannsberg ist eindeutig Exponent des Marxismus. Es ist undenkbar, daß dieser Mann, der an sich aus dem Zentrum hervorgegangen ist, widerspruchslos von den Reichsbehörden als Leiter einer so wichtigen polizeilichen Organisation anerkannt werden wird“[462].

Die Zeitung „Chemnitzer Volksstimme“ betonte demgegenüber, dass es einer Anerkennung der Wahl durch die Reichsbehörde solange nicht bedürfe, als das durch die Verfassung gewährleistete Koalitionsrecht besteht[463]. Das Koalitionsrecht schien jedoch immens gefährdet, so dass zu dessen Wahrung auf dem „Kongress der Preußischen Polizeibeamten“ im Januar 1933 eine Entschließung angenommen wurde, die u.a. besagte:

> „Der Verbandstag wendet sich mit größter Entschiedenheit gegen alle Bestrebungen, die Polizeibeamtenschaft oder einzelne Gruppen derselben, von der Mitbestimmung der Geschicke des deutschen Volkes durch Einengung der in der Reichsverfassung gewährleisteten Rechte auszuschalten und als Staatsbürger und Beamter unter ein Sonderrecht zu stellen.

---

[458] Vgl. dazu: Schütz, a.a.O., S. 328; ferner „Heimannsberg – der ‚neue‘ Kurs des "Schraderverbandes“, in: NSBZ Nr. 3 v. 5. 2. 1933, S. 35 f., BArch Berlin R 8080/287, Bl. 126 f.

[459] Deutsche Zeitung, Nr. 22 v. 26. 1. 1933.

[460] Ebda.

[461] Chemnitzer Volksstimme v. 22. 2. 1933.

[462] Ebda.

[463] Vgl. ebda.

Der Verbandstag beauftragt daher den Verbandsvorstand, mit allen Mitteln dafür einzustehen, dass den Polizeibeamten die in der Rechtsverfassung gewährleisteten Rechte, insbesondere auch das Wahlrecht und die Koalitionsfreiheit erhalten bleiben“[464].

3.2.2.2 Die nationalsozialistische „Säuberung“ der preußischen Polizeiverwaltung

Die „Säuberung“ des preußischen Polizeiapparats begann wenige Tage nach Görings Amtsübernahme als kommissarischer preußischer Innenminister am 30. Januar 1933. Leitende Stellen wurden mit Nationalsozialisten besetzt. Bevor das „Gesetz zur Wiederherstellung des Berufsbeamtentums“ vom 7. April 1933 den nationalsozialistischen Machthabern eine legale Handhabe für die Entlassung von Beamten gab, wurden die Möglichkeiten, die die preußischen Polizeibeamtengesetze von 1922 und 1927 zur Entlassung von Schutzpolizisten boten, genutzt[465]. Die Einleitung des Verfahrens der Zwangspensionierung nach § 17 PBG gegen zahlreiche Polizeioberste der Schutzpolizei gehörte zur Vorlage einer Ministerbesprechung im preußischen Innenministerium vom 1. Februar 1933[466].

Die personelle „Säuberung“ und „Gleichschaltung“ der preußischen Polizei beschränkte sich dabei weitgehend auf die Führungsposition der Polizeiverwaltung und der Schutzpolizei. Das Korps der Polizeiwachtmeister und das Gros der Polizeioffiziere blieb von einschneidenden Entlassungsmaßnahmen verschont[467]. Dies deshalb, weil es für Göring und Daluegeeinfacher war, Schutzpolizisten, die durch die Begleiterscheinungen der „Machtergreifung“ verängstigt waren, in ihren unsicher erscheinenden Stellungen zu kontrollieren und zu führen. Auch hier sollten die Mitglieder der gleichzuschaltenden Verbände an die Nationalsozialisten gebunden werden[468]. Im „Freiheitskampf“ war bezüglich der Neubesetzung im Berliner Polizeipräsidium zu lesen:

---

[464] Bericht über den „Kongress der Preußischen Polizeibeamten“ (7. ordentlicher Verbandstag des Verbandes der Preußischen Polizeibeamten) v. 23. 1. 1933, Bl. 4 und 5, BArch Berlin R 19/384.

[465] Leßmann, a.a.O., S. 386.

[466] Ebda.

[467] Vgl. ebda., S. 397.

[468] S. dazu die Ausführungen auf S. 117 f.

> „Der neu ernannte Berliner Polizeipräsident, Pg. von Levetzow ist mit erstaunlicher Schnelligkeit dabei, die Voraussetzungen für ein wirkungsvolles Arbeiten zu schaffen, indem er die Überbleibsel der marxistischen Korruptionsherrschaft an die frische Luft befördert und Männer an diese Stelle setzt, die fachlich und charakterlich geeignet sind, solch wichtige Posten auszufüllen.
> Am Sonnabend wurde der frühere Leiter der politischen Polizei des Berliner Polizeipräsidiums, der Regierungsrat Goehrke, benachrichtigt, dass ihm mit sofortiger Wirkung eine weitere Ausübung seiner Amtstätigkeit untersagt ist. Das Dienstzimmer Goehrkes wurde versiegelt. Goehrke, bekannt und berüchtigt als einer der gehässigsten und gemeinsten Gegner der deutschen Freiheitsbewegung, der seine Machtfülle in der unglaublichsten Weise missbrauchte, war zuletzt Leiter des Berliner Fremdenamtes......
> Nach erfolgter Säuberung des Berliner Polizeipräsidiums ist die Voraussetzung geschaffen, dass diese wichtige Behörde im Sinne Deutschlands und für das deutsche Volk arbeitet“[469].

Auf Kenntnisse und Fähigkeiten kam es bei der Neubesetzung der leitenden Positionen dabei auch hier weniger an, als auf die nationalsozialistische Gesinnung. In der „Leipziger Volkszeitung“ hieß es:

> „Der neue Polizeipräsident von Hannover, Lutze, ist nationalsozialistischer Reichstagsabgeordneter. Von Beruf aber Kaufmann in Elberfeld.
> Der Dortmunder Polizeipräsident Scheppmann ist SA-Oberführer in Westfalen-Süd. Von Beruf früherer Volksschullehrer“[470].

Auch und gerade gegen den Verband Preußischer Polizeibeamten e.V. wurde nun gezielt vorgegangen, dessen politische Einstellung nicht der der Nationalsozialisten entsprach. Deutlichen Ausdruck findet dies auch in

---

[469] Der Freiheitskampf, Nr. 44 v. 21. 2. 1933. Unter dem Titel „Frick greift ein – Reichskommissare für die Polizeigewalt in Sachsen, Württemberg, Baden und Schaumburg-Lippe“, wurde im „Freiheitskampf Nr. 58 v. 9. 3. 1933 klargestellt, dass der Reichsminister des Innern auf Grund der Notverordnung zum Schutze von Volk und Staat die politischen Befugnisse in diesen drei Ländern übernommen hat. Damit würde – so hieß es – die Einheitlichkeit der polizeilichen Exekutive zwischen dem Reiche und den Ländern, die nur eine geschäftsführende Negierung haben, gewährleistet.

[470] Leipziger Volkszeitung v. 24. 2. 1933, die damit die Leipziger Nazizeitung v. 18. 1. 1933 zitiert.

den Worten, die in der Preußischen Polizeibeamten-Zeitung zu lesen waren:

> „Es wird von niemandem bestritten werden, dass der Verband (Preußischer Polizeibeamter) ganz besonders in den früheren Jahren politisch mit einer Zielsetzung hervorgetreten ist, die den Grundsätzen der heutigen nationalen Staatsführung entgegengesetzt ist. ...“[471].

Für die Nationalsozialisten schien nun die Zeit reif, die bereits 1932 erhobene Forderung der Auflösung des „marxistischen“ Verbandes in die Tat umzusetzen. In der NSBZ wurde später verkündet:

> „Und wenn die Forderung erhoben wird: Fort mit allen bisherigen Beamtenverbänden, selbst wenn sie heute so plötzlich national sich nach außen gefärbt haben, wie der oft benannte Schraderverband, dann mag mancher den Kopf schütteln und eine solche Meinung revolutionär finden. Gewiss, das ist sie und soll sie sein“[472].

Vorbereitet wurde die Auflösung bzw. Gleichschaltung durch Druck, der von Seiten der Verbandsmitglieder auf die Vorstände ausgeübt wurde. Es erwies sich als ausgesprochen hilfreich, dass die Nationalsozialisten gerade die „Gleichschaltung“ der Polizei so energisch vorantrieben. Was lag nun näher, als die „gleichgeschalteten“ Polizeibeamten zum Aufstand gegen die satzungsgemäß gewählten Vorstände der aus politischen Gründen bekämpften Verbände aufzustacheln? Zu diesem Zweck wurde u.a. in der NSBZ ein Artikel veröffentlicht, der in zahlreichen Punkten dem Vorstand des Verbandes Preußischer Polizeibeamten die Verschwendung der Beitragsgelder, bzw. eine gezielte Misswirtschaft unterstellte[473]. Heimannsberg gab dem Druck der Nationalsozialisten auf den von ihm geführten Verband jedoch zunächst nicht nach. In einer Versammlung von Verbandsfunktionären am 8. Februar 1933 bekannte er sich zwar zur Idee der Volksgemeinschaft und verwahrte sich gegen den Vorwurf, der Verband sei „nicht national und vaterländisch“ gesinnt[474]. Zugleich hielt er aber

---

[471] Preußische Polizeibeamten-Zeitung Nr. 14 v. 8. 4. 1933 (20. Jg.).

[472] „Gewerkschaft oder Gemeinschaft“, in: NSBZ Nr. 9 v. 5. 5. 1933, S. 127 f. (127), BArch Berlin R 8080/287, Bl. 78 f (78V).

[473] Vgl. „Offener Brief an die preußische Polizeibeamtenschaft – Polizeibeamte! Augen und Ohren auf!“, in: NSBZ Nr. 2 v. 20. 1. 1933, S. 18 f., BArch Berlin R 8080/287, Bl. 133 R f.

[474] Preußische Polizeibeamten-Zeitung, Nr. 6 v. 11. 2. 1933 (20. Jg.).

daran fest, dass er mit allen Mitteln die politische Neutralität des Verbandes aufrechterhalten wolle[475]. Dies konnte in diesem Zusammenhang nur als klare Abgrenzung gegenüber einer Beeinflussung des Verbandes durch die Nationalsozialisten verstanden werden[476]. Die Versammlung stellte sich ausdrücklich hinter die Wahl Heimannsbergs zum Vorsitzenden und erteilte allen Versuchen, „ganz gleich von welcher Seite sie kommen mögen, Zwietracht in die Reihen der Kollegen zu tragen", eine klare Absage[477].

Der Verband nahm auch weiterhin die Interessen seiner Mitglieder gegenüber den neuen Machthabern im Reich und in Preußen wahr. Insbesondere wehrte er sich gegen die von den Nationalsozialisten alsbald nach der Machtübernahme auf den Weg gebrachte Ausschaltung republikanisch gesinnter Polizeibeamter. Auf einer Tagung der Vertreter der Polizeibeamtensäule im DBB am 20. Februar 1933, die Heimannsberg zu ihrem Obmann wählte, wurde kritisiert:

> „In letzter Zeit sind, ohne dass disziplinarisch zu ahndende Vorgänge die Grundlage bildeten, Zwangsbeurlaubungen von Polizeibeamten ausgesprochen worden. Diese Beurlaubungen haben die gesamten deutschen Polizeibeamten mit tiefer Sorge erfüllt"[478].

Es zeichnete sich allerdings aufgrund der innenpolitischen Entwicklung sehr schnell ab, dass Heimannsberg als Vorsitzender des Verbandes nicht mehr zu halten war. Bereits am 18. Februar 1933 fand im Polizeipräsidium Essen eine Zusammenkunft von Vertretern der Ortsgruppen der Vereinigung der höheren Kriminalbeamten von Rheinland und Westfalen statt,

> „die lediglich zum Zwecke des Austritts aus dem üblen ‚Schrader-Verband' einberufen war. Die Wahl des Heimannsberg zum Vorsitzenden wird vielfach als Provokation der Regierung gegenüber angesehen. Bei vielen Stellen herrscht über die Wahl helle Empörung. Die Essener Vereinigung hat sich s.Zt. nur mit sehr großen Bedenken zum Anschluss an den Schrader-Verband entschlossen"[479].

---

[475] Ebda.
[476] Schütz, a.a.O., S. 329.
[477] Preußische Polizeibeamten-Zeitung a.a.O.
[478] Der Beamtenbund, Nr. 16 v. 24. 2. 1933.
[479] Pressenotiz v. 18. 2. 1933, BArch Berlin, R 19 384.

Zugleich richteten eine Reihe von Ortsgruppen ein Schreiben an den Hauptvorstand der Vereinigung der höheren Kriminalbeamten, in dem sie ihren Austritt aus dem Verband Preußischer Polizeibeamten e.V. erklärten:

> „Die Person des jetzigen Vorsitzenden, die Tendenzen und die Zusammensetzung des Schrader-Verbandes bieten aufgrund der jahrelangen praktischen Erfahrungen den höheren Kriminalbeamten keine Gewähr dafür, dass ihre Standesinteressen und wirtschaftlichen Belange so vertreten werden, wie es im Interesse des Ansehens und der Bedeutung unserer Berufsgruppe gefordert werden muß“[480].

Die Ortsgruppen verlangten deshalb die „schleunige Einberufung eines außerordentlichen Vertretertages in Berlin, auf dem auch die Frage der Neuwahl des Hauptvorstandes zu regeln sein dürfte“[481]. Am 8. März 1933, drei Tage nach der Reichstagswahl, trat der Vorsitzende des Verbandes Heimannsberg schließlich aufgrund der „Gesamtsituation“ von seinem Amt zurück[482]. Er begründete dies mit den Worten:

> „Ich bin zu der Überzeugung gekommen, dass es im Interesse der reibungslosen Entwicklung des Verbandes Preußischer Polizeibeamten liegt, wenn ich das Amt des Vorsitzenden des Verbandes niederlege. Auch die Befürchtung, dass meine Person der weiteren Vereinigung aller Polizeibeamtenorganisationen zu einer großen einheitlichen Polizeibeamtenbewegung im Wege stehen könnte, veranlasst mich, vom Vorsitz des Verbandes Preußischer Polizeibeamten freiwillig zurückzutreten“[483].

Die Geschäfte des Verbandes übernahm der 2. Vorsitzende Hans Brebeck[484]. Dieser teilte allen Gruppen des Verbandes den Rücktritt des Vorsitzenden mit und wies dabei auch auf die Vorgeschichte hin:

> „Bereits seit der Wahl des Kollegen Heimannsberg zum 1. Vorsitzenden unseres Verbandes setzte aus verschiedenen Ortsgruppen eine Bewegung ein, die darauf abzielte, die vom Verbandstag getätigte Wahl rückgängig zu machen. Seitens der Verbandsleitung ist al-

---

[480] Schreiben v. 18. 2. 1933, BArch Berlin, R 19 384.
[481] Ebda.
[482] Preußische Polizeibeamten-Zeitung 1933 (20. Jg.), S. 67, 137, 139.
[483] Sonderrundschreiben des stellvertretenden Vorsitzenden Brebeck v. 8. 3. 1933, BArch Berlin, R 19 384.
[484] Schütz, a.a.O., S. 329.

> les getan worden, um in diese Kreise Beruhigung zu tragen und sie davon zu überzeugen, dass die auf dem Verbandstag in der Minderheit gebliebene Gruppe die von der Mehrheit getätigte Vorstandswahl anerkennen müsse“[485].

Die Verbandsleitung und die Gauvorsitzenden beschlossen daraufhin nach der Rücktrittserklärung Heimannsbergs einen Aufruf an die Mitglieder, in dem es hieß:

> „Wenn Kollege Heimannsberg dies Opfer gebracht hat, um der Entwicklung unserer Organisation nicht im Wege zu stehen, so ist es Sache unserer Mitglieder, ihren geschiedenen Vorsitzenden dadurch zu ehren, dass sie in alter Treue zusammenstehen, damit Kollege Heimannsberg dieses Opfer nicht umsonst gebracht hat. Eine Berufsorganisation wie es unser Verband ist, muss stets bestrebt sein, eine günstige Verhandlungsbasis mit den maßgebenden Behördenstellen zu erhalten. Dieser Umstand ist von dem Kollegen Heimannsberg ebenfalls in Rechnung gestellt worden, wie ihn auch der Gedanke geleitet hat, den Zusammenschluß aller Polizeibeamten zu einer großen einheitlichen Berufsorganisation nicht im Wege zu stehen“[486].

Brebeck nahm sofort Kontakt mit dem von Göring geleiteten Preußischen Innenministerium auf und unterrichtete den Staatskommissar Daluege von den Veränderungen im Verband:

> „Sie dürfen versichert sein, dass ich im Namen der Mitglieder des Verbandes Preußischer Polizeibeamten spreche, wenn ich Sie davon unterrichte, daß es im Willen unserer Mitglieder liegt, mit ein Mittel zu sein, um die Polizei zu einem willigen und brauchbaren Machtinstrument des Staates zu machen bzw. zu erhalten“[487].

Auch in dieser, durchaus als Kapitulation des Verbandes Preußischer Polizeibeamten vor den neuen Machthabern zu verstehenden Erklärung deutete Brebeck allerdings die Hintergründe des Rücktritts Heimannsbergs an:

> „Daran möchte ich die höfliche, aber dringende Bitte knüpfen, dafür Sorge tragen zu wollen, dass die behördlichen Unterinstanzen bzw.

---

485 Sonderrundschreiben a.a.O.

486 Ebda.

487 Schreiben Brebecks an Staatskommissar Daluege v. 8. 3. 1933, BArch Berlin, R 19 384.

> Polizeiführer an den einzelnen Standorten aufhören, einen Druck auf die ihnen unterstellten Polizeibeamten in der Richtung auszuüben, aus dem Verbande Preußischer Polizeibeamten auszutreten bzw. die Funktion des Verbandes niederzulegen"[488].

Es war also weniger der Druck der Verbandsmitglieder selbst, sondern vielmehr der Druck der Vorgesetzten und damit letztlich der neuen politischen Führung der Polizei, der die Vorstände und den Verbandsvorsitzenden Heimannsberg in die Enge trieb. Dieser Druck sollte auch in der Folgezeit noch anhalten.

Am 14. März 1933 setzten nationalsozialistische Mitglieder der Ortsgruppe Frankfurt/Main den Vorstand des Verbandes ab und ersetzten ihn durch NSDAP-Mitglieder[489]. In einem Schreiben, das an den Führer der Nationalsozialistischen Fachschaft Polizei weitergeleitet werden sollte, erklärten sie dies mit den Worten:

> „Wir haben es für notwendig gehalten, jetzt mit allem Nachdruck dem Schrader-Verband zu Leibe zu rücken und ihn in unsere Hände zu überführen, um zu vermeiden, dass uns nicht andere ‚Nationale Verbände' zuvorkommen und die Sache zu ihrem Vorteil abfangen. ... Wir wären Ihnen sehr dankbar, wenn Sie dafür sorgten, dass auch Berlin seine Ortsgruppe mit unseren Männern besetzt und ferner, dass auch der Verbandsvorstand durch Ihren Einfluss in unsere Hände gelangt. Die Fachschaft hielt es für notwendig deshalb einzugreifen, weil wir eine Aktion von der Gegenseite erwarten mußten. Aus diesem Grunde hielten wir Eile für dringend geboten, da es doch in einem nationalen Staat nicht mehr angängig ist, Beamtenorganisationen in Händen marxistischer Führer zu lassen"[490].

Die auf diese Weise von den Nationalsozialisten okkupierte Ortsgruppe Frankfurt/Main forderte bereits am 25. März 1933 den Innenminister auf, die „gewerkschaftliche Beamtenorganisation" zu beseitigen:

---

[488] Schreiben Brebecks a.a.O.

[489] Vgl. das Rundschreiben Nr. 1 an die Mitglieder des Verbandes Preußischer Polizeibeamten Ortsgruppe Frankfurt v. 14. 3. 1933, BArch Berlin R 19 384.

[490] Schreiben der Fachschaft Polizei an Polizeimajor Wecke v. 14. 3. 1933, BArch Berlin, R 19 384.

> „Da unseres Erachtens eine gewerkschaftliche Beamtenorganisation in heutiger Zeit kaum noch tragbar sein wird, halten wir es vielmehr für dringend erforderlich, dass über den Verband Preußischer Polizeibeamten bald eine klare und grundlegende Regelung erfolgt....“[491].

Dabei wurde erneut unverhohlen deutlich gemacht, dass man dem bisherigen Vorstand die Veruntreuung der Mitgliederbeiträge zum Vorwurf machte:

> „Wie recht wir damit hatten, die Zügel der Verbandsleitung in die Hand zu nehmen, hat bereits eine kurze Überprüfung der Buchführung gezeigt. Ganz zweifellos sind unter die Vorstandsmitglieder Repräsentationsgelder gezahlt worden, die mit den notwendigen Aufwendungen in keinem Verhältnis stehen. Es muss hier vielmehr von einer direkt gesuchten Ausgabenmacherei zu Gunsten der Vorstandsmitglieder gesprochen werden. Die Kassierer und Kassenprüfer des neuen Vorstandes erklären schon heute, dass von einer klaren Feststellung des Kassenbestandes, von einer ordnungsgemäßen Quittierung, von einer klaren Buchführung nicht die Rede sein kann und dringen darauf, das gesamte Kassen- und Rechnungswesen der hiesigen Ortsgruppe entweder vereidigten Bücherrevisoren oder aber sofort der Staatsanwaltschaft zu übergeben[492].

Da sich aber in den eigenen Reihen zunächst keine Nationalsozialisten fanden, die die Führung des Verbandes übernehmen konnten, wurden Personen außerhalb der Organisation herangezogen. Mitte März 1933 wurde daraufhin auf einer Vorstandssitzung des Verbandes beschlossen, einen „Vertrauensmann der nationalen Bewegung“, den Rechtsanwalt Dr. Georg Schieferdecker, in die Leitung des Verbandes zu berufen und ihn an allen Arbeiten des Verbandes zu beteiligen[493]. Ferner wurde als hauptamtlicher Mitarbeiter der Verbandsleitung , der auch die Preußische Polizeibeamten-Zeitung betreute, kurz danach das Berliner SA-Mitglied Fritz Rößler, ein ehemaliger Angehöriger der Schutzpolizei, aufgenommen[494].

---

[491] Schreiben der Ortsgruppe Frankfurt v. 25. 3. 1933 an den Minister des Innern, S. 4, BArch Berlin, R 19 384.
[492] Vgl. ebda., S. 3.
[493] Preußische Polizeibeamten-Zeitung, Nr. 14 v. 8. 4. 1933 (20. Jg.); vgl. auch Vossische Zeitung, Nr. 129 v. 17. 3. 1933 (Morgenausgabe).
[494] Preußische Polizeibeamten-Zeitung, Nr. 16 v. 22. 4. 1933 (20. Jg.).

Gleichwohl bereitete es den Nationalsozialisten nach wie vor Schwierigkeiten, den Verband in allen seinen Gliederungen fest in die Hand zu bekommen. Die Überführung des Verbandes Preußischer Polizeibeamter in die Hände der Nationalsozialisten war noch nicht in allen Ebenen durchgeführt[495]. So hieß es im Schreiben des neuen Vorstandes der Ortsgruppe Frankfurt vom 25. März 1933:

> „Der Verbandsvorstand in Berlin denkt nicht daran, das Gebot der Stunde zu erfassen und sofort den Verband vollkommen unter nationale Leitung zu stellen, sondern versucht immer noch zu verhandeln[496].

Erst nachdem am 10. April 1933 sämtliche Berliner Gauvorstandsmitglieder des Verbandes ihre Ämter niedergelegt hatten[497], gelang es den Nationalsozialisten nun auch nach und nach, die einzelnen Gauvorstände durch eigene Leute zu ersetzen[498]. Am selben Tag forderten der Vorsitzende des Verbandes Brebeck und der Vorsitzende des Verbandes Preußischer Landjägerbeamten Mietz daher den Reichskommissar für das Beamtenorganisationswesen Sprenger auf, den Beamten deutlich zu machen, „dass Sie die Zügel für das Beamtenorganisationswesen fest in die Hand genommen haben und damit alle Sonderaktionen zu unterbleiben hätten, auch Unruhe nicht mehr am Platze wäre“[499]. Auf der anderen Seite versuchte Brebeck mit Schreiben vom 27. April 1933 an Göring, der gänzlichen „Gleichschaltung“ aller Beamtenverbände, die sich seit Anfang April 1933 abzeichnete, entgegenzuwirken[500]. Brebeck teilte dem Ministerpräsident Göring mit, dass er es als seine Pflicht ansehe, alle Verbandsmitglieder „zu aufrichtigen und überzeugten Mitarbeitern an Deutschlands Erneuerung zu erziehen“. Dass dies „nur in engster Fühlungnahme mit der NSDAP“ zu erreichen sei, habe man bisher „bei jeder sich bietenden Gelegenheit der Mitgliedschaft zum Bewusstsein zu

[495] Vgl. Schütz, a.a.O., S. 330.
[496] Schreiben der Ortsgruppe Frankfurt v. 25. 3. 1933 an den Minister des Innern, S. 5, BArch Berlin, R 19 384.
[497] Preußische Polizeibeamten-Zeitung, Nr. 15 v. 15. 4. 1933 (20. Jg.).
[498] Darüber hinaus ordnete der Preußische Minister des Innern an, auch an die Stelle der Beamtenausschüsse bei der Schutzpolizei Vertrauensmänner treten zu lassen, nach dem durch das Gesetz zur Änderung des Polizeibeamtengesetzes vom 19. 5. 1933 und durch die Verordnung zur Änderung der Ausführungsbestimmungen zum Polizeibeamtengesetz und zum Schutzpolizeibeamtengesetz vom 8. 5. 1933 alle Bestimmungen über Beamtenausschüsse der Schutzpolizei aufgehoben worden waren, vgl. Völkischer Beobachter Nr. 152, S. 2 v. 1. Juni 1933.
[499] Schreiben Brebecks und Mietz‘ v. 10. 4. 1933, BArch Berlin, R 19 384.
[500] Vgl. Leßmann, a.a.O., S. 381.

Mitgliedschaft zum Bewusstsein zu bringen versucht"[501]. Diese Ausführungen nutzten indes nichts, die Gleichschaltung war nicht mehr aufzuhalten. Bereits am 20. Mai 1933 erzwangen die Vertreter der Gaue den kompletten Rücktritt des Hauptvorstandes, um ihn mit Anhängern des neuen Regimes zu besetzen[502]. Kommissarischer Vorsitzender des Verbandes wurde der Polizeimeister Fuchs aus dem Gau West[503].

Den Schlussstrich setzte ein außerordentlicher Verbandstag am 29. Juli 1933, auf dem der Verband Preußischer Polizeibeamten aufgelöst wurde[504]. Die Mitglieder wurden dabei aufgefordert, in den 1933 gegründeten nationalsozialistischen „Kameradschaftsbund Deutscher Polizeibeamten" einzutreten, der als Einheitsorganisation für alle deutschen Polizeibeamten fungierte[505] und sich in seiner Satzung ausdrücklich zur nationalsozialistischen Weltanschauung bekannte[506].

Damit war die Auflösung des Verbandes Preußischer Polizeibeamten und die Überführung seiner Mitglieder in den vom Nationalsozialisten Luckner geführten Kameradschaftsbund Deutscher Polizeibeamten nach demselben Muster erfolgt wie die Auflösung des DBB. Die Vorstände des Verbandes wurden durch Nationalsozialisten okkupiert und der Verband selbst sodann satzungswidrig bzw. ohne jede demokratische Legitimation aufgelöst.

Der nach dem Führerprinzip beherrschte Kameradschaftsbund hatte mit den Zielen des ehemaligen Verbandes Preußischer Polizeibeamten (Wahrung und Hebung der Interessen seiner Mitglieder auf wirtschaftlichem, gesellschaftlichem und kulturellem Gebiet, Pflege der Polizeiwissenschaften, Verbesserung der Besoldungs-, Dienst- und Beamtenverhältnisse

---

[501] Vgl. GStA PK, Rep. 77, Staatssekretär Grauert, 28, Bl. 10 f.

[502] Schütz, a.a.O., S. 330.

[503] Vgl. Preußische Polizeibeamten-Zeitung, Nr. 21 v. 27. 5. 1933. Die Führungsprobleme des Verbandes hielten offenbar dennoch an, vgl. Preußische Polizeibeamten-Zeitung, Nr. 27 v. 8. 7. 1933.

[504] Ebda., Nr. 30 v. 29. 7. 1933 (20. Jg.) u. Nr. 31 v. 5. 8. 1933 (20. Jg.).

[505] Ebda.

[506] Vgl. § 2 der Satzung: „Der Bund hat den Zweck und die Ziele: a) unter seinen Mitgliedern echte deutsche Kameraden zu pflegen, die auf der Verbundenheit durch deutsches Blut und deutschen Boden auf nationalsozialistischer Weltanschauung und nationaler Überlieferung beruht und geeignet ist, die Mitglieder zur vollen, freiwilligen und selbstlosen Hingabe an die Führer des Staates und an das Volk zu erziehen. ...", abgedr. in: BArch Berlin R 19 283, Bl. 87. Die Mitglieder des Kameradschaftsbundes blieben gem. § 3 Abs. 3 der Satzung des RDB gleichzeitig Mitglieder des RDB.

durch Polizeibeamtenvertretungen) nichts mehr gemein. Aus einem freien und demokratischen Beamtenverband war auch hier ein nationalsozialistisch beherrschter Verband mit ausschließlich nationalsozialistischen Zielsetzungen geworden.

Etwas moderater, wenngleich ebenso zielgerichtet, betrieben die Nationalsozialisten auch die Auflösung des ebenfalls im DBB organisierten „Verbandes der Polizeibeamten Deutschlands e.V.", ehemals „Verband mittlerer Polizeibeamten Deutschlands e.V."[507]. Diese Organisation hatte auf der Verbandsvorstandssitzung nochmals ganz besonders zum Ausdruck gebracht, dass die politische Neutralität allein den Erfolg verbürge. Die politische Neutralität schließe aber nicht aus, dass diese nicht national sein dürfe[508]. Ferner versuchte der Verband zunächst noch, die eigene Existenz durch deutliche verbale Abgrenzung vom Verband Preußischer Polizeibeamten zu retten[509]. Er werde mit diesem marxistischen Verband (gemeint ist der Schraderverband) keine Einigungsverhandlungen eingehen[510].

Doch auch dieser Verband musste sehr schnell erkennen, dass sich die Nationalsozialisten mit derartigen Anpassungsversuchen nicht zufrieden gaben. Das Interesse der Nationalsozialisten an einer einheitlichen Polizei und einer einheitlichen nationalsozialistischen Polizeibeamtenorganisation war viel zu groß, um auch national eingestellten Polizeibeamtenverbänden ihre Existenzberechtigung zu lassen. Zwar hoffte man noch im Juni 1933 dem seit einigen Monaten bei den einzelnen Polizeibeamtenverbänden festzustellenden „Streben nach Gemeinschaft" durch bloße „Umbildung und Neugestaltung" in Form „inniger Arbeitsgemeinschaft" entsprechen zu können[511], doch zeigte sich bereits Mitte Juli 1933, dass es sich bei diesen Vorstellungen um bloße Illusionen gehandelt hatte. Am 17. Juli 1933

---

[507] Die Umbenennung fand auf der Tagung des 13. Ordentlichen Verbandstages vom 7. – 9. Juni 1932 statt.

[508] Vgl. Zeitschrift der Polizeibeamten Deutschlands Nr. 2 v. 8. 1. 1933 (19. Jg.), S. 15.

[509] Vgl. z.B. „Splitterverbändchen!", in: Zeitschrift des Verbandes der Polizeibeamten Deutschlands, Nr. 7 v. 12. 2. 1933 (19. Jg.), S. 76 ff.; Nr. 12 v. 19. 3. 1933 (19. Jg.), S. 133 f.; Nr. 13 v. 26. 3. 1933 (19. Jg.), S. 146 ff.; Nr. 14 v. 2. 4. 1933 (19. Jg.), S. 160 ff.; ferner sehr nachdrücklich in „Warum musste es so kommen", in: Zeitschrift der Polizeibeamten Deutschlands Nr. 15. V. 9. 4. 1933, S. 175 f. sowie in „Die Wahrheit", in: Zeitschrift der Polizeibeamten Deutschlands Nr. 22 v. 28. 5. 1933 (19. Jg.), S. 254 ff.

[510] Zeitschrift des Verbandes der Polizeibeamten Deutschlands, Nr. 12 v. 19. 3. 1933 (19. Jg.), S 133.

[511] Ebda., Nr. 26 v. 25. 6. 1933 (19. Jg.), S. 291 f.

verkündete der Bundesführer des Kameradschaftsbundes Deutscher Polizeibeamten Luckner:

„1. Sämtliche preußischen Polizeibeamtenverbände einschließlich der etwa angeschlossenen außerpreußischen Gliederungen haben bis spätestens 12. August 1933 die satzungsmäßige Auflösung zum 31. August 1933 – 24 Uhr – zu beschließen. Die Liquidation beginnt mit dem 1. September 1933 und ist nach den gesetzlichen Bestimmungen durchzuführen. Der Auflösung verfallen auch alle lediglich der Standespflege, der beruflichen Fortbildung usw. dienenden Polizeibeamtenorganisationen, ausgenommen die Polizei-Sport-Vereine. ...

2. An die selbständigen Polizeibeamtenverbände der außerpreußischen Länder ergeht noch besondere Anweisung.

3. Damit die ordnungsgemäße Liquidation nicht gefährdet wird, bitte ich hierdurch, bis zum Auflösungszeitpunkt keine Beitragskürzungen vorzunehmen und jede Verminderung des Verbandsvermögens auf sonstige Art zu verhindern. Beitragsrückstände sind unbedingt einzuziehen.
Die nach der gesetzlichen Liquidationsfrist überschüssigen Werte sollten ausschließlich dem Kameradschaftsbund Deutscher Polizeibeamten zugeführt werden.

5. Ab 1. September 1933 gehört die gesamte deutsche Polizeibeamtenschaft dem ‚Kameradschaftsbund' an. Es kann schon jetzt darauf hingewiesen werden, dass die Wohlfahrtseinrichtungen des Bundes mustergültig und den Leistungen der bisherigen Verbände noch zum Teil überlegen sein werden.

6. Ich erwarte, dass sich die Abwicklung der bisherigen Verbände und die Mitarbeit im neuen Bund Deutscher Polizeibeamten im Geiste echter Kameradschaft und strengster nationalsozialistischer Disziplin vollziehen wird. Etwaigen Widerständen oder gar Sabotageversuchen werde ich mit geeigneten Mitteln zu begegnen wissen ...“[512].

---

[512] Ebda., Nr. 30 v. 23. 7. 1933 (19. Jg.), S. 325.

Damit war die Existenz freier demokratischer Polizeibeamtenverbände in Deutschland besiegelt[513], alle Unterlagen wurden beschlagnahmt[514]. Dem Verband der Polizeibeamten Deutschlands blieb nur noch, zu einem außerordentlichen Verbandstag am 10. August 1933 einzuberufen, um die satzungswidrig von außen befohlene Auflösung des Verbandes und dessen Liquidation abzusegnen[515]. Dabei erfolgte die Überführung der Mitglieder des Verbandes in den Kameradschaftsbund Deutscher Polizeibeamten keineswegs freiwillig. Der Zeitschrift des Verbandes der Polizeibeamten Deutschlands lag in der Ausgabe vom 6. August 1933 eine Eintrittserklärung für den nationalsozialistischen Kameradschaftsbund bei, die sofort von allen Kameraden ausgefüllt werden musste[516]. Auf dem außerordentlichen Verbandstag, in dem die Auflösung und Liquidation des Verbandes beschlossen wurde, betonte Hauptmann a.D. Kaupp noch einmal ausdrücklich,

> „dass zwangsläufig der Beschluss der Auflösung des Verbandes gefasst und zur Durchführung gebracht werden müsse. Von dem Gedanken der Einsetzung eines Reichskommissars ist abgesehen worden. Wenn aber der Auflösungsbeschluß nicht gefasst werden würde, würde das die Einsetzung eines Reichskommissars zur Folge haben und die Auflösung würde dekretiert werden“[517].

Der anschließend einstimmig beschlossene Antrag auf Auflösung des Verbandes und dessen Liquidation kam also nicht freiwillig, sondern nur angesichts des unausweichlich erscheinenden Drucks von Seiten der Nationalsozialisten zustande.

---

513 Das letzte Dokument eines demokratischen Polizeiverbandes vor der Nazi-Diktatur ist die durch das Amtsgericht in Berlin beurkundete Liquidationsurkunde des Verbandes Preußischer Polizeibeamten e.V. vom 17. 5. 1935, abgedr. bei Gniesmer, a.a.O., S. 8/9.

514 Vgl. Gniesmer, a.a.O., S. 31.

515 Zeitschrift des Verbandes der Polizeibeamten Deutschlands, Nr. 31 v. 30. 7. 1933, S. 333.

516 Ebda., Nr. 32 v. 6. 8. 1933 (19. Jg.), S. 341.

517 Ebda., Nr. 34 v. 20. 8. 1933 (19. Jg.), S. 358.

3.2.2.3 Zusammenfassung

Die Nationalsozialisten hatten im Bereich der Polizeibeamtenverbände bereits im August 1933 einen Zustand erreicht, den sie für die übrigen Beamtenverbände erst später erzielen konnten. In seinem Bericht konnte der Leiter der Polizeiabteilung des Preußischen Ministeriums des Innern, Ministerialdirektor und SS-Gruppenführer Kurt Daluege, jedenfalls bereits am 1. Februar 1934 an den Reichskanzler stolz berichten:

> „Die Zersplitterung der Beamtenschaft in sich bekämpfender Fachverbände ist beseitigt. Die zersetzenden, mit niederträchtigsten Mitteln der Hetze arbeitenden Vereinsblätter sind verschwunden. Das einheitliche Band des Kameradschaftsbundes Deutscher Polizeibeamten umschließt sowohl die preußischen wie auch die Polizeibeamten aller anderen deutschen Länder. ...“[518].

In dieser Äußerung wird u.a. die doppelte Zielsetzung der nationalsozialistischen Maßnahmen deutlich. Zum einen sollte die Vereinheitlichung der Beamtenschaft in einer von Nationalsozialisten geführten Standesorganisation durchgesetzt werden. Darüber hinausgehend besaßen die Maßnahmen Verfolgungscharakter, da die Verdrängung der führenden Funktionäre, ihre Ersetzung durch Angehörige der NSDAP und die nachfolgende Auflösung der Verbände ihren Grund auch darin hatte, dass diese Organisationen ungeachtet ihrer Überparteilichkeit von den Nationalsozialisten als weltanschauliche Gegner angesehen wurden.

Wenn Daluege von der „Beseitigung der Zersplitterung der Beamtenschaft in Fachverbände“ und dem „einheitlichen Band des Kameradschaftsbundes“ spricht, so ist damit die Zusammenfassung der Polizeibeamten in einer zentralen, von Nationalsozialisten gelenkten, nach dem Führerprinzip ausgerichteten Standesorganisation gemeint[519]. Die Bezeichnung „zersetzend, mit niederträchtigsten Mitteln der Hetze arbeitend“ ist auf die Veröffentlichung von Artikeln für die Mitglieder in den Verbandszeitungen ge-

---

[518] Schreiben des Leiters der Polizeiabteilung des Preußischen Ministeriums des Innern, Ministerialdirektor Daluege, an den Reichskanzler v. 3. 2. 1934, in: Akten der Reichskanzlei, Regierung Hitler, Bd. 2, Dok. 295, S. 1111; BArch Berlin R 43 I 2290, Bl. 36.

[519] Der Oberbundesanwalt beim BVerwG, Beteiligungsgutachten im Verfahren BVerwG 7 C 13.00, v. 7. Februar 2001, S. 14.

richtet, die zu den Tätigkeiten der Beamtenverbände gehört[520]. Diese Tätigkeit wird von Daluege als für das Gemeinwesen schädlich gebrandmarkt. Mit einem entsprechenden Stigma wird auch die Vertretung von Interessen der Beamtenschaft gegenüber dem Dienstherrn belegt. In einem an die anderen Reichsminister gerichteten Schreiben des Reichsministers des Innern vom 15. Juni 1933 wird die Forderung nach Auflösung der Beamtenausschüsse in den einzelnen Reichsbehörden damit begründet, dass

> „...ihre Einrichtung nach Sinn und Zweck ein Verhältnis zwischen Dienstvorgesetzten und Beamtenschaft voraussetzt, das nicht auf Vertauen von Mensch zu Mensch gegründet ist, sondern im Zeichen innerer Entfremdung stehend der Einschaltung eines Zwischengliedes bedarf. Diese Auffassung über das Verhältnis zwischen Vorgesetzten und Untergebenen, die in schroffem Gegensatz.... besonders auch zur grundsätzlichen Einstellung der nationalen Regierung und der hinter ihr stehenden Volksbewegung steht, muss nachdrücklichst und in sinnfälliger Form bekämpft werden...“[521].

Mit der „Einstellung“ der hinter der Reichsregierung stehenden „Volksbewegung“ ist die nationalsozialistische Ideologie gemeint, da die NSDAP sich nie als traditionelle Partei, sonder immer als Bewegung begriff. Damit ergibt sich aus der Begründung von Frick, dass die Vertretung von Beamteninteressen gegenüber dem Dienstherrn als mit der nationalsozialistischen Weltanschauung unvereinbar angesehen wurde[522]. Dementsprechend bewertet Daluege in seinem Bericht an Hitler diese Tätigkeit als schädlich, indem er sie als „...zersetzende Tätigkeit...“ abqualifiziert[523]. Die Vertretung von Beamteninteressen gegenüber dem Dienstherrn wurde von den Nationalsozialisten demnach als feindselige, gegen ihre Weltanschauung gerichtete Tätigkeit begriffen. Grundlegende Bestandteile dieser Weltanschauung, die kein geschlossenes System bildet, waren neben dem Kampf zwischen höher- und minderwertigen Rassen als Motor des Fortschritts in Staat und Gesellschaft der Führerkult und die von den Jungkonservativen der Weimarer Republik übernommene Idee einer Volksgemein-

---

[520] Ebda.

[521] Schreiben des Reichsministers des Innern an die Obersten Reichsbehörden vom 15. Juni 1933, in: Akten der Reichskanzlei, Regierung Hitler, a.a.O., Dok. 159, S. 562.

[522] Der Oberbundesanwalt beim BVerwG, a.a.O., S. 15.

[523] Schreiben des Leiters der Polizeiabteilung des Preußischen Ministeriums des Innern, Ministerialdirektor Daluege, an den Reichskanzler vom 3. 2. 1933, a.a.O., S. 1110.

schaft mit ständestaatlichen und hierarchischen Elementen[524]. Mit diesen Eckpunkten war eine Vertretung von Interessen der Beamtenschaft durch vom Staat unabhängige Verbände nicht vereinbar, zumal Staat und Verband insoweit nicht im Über- Unterordnungsverhältnis tätig sind, sondern einander als gleichrangige Partner gegenüberstehen[525]. Dementsprechend nannte der Staatssekretär im preußischen Ministerium des Innern, Grauert, als Ziel der „Gleichschaltung", dass „...Anklänge an kollektivistische Ideen in der Beamtenschaft verschwinden müssen. Ich denke dabei in erster Linie an die gewerkschaftlich aufgezogenen Beamtenverbände und an die Beamtenausschüsse..."[526].

Damit ging es auch und gerade im Bereich der Polizeibeamtenverbände um die zielgerichtete Bekämpfung und Ausschaltung des politischen Gegners. Die Auflösung der Polizeibeamtenverbände und die Überführung ihrer Mitglieder und ihres Vermögens auf den Kameradschaftsbund Deutscher Polizeibeamten diente nicht nur der organisatorischen Vereinfachung, sondern der Ausschaltung von Verbänden, die die Nationalsozialisten zu Recht als republikanisch und demokratisch ansahen und deswegen aus dem öffentlichen Leben ausschalten wollten.

3.2.3 Die Gewerkschaft Deutscher Lokomotivführer e.V.

Um die einschneidenden Änderungen deutlich machen zu können, die sich mit der Machtübernahme durch die Nationalsozialisten auch für die Gewerkschaft Deutscher Lokomotivführer (GDL) ergaben[527], ist Verfassung und Struktur der GDL in der Weimarer Republik kurz nachzuzeichnen.

---

[524] Vgl. Höhne, Gebt mir vier Jahre Zeit, S. 46; Benz, Geschichte des Dritten Reiches, S. 16 f.

[525] Der Oberbundesanwalt beim BVerwG, a.a.O., S. 16.

[526] Ausführung des Staatssekretärs im preußischen Ministerium des Innern, Ludwig Grauert, über die Erneuerung des Berufsbeamtentums vor Beamten und Angestellten des Ministeriums am 18. 4. 1933, in: Michaelis, Ursachen und Folgen, Bd. 9, Dok. 2094, S. 289.

[527] Vgl. zur GDL auch Kobler-Zwiedineck, Internationales Handwörterbuch, S. 1090 li. Sp.

3.2.3.1 Das Verhältnis zur Weimarer Republik

Nach dem Umsturz im November 1918 begrüßte und nutzte die Organisation die neuen Rechte der demokratischen Staatsform der Weimarer Republik, um gewerkschaftliche Forderungen des Lokomotivpersonals durchzusetzen.
Zunächst erfolgte eine organisatorische Umbildung nach dem Vorbild der Arbeitergewerkschaften, da man sich von einer auf freigewerkschaftlicher Basis arbeitenden Organisation vor allem eine Verbesserung auf sozialem Gebiet versprach. Ein weiterer Grund für die Reorganisation der GDL (zu diesem Zeitpunkt noch VDL genannt) war, dass man während der Revolution zu der Anschauung gelangt war, das Berufsbeamtentum, den Träger des bisherigen Obrigkeitsstaates, abbauen zu müssen. Es sollte deshalb eine wirksame Organisation geschafften werden, die den nötigen Widerstand aufbrächte gegen Bestrebungen, dem Beamtenstand die Existenzberechtigung abzusprechen[528]. Die organisatorische Umgestaltung und Erneuerung der GDL, die ihren Ausdruck auch in der Umbenennung von „Verein Deutscher Lokomotivführer" in „Gewerkschaft Deutscher Lokomotivführer" im Jahre 1919 fand, ermöglichte eine aktive gewerkschaftliche Arbeit[529]. Zudem kam es im folgenden Jahr zu einem rasanten Anstieg der Mitgliederzahlen[530].

Auf ihrer Hauptversammlung vom 9. – 11. September 1924 beschloss die GDL mit 133 gegen 105 Stimmen den Austritt aus der Reichsgewerkschaft[531]. Sie war damit die einzige Eisenbahnerorganisation, die sich weder mit einer anderen Gewerkschaft zusammengeschlossen hatte, noch einer Spitzenorganisation angehörte[532]. Der starken Minderheit innerhalb der GDL, die für einen Verbleib in der Reichsgewerkschaft eingetreten war, wurde ein Zugeständnis insofern gemacht, als die Tagung zwei

---

[528] Vgl. „Außerordentlicher Verbandstag des VDL", in: Voraus Nr. 32 v. 2. 11. 1919, 1. Jg., S. 325.
[529] Erfolg und Zukunft, S. 225.
[530] Der starke Mitgliederzuwachs im Jahr 1920 (die GDL zählte ca. 74.000 Mitglieder) erklärt sich auch aus dem allgemeinen Streben, sich in Organisationen zusammenzuschließen, welches nach dem ersten Weltkrieg unter den Beamten einsetzte.
[531] Vgl. Stenogramm der GDL-Generalversammlung am 10./11./12. Sep. 1924 in Braunschweig, S. 193 ff.; ferner ADBZ, Nr. 80 v. 13. 9. 1924 sowie Kobler-Zwiedineck, a.a.O., S. 1091 re. Sp.
[532] Ebda.

gleichberechtigte Vorsitzende wählte, die die beiden unterschiedlichen Richtungen repräsentierten[533].

Mit einem Schreiben der Hauptverwaltung der Reichsbahn vom 4. Oktober 1924 wurde die GDL als Großorganisation anerkannt und anschließend ausnahmslos zu allen Verhandlungen eingeladen[534]. Die große Zahl ihrer Mitglieder, rund 98 Prozent der gesamten Lokomotivführer und -anwärter, hatte die GDL zu einer schlagkräftigen, anerkannten Großgewerkschaft gemacht[535].

Zweck der Gewerkschaft war es, unter Inanspruchnahme aller verfassungsmäßigen, gewerkschaftlichen Mittel die beruflichen, wirtschaftlichen und gesellschaftlichen Interessen der Mitglieder zu wahren und zu fördern[536]. Parteipolitik lag ihrer Meinung nach auf einer anderen Ebene und hatte andere Ziele[537]. Der kleine Teil der Gewerkschaft, der dennoch ein Zusammengehen mit der sozialdemokratischen Partei forderte, konnte sich nicht durchsetzen, da sich der weitaus größere Teil gegen eine politische Bindung der Gewerkschaft aussprach[538]. Da eine Richtungsgewerkschaft immer die Parteidisziplin über die Interessen der Beamten stellen würde[539], gehörte zu den in der Satzung erklärten Zielen der GDL die Wahrung der parteipolitischen und konfessionellen Neutralität[540].

Die GDL wußte, welche grundlegenden Rechte sie der Republik verdankte, und sah es als eine ihrer wichtigsten Aufgaben an, die Demokratie zu schützen[541]. Aus diesem Grund war sie auch maßgebend an dem Streik der Eisenbahnergewerkschaften gegen den Kapp-Putsch beteiligt[542]. Sie verteidigte die republikanische Staatsform gegen die Vorwürfe der rechtsra-

---

[533] Auf der 6. Generalversammlung der GDL im Jahre 1930 wurde das Prinzip der bei den gleichberechtigten Vorsitzenden jedoch aufgegeben, vgl. Der Beamtenbund, Nr. 67 v. 5. 9. 1930.

[534] Vgl. Kobler- Zwiedineck, a.a.O., S. 1091, re. Sp..

[535] Vgl. Stenogramm der GDL-Generalversammlung am 8./9. 9. 1932 in Breslau, S. 44.; ferner Hanns Böttcher, Lokomotivführer-Gewerkschaft, in: Heyde, Internationales Handwörterbuch, S. 1091 sowie Kobler-Zwiedineck, a.a.O., S. 1091, li. Sp.

[536] Kobler-Zwiedineck, a.a.O., S. 1090 re. Sp.; s. auch § 2 der Satzung, abgedr. in: „Satzungsentwurf“, in: Voraus Nr. 27 v. 29. 9. 1919, 1. Jg.

[537] Erfolg und Zukunft, S. 148.

[538] Vgl. Borgmann, Die Berufsorganisation, S. 57 f.

[539] Ebda., S. 58.

[540] Vgl. „Der Regierung nachgeordnete Gewerkschaften“, in: Voraus Nr. 34 v. 21. 8. 1928, 10. Jg., S. 278.

[541] Erfolg und Zukunft, S. 166.

[542] Vgl. „Wochenschau“, in: Voraus Nr. 12/13 v. 28. 3. 1920, 2. Jg., S. 90.

dikalen Kreise und gab auch durch ihre Haltung viele Beispiele ihrer nationalen Gesinnung, so durch ihre Proteste gegen den Versailler Vertrag und die Reparationskosten, gegen die Besetzung des Rheinlandes und des Ruhrgebietes vor allem durch die aktive Beteiligung der ihr angeschlossenen Lokomotivführer am passiven Widerstand gegen die Alliiertenbefehle[543]. Ferner lehnte die GDL die These vieler Rechtsradikaler ab, dass die damaligen verheerenden wirtschaftlichen Verhältnisse eine Folge der Sozialdemokratie und der neuen Staatsform seien[544]. Sie wies darauf hin, dass nur eine Normalisierung der inneren politischen Verhältnisse zu einer Festigung der Demokratie und zur Verbesserung der wirtschaftlichen Verhältnisse führen könne[545].

3.2.3.2 Kampf gegen den Verlust der Selbständigkeit nach der Machtergreifung

Nach der Machtübernahme am 30. Januar 1933 begannen die Nationalsozialisten die GDL umzugestalten. Auch hier sollte Unfrieden in die Organisation hineingetragen werden, um deren Selbständigkeit zu beseitigen. Daran, dass die Nationalsozialisten auch gegenüber der GDL letztlich Auflösungsabsichten hegten, bestand kein Zweifel. Neef bestätigte dies später in der Generalversammlung von 1936 mit den Worten:

> „An sich war es zunächst auch mein Wunsch, alle Gewerkschaften, also auch den heutigen Verein Deutscher Lokomotivführer aufzulösen und wie alle anderen Organisationen in die Einheitsorganisation, ..., zu überführen“[546].

Der damalige Vorstand der GDL widersetzte sich jedoch mutig diesen Bestrebungen. Am 26. März 1933 führte der Vorsitzende der GDL, Josef Warstein, namens des Vorstandes hinsichtlich der ersten Umwandlungsversuche von seiten der Nationalsozialisten aus:

---

[543] Vgl. „Zur Lage im besetzten Rheinlande“; in: Voraus, Nr. 19 v. 9. 5. 1920, 2. Jg., S. 144.
[544] Erfolg und Zukunft, S. 171.
[545] Ebda.
[546] Neef, s. Protokoll der Generalversammlung des VDL in Ludwigshafen, 12. 11. 1936, S. 106.

> „Es sind dem geschäftsführenden Vorstand und auch mir persönlich viele Schreiben zugegangen, in denen der Wunsch zum Ausdruck kommt, auch die Gewerkschaft Deutscher Lokomotivführer möge sich den neuen Verhältnissen anpassen, d.h. sich umorganisieren. Dabei wird in wenig liebenswürdiger Weise gefragt, ob der Vorstand die Bewegung, die durch die deutschen Lande geht, nicht erkenne oder etwa nicht beachten wolle.
> Demgegenüber habe ich zu erklären: Die Gewerkschaft Deutscher Lokomotivführer lehnt es ab, sich als Schmarotzer an eine Bewegung anzuhängen, um materielle Vorteile zu erzielen. Ein solches Verhalten entspricht weder dem Charakter des deutschen Lokomotivführerstandes, noch dem Wesen der Lokomotivführer-Organisation. Wir würden unser Ansehen bei der neuen Staatsregierung einbüßen, wenn wir um materieller Vorteile willen die grundsätzliche Anschauung preisgeben. Diese grundsätzliche Anschauung ist die unbedingte parteipolitische Neutralität und die Aufrechterhaltung der inneren Unabhängigkeit von allen Parteiinstanzen. Ich bin aber ferner der Meinung, dass diese Regierung klug genug ist, den aufrechten Beamten und Staatsbürger vom Konjunkturpolitiker zu unterscheiden“[547].

Zu den unmittelbaren Angriffen auf den GDL-Vorstand erschien im Verbandsorgan der GDL, dem „Voraus“, am 16. April 1933 ein Artikel mit folgendem Inhalt:

> „Es ist ein erbitterter Kampf, der zwischen den Kollegen in der Organisation und außerhalb derselben ausgebrochen ist, ein Kampf mit unfairen Mitteln und von einer Art, die des deutschen Wesens unwürdig ist. Was in diesen Tagen und Wochen an Verleumdungen über die Organisation und ihre Amtsinhaber ausgestreut wurde, das war etwas zuviel des Guten und zuwenig, was man davon glauben könnte. Es gibt eine ganze Reihe von Kollegen, die aus der jahrelangen Reserve herausgetreten sind und dann die Schlagworte der öffentlichen Auseinandersetzung in unsere eigene Organisation hineintrugen und das mit einer Voreingenommenheit, deren Folgen unabsehbar sind. Man spricht von Bonzen, und damit meint man alle diejenigen, die sich aus Uneigennützigkeit in den Dienst der Gesamtheit gestellt haben, und zwar Amtsinhaber, die ein Jahrzehnt

[547] Abdr. in: Erfolg und Zukunft, S. 216.

> und darüber hinaus ihre besten Kräfte hergaben, um dem Stande und damit auch dem Volke zu dienen“[548].

Vor allem hatte der Vorstand damals auch den Ausschluß von solchen Mitgliedern zu verteidigen, die gleichzeitig der nationalsozialistischen Arbeitergemeinschaft „Nationale Reichsbahnbeamten und- anwärter“ beigetreten waren[549]. Es galt zu widerlegen, dass die ausgeschlossenen Kollegen wegen ihrer politischen Einstellung gemaßregelt worden waren[550]. Nach ihrer Satzung konnte die GDL jedoch eine Doppelmitgliedschaft nicht zulassen.

Die immer größeren Geschütze der Nazis veranlassten den Vorstand, die Forderungen der Nationalsozialisten gegen die öffentlichen Bekenntnisse Hitlers auszuspielen. So schrieb Warstein in dem gleichen „Voraus“-Artikel vom 16. April 1933:

> „Es kommt nun darauf an, wie wir zu all diesem großen Geschehen uns persönlich einstellen. Viele Menschen können ein Ziel verfolgen und trotzdem andere Wege gehen. Das sieht keiner besser ein als der Reichskanzler des Reiches selbst. In dem Schlusswort seiner Reichstagsrede vom 23. März, kurz vor der Annahme des Ermächtigungsgesetzes, sprach Adolf Hitler den gleichen Gedanken aus, der auch uns bewegt: ‚Ich will mit jedem zusammengehen, der seine Kräfte einsetzt zum Wohl unseres deutschen Vaterlandes, auch dann, wenn er andere Wege zu diesem Ziel geht, als ich selbst für richtig halte.‘ Das waren beherzigenswerte Worte, die manchen deutschen Staatsbürger versöhnen könnten, der nicht ohne weiteres in die direkte Gefolgschaft der nationalen Bewegung eingereiht war.“[551].

---

[548] Voraus Nr. 16 v. 16. 4. 1933, 15. Jg.
[549] Erfolg und Zukunft, S. 217.
[550] Ebda.
[551] Voraus Nr. 16 v. 16. 4. 1933, 15. Jg.

3.2.3.2.1 Zugeständnisse der Organisation

3.2.3.2.1.1 Umbenennung in „Verein Deutscher Lokomotivführer"

Die laufenden Angriffe auf die Selbständigkeit der GDL zwangen den Vorstand aber schließlich doch, gewisse Zugeständnisse einzugehen. Zunächst musste die GDL wieder in „Verein Deutscher Lokomotivführer (VDL)" umbenannt werden[552], da der Name „Gewerkschaft" der Ideologie der Nationalsozialisten widersprach. Der Vorstand der GDL schrieb hierzu im „Voraus" vom 9. April 1933:

> „Man sieht in dem Wort ‚Gewerkschaft' nur Politik und Bonzentum, ohne daran zu denken, dass die Gewerkschaften gerade auf dem Gebiet staatlicher Aufbauarbeit manches Anerkennenswerte geleistet haben. Doch möchten wir bei dieser Gelegenheit noch eines hervorheben, und zwar: Wenn mit einer Namensänderung unserer Gewerkschaft, die ja zunächst eine Satzungsänderung erforderlich macht, gerechnet werden kann, dann darf hiermit keine Änderung der Arbeit oder der organisatorischen Einstellung verbunden sein. Daran müssen wir, soweit uns hierzu Spielraum gegeben wird, gestalten; denn wir haben eine zu alte Tradition, als dass wir das Bewährte ohne weiteres ablegen... Wir möchten aber darauf hinweisen, daß wir die Änderung des Namens nicht als etwas Weltbewegendes ansehen. Es kommt nicht auf die Form, sondern immer wieder auf den Geist an, von dem die Organisation getragen wird."[553].

Ab dem 1. Juli 1933 an nannte sich die GDL damit erneut Verein Deutscher Lokomotivführer[554].

3.2.3.2.1.2 Beitritt zum „Reichsbund Deutscher Technik"

Da die Lage infolge der neutralen, eher antinazistischen Haltung der GDL aber immer bedrohlicher wurde, beschloss der Hauptvorstand der GDL am

---

552 Erfolg und Zukunft, S. 218.

553 Voraus Nr. 15 v. 9. 4. 1933, 15. Jg.

554 Zugunsten einer besseren Übersichtlichkeit wird die Organisation hier weiterhin als GDL bezeichnet, als VDL nur innerhalb von Zitaten.

27. April 1933, dem unter der nationalsozialistischen Leitung Gottfried Feders stehenden „Reichsbund Deutscher Technik“ beizutreten[555] und verkündete folgende Erklärung:

> „Der Hauptvorstand der Gewerkschaft Deutscher Lokomotivführer, welcher am 27. April 1933 in Berlin tagte, begrüßt den Aufbau der berufsständischen Organisation und beschloss, mit den 70 000 Mitgliedern dem Reichsbund Deutscher Technik korporativ beizutreten. Der engere Vorstand hatte der gegenwärtigen politischen Lage entsprechend den Vorstand umgestellt und für die drei ausgeschiedenen Mitglieder die Kollegen Kaphengst aus München, Veenhius aus Oldenburg, Barrenstein aus Aachen in den geschäftsführenden Vorstand berufen. Diese Maßnahmen des engeren Vorstandes wurden vom Hauptvorstand gebilligt und die Genannten in ihr Amt eingeführt.
> Die Leitung der Organisation bleibt auf Wunsch der nationalsozialistischen Mitglieder der Organisation weiter in den Händen ihres langjährigen und bewährten Führers Josef Warstein.
> Die Gewerkschaft Deutscher Lokomotivführer hat bisher von einer Loyalitätserklärung abgesehen, aber nun durch den Beitritt zum Reichsbund Deutscher Technik eine Einordnung in die nationalsozialistische Führung dieser Spitzenorganisation beschlossen.
> Die Gewerkschaft stellt es ihren Mitgliedern frei, in die Fachschaft der NSDAP einzutreten, um dort bei den beamtenrechtlichen Fragen mitzuwirken. ...“[556].

Dem Führer- und Gleichschaltungsgedanken wurde dadurch Rechnung getragen, daß die Vorstandsmitglieder Scharfschwerdt, Reichert und Schneider aus ihren Ämtern ausschieden und durch die Nationalsozialisten Kaphengst, Veenhius und Barrenstein ersetzt wurden. Diese versicherten,

> „dass sie ihre ganze Kraft vorbehaltlos in den Dienst der Gewerkschaft Deutscher Lokomotivführer stellen, denn das Programm der Gewerkschaft Deutscher Lokomotivführer entspreche den Zielen der Nationalsozialistischen Arbeiterpartei“[557].

---

[555] Vgl. Voraus Nr. 19 v. 7. 5. 1933, 15. Jg., S 191 f.
[556] Ebda., S. 195.
[557] Ebda.

Der Reichsbund Deutscher Technik war berufsständisch gegliedert und ließ den ihm angeschlossenen Fachorganisationen die Freiheit der Berufsvertretung[558]. Die GDL hoffte, auf diese Weise wenigstens eine Zeitlang von den Angriffen der nationalsozialistischen Beamtenabteilung, die sie mit der Absicht der Auflösung in den DBB eingliedern wollte, verschont zu bleiben. Eine Eingliederung der GDL in den DBB kam für die Organisation der Lokomotivführer nicht in Frage, da damit der Bestand der Selbständigkeit enorm gefährdet gewesen wäre. Im „Voraus" hieß es dazu:

> „Es hätte uns bei der Entscheidung über die Zugehörigkeit zu einer Spitzenorganisation auch möglich gemacht werden können, in den Deutschen Beamtenbund einzutreten. Aber das war nicht möglich, weil die Vorschriften und Bestimmungen des neuen Deutschen Beamtenbundes die angeschlossenen Organisationen so einengen, dass in Wirklichkeit von einem Eigenleben nicht mehr gesprochen werden kann"[559].

3.2.3.2.2 Der Druck der Nationalsozialisten reißt nicht ab

Die Geschäftsstelle der GDL in Berlin war in dieser Zeit oft Ort tumultartiger Zusammenstöße mit SA- und SS-Kolonnen, die u.a. sogar versuchten, die Gewerkschaftskassen zu beschlagnahmen[560]. Derartige Angriffe konnten aber immer wieder abgewehrt werden. Veränderungen im Vorstand der GDL waren dagegen nicht mehr zu umgehen, auch wenn die GDL weiterhin versuchte, taktisch in ihrem Sinne tätig zu werden. Auch mit dem „Schachzug", Kaphengst, Veenhius und Barrenstein in die Mitte seines Vorstandes zu berufen, von denen er sich Treue zur GDL erhoffte[561], versuchte der GDL-Vorstand, Maßnahmen der Nationalsozialisten zuvorzukommen und sich damit gegen die laufenden Übergriffe zu schützen.

Insbesondere mit dem Beitritt der GDL zum „Reichsbund Deutscher Technik" war der nationalsozialistisch geführte DBB jedoch nicht einver-

---

[558] Erfolg und Zukunft, S. 219.
[559] Voraus Nr. 19 v. 7. 5. 1933, 15. Jg., S 191.
[560] Erfolg und Zukunft, S. 219.
[561] In ihrer Erklärung hieß es: „Wir geloben ..., dass wir uns jederzeit und allerorts für die Selbständigkeit der GDL nachdrücklichst einsetzen werden", ebda.

standen. Der Vorstand der GDL erhielt sehr bald die Einladung zu einer Besprechung im Reichsministerium des Innern[562]. In dem Verhandlungszimmer wurden der Vorsitzende Josef Warstein und zwei der neuen Vorstandsmitglieder allerdings nicht von einem Beamten des Innenministeriums empfangen, sondern direkt von dem Führer der Reichsbeamtenabteilung, Hermann Neef[563]. Dieser stellte das Ultimatum, die GDL solle sich bis zum 20. Mai 1933 auflösen; die Mitglieder müssten dem DBB beitreten[564]. Warstein wies demgegenüber auf die bisherige erfolgreiche Arbeit der Gewerkschaft für das Lokomotivpersonal hin und lehnte es ab, dies alles einer so unsicheren Organisation zu opfern, wie sie der Beamtenbund darstelle. Er untermauerte das Streben der GDL nach Beibehaltung der Selbständigkeit mit Erklärungen Hitlers, der den Berufsorganisationen die Existenzberechtigung wiederholt zugesprochen habe. Er wies ferner auf eine Broschüre des Gauleiters Sprenger hin, in der zum Ausdruck gebracht worden sei, daß die NSDAP es ablehne, parteieigene Verbände zu schaffen[565]. Letztlich wurde in dieser Unterredung kein Ergebnis erzielt.

Der GDL-Vorstand informierte sogleich den Vorsitzenden des „Reichsbundes Deutscher Technik“, Feder, über die Versuche des DBB, die GDL aufzulösen, und legte ihm die Notwendigkeit des Weiterbestehens der GDL dar. Feder erklärte in seiner Antwort, dass nach Rücksprache mit dem stellvertretenden Parteiführer der NSDAP, Rudolf Hess, keinerlei Veranlassung für eine zwangsweise Eingliederung der GDL in den Beamtenbund bestehe[566]. Frick hatte dem Reichsbeamtenführer, Neef, aufgetragen, die GDL auf keinen Fall mit Gewalt aufzulösen[567].

Der Kampf um die Selbständigkeit wurde nun auch in die Bezirke und Ortsgruppen getragen. Deren Vorstände wurden von den Nationalsozialisten zunehmend schikaniert und denunziert. Etliche Vorstandsmitglieder wurden dienstlich versetzt und die Ortsgruppen teilweise unter Zwang zu Fachgruppen der „Beamtenabteilung“ gemacht[568]. In dieser Situation glaubte der GDL-Vorstand in Berlin, gegen dieses Vorgehen könne nur eine Unterredung mit Hitler selbst helfen. So kam es im Juni 1933 zu einer Besprechung mit dem Stellvertreter Hitlers, Hess, der daraufhin die Ver-

---

[562] Ebda.
[563] Vgl. ebda.
[564] Vgl. ebda, S. 219 f.
[565] Erfolg und Zukunft, S. 220.
[566] Ebda.
[567] Vgl. Erfolg und Zukunft, S. 221.
[568] Ebda.

setzung von GDL-Amtsinhabern wieder aufhob und anordnete, die Befehdung der GDL künftig zu unterlassen[569].

Wenn auch dieses Eingreifen von Hess der GDL in Berlin etwas Ruhe brachte, so kam es doch vor allem in Bayern und im Ruhrgebiet zu weiteren Aktionen der Nazis. Besonders in Bayern zeichneten sich die Gauamtsleiter für die Beamten durch Angriffe auf die GDL-Organe aus[570]. Im Juli 1933 wurde die Geschäftsstelle der GDL in Bayern besetzt und geschlossen. Dennoch wehrte sich die GDL weiterhin hartnäckig gegen jegliche Überrumpelungsversuche. Der Hauptvorstand der GDL entschloss sich deshalb zu der außergewöhnlichen Maßnahme, in Bayern drei große Versammlungen abzuhalten, nämlich in Würzburg, Nürnberg und München[571]. Die GDL argumentierte insbesondere damit, dass einer Auflösung auch die Sorge für die Weiterführung ihrer „außerordentlich großen und umfangreichen Sozialeinrichtungen" entgegenstand[572]. Doch auch dieser Einsatz vermochte nicht viel.

Da die GDL nun aber mittlerweile erkennen musste, einer Eingliederung in den DBB nur noch schwer entgehen zu können, galten ihre Versuche nunmehr dem Ziel, zumindest nur korporativ in den DDB eingegliedert zu werden, um damit den Zielen nach Vereinheitlichung der deutschen Beamten nachzukommen, ohne aber die eigene Selbständigkeit aufzugeben. Im Rahmen endloser Verhandlungen legte die GDL dem DBB einen Vorschlag vor, in dem es hieß:

> „Der Verein Deutscher Lokomotivführer versucht, die in der Fachabteilung V der Reichsfachgruppe I befindlichen Beamten an sich heranzuziehen, um dann geschlossen die Fachabteilung V zu bilden. Dabei sollen die Beiträge von der GDL gezahlt werden und die Finanzhoheit in derselben verbleiben. Der Name heißt dann: ‚Verein Deutscher Lokomotivführer, Fachabteilung V der Reichsfachgruppe I[573] des Deutschen Beamtenbundes'. Der Verein Deutscher Lokomotivführer würde dann gleichzeitig Mitglied des Reichsbundes Deutscher Technik bleiben und die Beiträge an diesen ebenfalls korporativ zahlen. Die Vorteile einer solchen Einrichtung bestehen

---

[569] Ebda.
[570] Ebda.
[571] Ebda.
[572] Vgl. Voraus Nr. 36 v. 3. 9. 1933, 15. Jg., S. 373; s. zu den von der GDL erbrachten Sozialleitungen und dem Rechtsschutz auch Borgmann, Die Berufsorganisation, S. 79 ff.
[573] Damit wurde der Bund Deutscher Reichsbahnbeamter bezeichnet.

> darin, dass die Sozialeinrichtungen des Vereins erhalten werden können, dass die Mitglieder desselben geschlossen der Reichsfachgruppe zugeführt werden und dass damit auch für die Zukunft das Eigenleben des Lokomotivführers und des Standes nicht zerstört sind“[574].

Da diese Art der Eingliederung von dem nationalsozialistisch geführten DBB erwartungsgemäß abgelehnt wurde, formulierte die GDL folgenden Vorschlag:

> „Die Gewerkschaft Deutscher Lokomotivführer hat durch Urabstimmung unter außerordentlicher starker Beteiligung mit 99,2 v.H. der abstimmenden Mitglieder .... dem Vorstand die Ermächtigung gegeben, den Umbau der Satzung so vorzubereiten, dass sich die Organisation von der Vertretung der reinen Beamtenfragen zurückzieht und in gleicher Weise weiter arbeitet, wie das bis zum Jahre 1919 der Fall war.
>
> ...
>
> Die allgemeinen Beamteninteressen sollen der Reichsfachgruppe I verbleiben. Zu diesem Zweck wird die Gewerkschaft ihre Mitglieder als Einzelmitglieder dem Deutschen Beamtenbund bzw. der Reichsfachgruppe I zuführen. Dieser Vorschlag stützt sich auf die wiederholt gegebenen Erklärungen des DBB, unsere Sozialeinrichtungen unberührt zu lassen. Damit wird auch der Zweck des Deutschen Beamtenbundes erfüllt, die Einzelmitgliedschaft betreffend“[575].

Doch auch dieser Vorschlag wurde nicht angenommen. Neef drängte weiter auf die gänzliche Zerschlagung der GDL. Innenminister Frick wollte dagegen die GDL nicht mit Gewalt auflösen, und diese wiederum gab sich nicht freiwillig preis. Dies veranlaßte Neef zum entscheidenden Schlag auszuholen: Er ernannte zwei nationalsozialistische Mitglieder des GDL-Vorstandes zu Amtswaltern des mittlerweile gegründeten „Reichsbundes Deutscher Beamten“ und des Amtes für Beamte[576]. Damit sprengte er die bisherige Geschlossenheit des Vorstandes; denn diese beiden Vorstandsmitglieder waren ihm nun unmittelbar unterstellt und an seine Weisungen gebunden[577]. Daraufhin legte Josef Warstein am 16. Dezember 1933 das Amt des Vorsitzenden nieder, da er sich nicht als Handlanger der Nazis

---

[574] Voraus Nr. 36 v. 3. 9. 1933, 15. Jg., S. 373.
[575] Ebda, S. 374.
[576] Vgl. Erfolg und Zukunft, S. 222.
[577] Ebda.

bei der Auflösung der GDL benutzen lassen wollte, für deren Selbständigkeit er unermüdlich und furchtlos gekämpft hatte[578]. Die Leitung der GDL wurde nunmehr in die Hände jener „Amtswalter" gelegt. Nach dem sog. Führerprinzip berief der neue Vorsitzende, Veenhius, der sich jetzt Vereinsführer nannte und dieses Amt dreieinhalb Jahre bekleiden sollte[579], einen sog. Führerrat, der sich aus VDL-Mitgliedern, die der NSDAP angehörten, zusammensetzte[580]. Damit hatte die GDL praktisch aufgehört, als Gewerkschaft zu existieren, auch wenn sie äußerlich noch bis zur Ludwigshafener Generalversammlung am 12. November 1936, also bis zur Eingliederung in den RDB, als „Fachschaft Lokomotivpersonal", bestand. Ihr Aufgabenbereich wurde dabei darauf beschränkt, in „Angelegenheiten des Lokomotiv- und Zugpersonals" beratend tätig zu sein:

> „Die Vertretung in Beamtenangelegenheiten hat einzig und allein der Reichsbund Deutscher Beamten durch das Amt für Beamte. Es wird uns auch hier die Möglichkeit gegeben werden – daran wird man nicht vorbeikommen -, in Angelegenheiten des Lokomotiv- und Zugförderungspersonals vermöge unserer Sachkenntnis beratend mitzuarbeiten. Jede Reibung mit den Amtswaltern des Reichsbundes Deutscher Beamten, insonderheit mit der Fachschaft Reichsbahn, welcher wir angegliedert sind, ist zu vermeiden"[581].

Wie der von den Nationalsozialisten eingesetzte „Vereinsführer" seine Aufgaben sah, geht aus seinen Reden auf der Ludwigshafener Generalversammlung im Jahre 1936 hervor. Dort erklärte er u.a.:

> „Nie habe ich nach unserer Meinung gehandelt, sondern lediglich nach den uns als Nationalsozialisten vorgeschriebenen Richtlinien, niedergelegt vom ‚Führer' in seinem Buch ‚Mein Kampf'. Ich habe meine Aufgabe immer so aufgefasst, dass wir als politische Leiter und von der Partei herausgestellte Persönlichkeiten uns das Vertrauen der uns unterstellten Berufskameraden erwerben sollten"[582]

---

[578] Ebda.
[579] Vgl. Voraus Nr. 14 v. 11. 7. 1937, 19. Jg., S. 184.
[580] Vgl. „Borchert Veenhius, Führer des Vereins Deutscher Lokomotivführer", in: Voraus Nr. 53 v. 31. 12. 1933, 19. Jg., S. 569.
[581] Voraus Nr. 10 v. 12. 2. 1934, 16. Jg.
[582] Abgedr. in: Erfolg und Zukunft, S. 223.

Die GDL war zu einer Marionette in der Hand der Partei degradiert. Aber trotz dieser „hundertprozentigen“ Vereinsführer stimmten die meisten Delegierten noch auf der Berliner Generalversammlung im Mai 1934 für eine weitere Selbständigkeit der Organisation[583]. Sie entsprachen damit dem Willen der Mitglieder, die trotz einer doppelten Beitragspflicht, denn auch sie waren mittlerweile als Einzelmitglieder in den RDB eingetreten, an der Berufsorganisation festhielten, da sie ihre durch jahrelange Beitragszahlung erworbenen Ansprüche auf Sozialleistungen und Rechtsschutz nicht aufgeben wollten[584]. Die nationalsozialistische Leitung des Vereins und der Reichsbund hielten sich jedoch erwartungsgemäß nicht an diesen Beschluss. Vielmehr beschloss der mit außerordentlichen Vollmachten ausgestattete Führerrat der GDL am 18. März 1935 in Übereinstimmung mit dem Reichsbeamtenführer Neef über den Kopf der Mitglieder hinweg, dass die GDL als Fachschaftsgruppe dem Reichsbund Deutscher Beamten korporativ beitreten sollte[585]. Sämtliche Veranstaltungen wurden fortan unter der Bezeichnung „Fachschaftsgruppe Lokomotivführer“ durchgeführt. Die Verwaltungs- und Finanzhoheit der GDL ging letztlich verloren, obwohl ihr diese zunächst noch zugebilligt wurde und auch das Unterstützungswesen ging in abgeänderter Form auf den RDB über[586]. Zwar sollte die GDL damit noch vereinsmäßig bestehen bleiben, aber die Ausgestaltung des ganzen bedeutete keine echte Selbständigkeit mehr. Die Bezirks- und Ortsgruppenvorsitzenden wurden zu Amtswaltern des Reichsbundes ernannt, um auf diese Weise auch die unteren Organe auf den Reichsbund zu verpflichten[587]. Ferner bestand seit 1935 Organisationszwang, so dass sämtliche Lokomotivführer der Fachschaftsgruppe beitreten mussten[588].

3.2.3.2.3 Die Generalversammlung in Ludwigshafen 1936

Die Generalversammlung in Ludwigshafen am 12. November 1936, auf der sich der Führerrat die „Zustimmung“ zu der praktisch bereits vollzo-

[583] Ebda.
[584] Vgl. Voraus Nr. 14 v. 11. 7. 1937, 19. Jg., S. 184.
[585] Vgl. Borgmann, a.a.O., S. 87; Voraus, a.a.O.
[586] Ebda.; als Übergangsmaßnahme zur beabsichtigten Volleingliederung übernahm der RDB durch einen Zusatzvertrag mit der Beamtenversicherung die Auszahlung eines Sterbegeldes von 600 RM.
[587] Erfolg und Zukunft, S. 223.
[588] Ebda.

genen Eingliederung holte, war nur eine Farce[589]. Der Vereinsführer, Veenhius, hatte von seinem „Recht“ Gebrauch gemacht, nur Parteigenossen als Delegierte zuzulassen[590]. Diese stimmten, wie erwartet, der Eingliederung zu und nahmen auch die neue, nach dem Führerprinzip aufgebaute Satzung an, die eine völlige Ausschaltung der Mitbestimmungsrechte der Mitglieder brachte[591]. In § 5 der Satzung hieß es fortan:

> „Der Vereinsführer wird von dem Leiter des Hauptamtes für Beamte der Reichsleitung der NSDAP berufen und abberufen. Der Vereinsführer ist Vorstand im Sinne des § 26 BGB“.

Als Neef dann in der Generalversammlung um weitergehende Vollmachten für den Vereinsführer, zu dessen Unterstützung ein Vereinsführerrat einberufen war, ersuchte, stimmten die Parteigenossen erneut zu[592]. Charakteristisch war auch, daß ein Mitglied ausgeschlossen werden konnte, wenn es „gegen Grundsätze der nationalsozialistischen Weltanschauung“ verstieß[593]. Als weitere Maßnahme wurde schließlich die Fachzeitschrift „Voraus“ zum Januar 1937 in den nationalsozialistischen „Verlag Beamtenpresse“ eingegliedert[594].

Neef lag nun daran, die faktisch verlorene Selbständigkeit der GDL zu beschönigen. Auf der Generalversammlung beschrieb er die Sonderstellung der Organisation mit den Worten:

> „ Beim Verein Deutscher Lokomotivführer lagen ... besondere Verhältnisse vor, die in technischen Schwierigkeiten zu suchen sind. Es darf auf dem Weg zur Einheit nichts .... verloren gehen. Ich selbst mache mich anheischig und erkläre auf das allerbestimmteste, dass ich von mir aus keinen weiteren Schritt unternehme, ehe ich weiß, dass diese 1200 RM Anspruch usw. restlos gesichert sind, und kein Tag vorher. Das ist bei mir die Grundrichtschnur, von der gehe ich nicht ab. Ich habe es deshalb, als die Fachschaftsgruppe gegründet wurde, für nötig gehalten, die Sicherung des Sterbegeldes als unbedingte Notwendigkeit herauszustellen. Ich wollte ja nicht eine Fachschaftsgruppe, in der nur ein Teil der Lokomotivbediensteten sind,

---

[589] Vgl. Borgmann, a.a.O., S.87.
[590] Ebda. sowie Erfolg und Zukunft, S. 224.
[591] Ebda.
[592] Vgl. Erfolg und Zukunft, S. 224.
[593] Ebda.
[594] Vgl. Voraus Nr. 14 v. 11. 7. 1937, 19. Jg., S. 184.

sondern ich wollte die Einheit. Die Fachschaftsgruppe ‚Lokomotivführer' soll nicht ein Zweckgebilde sein, das einen Übergangszustand dargestellt hätte, sondern, selbst wenn die organisatorische Einheit im Rahmen des Reichsbundes der Deutschen Beamten 100prozentig erreicht wird, dann soll doch immer eine Fachschaftsgruppe ‚Lokomotivführer' bestehen. Und wenn jetzt mit Wirkung vom 1. Jan. 1937 ab das Fachorgan ‚Voraus' nicht mehr im Verlag Verein Deutscher Lokomotivführer, sondern im Verlag Beamtenpresse erscheint, so ist auch das kein Übergangszustand, sondern ich habe die Zusicherung an Pg. Veenhius gegeben, daß der ‚Voraus' als Organ der Fachschaftsgruppe ‚Lokomotivführer' auf ewige Zeiten bestehen bleibt.
Es liegen schon besondere Dinge vor, wenn ich der Fachschaftsgruppe ihre Selbständigkeit belasse"[595].

Desweiteren stellte Neef das erhöhte Rechtsschutzbedürfnis heraus, das die Lokomotivführer hätten und versicherte, dass diesem, auch im RDB, immer Vorsorge getroffen werde[596]. Damit garantierte er gleichzeitig, dass, solange es einen RDB gäbe, auch in demselben eine Fachschaftsgruppe Lokomotivführer existieren werde. Er betonte darüber hinaus immer wieder , dass alle Einrichtungen, die sich diese Fachschaftsgruppe geschaffen habe, fernerhin für die Mitglieder erhalten bleiben sollten[597].

Die Bestimmungen des Gesetzes über Beamtenvereinigungen vom 27. 5. 1937[598] hatten aber trotz aller erwähnten Sonderstellungen auch für die Fachschaftsgruppe Lokomotivführer e.V. ihre Auswirkungen. Nach § 1 des Gesetzes mussten sich alle Beamtenvereinigungen auflösen, die ehemaligen Spitzenverbänden der Beamtenschaft unmittelbar oder mittelbar angehört hatten. Zunächst ging die GDL noch davon aus, dass sie, da sie als Organisation in den RDB eingegliedert war, unter die Ausnahmebestimmung des § 1 Abs. 4 des Gesetzes über Beamtenvereinigungen fallen würde. Sicherlich auch die Versprechungen Neefs, die Geschlossenheit der Fachschaftsgruppe nicht anzutasten, führte zu dieser Annahme. Der RuPrMdI schrieb dazu jedoch als Antwort auf ein Schreiben der GDL v. 14. 5. 1937:

„Die im § 1 Abs. 4 des Gesetzes über Beamtenvereinigungen vorgesehene Ausnahme betrifft nur den RDB selbst und grundsätzlich

---

595 Neef, s. Protokoll der GV des VDL in Ludwigshafen v. 12. 11. 1936, S. 110 f.
596 Ebda., S. 112.
597 Vgl. Voraus Nr. 14 v. 11. 7. 1937, 19. Jg., S. 184.
598 RGBl. I, 597 ff.; s. Abdr. im Anhang.

nicht ihm eingegliederte andere Verbände mit selbständiger Rechtspersönlichkeit, dies ergibt sich schon aus der besonderen Anführung des dem RDB eingegliederten ‚Kameradschaftsbundes Deutscher Polizeibeamten e.V.' als weitere Ausnahme.
Die Fachschaftsgruppe ‚Lokomotivführer' hat als Verein Deutscher Lokomotivführer einem früheren Spitzenverband der Beamtenschaft angehört; sie fällt somit unter die Bestimmung des § 1 Abs. 1 Satz 1 des Gesetzes über Beamtenvereinigungen und wird daher mit Wirkung vom 1. 7. 1937 ab aufgelöst.
Die Voraussetzungen, unter denen die Sonderbehandlung des Vereins Deutscher Lokomotivführer bei der Eingliederung in den RDB im Jahre 1935 erfolgt ist, sind heute nicht mehr gegeben, so dass ein Weiterbestehen der Fachschaftsgruppe ‚Lokomotivführer' nicht notwendig ist. Mit Rücksicht hieraus und im Interesse der Erfassung möglichst aller Beamten in der Einheitsorganisation der deutschen Beamten, dem RDB, bin ich nicht in der Lage, ein selbständiges Weiterbestehen der Fachschaftsgruppe ‚Lokomotivführer' zuzulassen“[599].

„Mit der Auflösung der Fachschaftsgruppe Lokomotivführer (Mitteilungsblatt des RDB 1937, Folge 6) wird die Aufnahme der Mitglieder der Fachschaftsgruppe Lokomotivführer als Einzelmitglieder in den Reichsbund der Deutschen Beamten notwendig. Nach Abgabe der Beitrittserklärung haben die Lokomotivführer mit Wirkung vom 1. Oktober 1937 alle Rechte und Pflichten, die sich aus der Mitgliedschaft im RDB ergeben“[600].

Damit waren vom Reichswalter des RDB alle erforderlichen Voraussetzungen geschaffen, um die Überführung der Mitglieder der Fachschaftsgruppe Lokomotivführer in die Einzelmitgliedschaft im RDB durchzuführen. Mit der Durchführung dieser Aufgabe wurde der Berufskamerad Harry Uhlendorff als Leiter der Fachschaftsgruppe und sein Stellvertreter Johann Barrenstein beauftragt[601].

---

599 Voraus Nr. 14 v. 11. 7. 1937, 19. Jg., S. 192.
600 Voraus Nr. 15 v. 22. 7. 1937, 19. Jg., S. 206.
601 Voraus Nr. 14 v. 11. 7. 1937, 19. Jg., S. 184.

3.2.3.3 Zusammenfassung

Nur weil die GDL die mangelnde Kompetenzverteilung innerhalb der nationalsozialistischen Partei geschickt auszunutzen wusste und sich äußerlich in gewissem Maße anpasste, konnte sie sich noch bis Ende 1933 als Gewerkschaft behaupten. Danach wurde sie zunehmend von den Nationalsozialisten unterwandert und schließlich 1937 völlig aufgelöst.

Eine Verfolgung i.S.d. § 1 Abs. 6 VermG erfordert Maßnahmen, die von staatlicher Stelle oder der NSDAP durchgesetzt oder erzwungen wurden. Eine solche Maßnahme und damit politische Verfolgung kann auch die gelenkte Unterwanderung eines Verbandes sein, wenn sie im Zusammenhang mit der „Machtergreifung" oder danach mit dem Ziel erfolgte, den Verband als politischen Gegner auszuschalten, und diesem keine realistischerweise in Betracht zu ziehende Gegenwehr gegenüber einer solchen Übernahme verblieb[602].

Berücksichtigt man alles das, was bereits über das Verhältnis des nationalsozialistischen Staates zu den Beamten der damaligen Zeit ausgeführt ist, so wird deutlich, weshalb auch Verkehrsbeamte, wie die Lokomotivführer, die in ihrer Gesamtheit täglich im Beruf unangefochten ihren Dienst versahen, in dem außerdienstlichen Bereich, innerhalb dessen sie sich zu einem Vereinsverband zusammengefunden hatten, vom Nationalsozialismus als Gegner angesehen und behandelt wurden[603]. Sicher ist zwar, dass die nationalsozialistische Tagesparole „Wer nicht für uns ist, ist gegen uns"[604] nicht allein genügt, um den hier verwendeten Begriff eines Gegners zu kennzeichnen, weil damit nur auf die Betrachtungsweise des verfolgenden Regimes abgestellt wird und es wohl nicht der Wirklichkeit entsprach, dass jeder vom nationalsozialistischen Regime als Gegner angesehen wurde, der sich nicht ausdrücklich zu ihm bekannte oder es förderte. Indes kann daraus, dass in einzelnen Bereichen des Gleichschaltungsprozesses Zwangsmaßnahmen nur gegen einzelne Verbände gerichtet wurden, nicht der Umkehrschluss gezogen werden, dass die übrigen, zunächst nicht unmittelbar betroffenen Organisationen keiner politischen Verfolgung aus-

---

[602] Urteil des 7. Senats v. 22. 2. 2001 – BVerwG 7 C 93.99.
[603] Auch in den Reihen der GDL gab es Widerstandskämpfer, wie bspw. Otto Scharfschwerdt, Funktionär der GDL und Sozialdemokrat, der im Untergrund tätig war. Er starb im Mai 1943 im Konzentrationslager Sachsenhausen, vgl. Deutsche Widerstandskämpfer, S. 141 ff.
[604] S. dazu Vorwärts v. 19. 4. 1931.

gesetzt waren. Anderenfalls würde der Charakter der Verfolgung in der NS-Zeit verkannt. Der als Verfolgung bezeichnete Vorgang bestand in der NS-Zeit aus physischem und psychischem Zwang. Das Vorgehen der Nationalsozialisten war durch das Ineinandergreifen beider Formen von Verfolgung gekennzeichnet. Die Taktik bestand darin, zur Gleichschaltung eines Bereichs zunächst gegen den mitgliederstärksten Verband vorzugehen, um dadurch die kleineren Verbände zum Aufgeben zu bewegen[605]. Dies wird wiederum am Vorgehen der Nationalsozialisten gegen die Gewerkschaften deutlich. Zwar waren die am 2. Mai 1933 ergangenen Zwangsmaßnahmen unmittelbar nur gegen den ADGB gerichtet. Jedoch wurde durch dieses Vorgehen gegen den mitgliedssärksten Spitzenverband den Christlichen Gewerkschaften sowie den freisinnigen Hirsch-Dunkerschen Gewerkschaften signalisiert, sich dem „Aktionskomitee zum Schutze der deutschen Arbeit" zu unterwerfen oder anderenfalls die gleichen Zwangsmaßnahmen zu erleiden[606]. Damit befanden sich diese Verbände im Grunde genommen in einer ausweglosen Situation. Wollten sie den Zwangsmaßnahmen entgehen, mussten sie sich selbst auflösen oder zumindest den Nationalsozialisten ihre Führungsfunktionen übergeben. Ein weiteres Merkmal der von den Nationalsozialisten im Rahmen der „Gleichschaltung" angewandten Taktik stellt die Flexibilität des Vorgehens dar. Dazu gehörte, dass Zwangsmaßnahmen dort unterblieben, wo sie für die Nationalsozialisten schädlich gewesen wären oder zur Erreichung der mit der „Gleichschaltung" verfolgten Ziele nicht mehr notwendig waren[607]. Der nationalsozialistische Reichsminister Frick war sich bewusst, dass der Staat von einem funktionierenden Beamtentum abhing[608]. Die Nationalsozialisten wussten, dass sie auch im Rahmen der „Gleichschaltung" auf die Mitwirkung nationalkonservativer Beamter angewiesen waren. Deshalb mussten sie bestrebt sein, das Gros der Beamten nicht zu sehr zu beunruhigen, um nicht deren Bereitschaft zur Mitarbeit zu gefährden[609]. Dies dürfte ein Grund dafür gewesen sein, gegen die GDL und ihre Führung – anders als gegen den ADGB – kaum physische Gewaltmaßnahmen zu ergreifen. Die Hartnäckigkeit aber, mit der sich die GDL ihrer Auflösung und ihrer Einverleibung in den nationalsozialistischen RDB widersetzte, musste dem Naziregime gefährlich erscheinen. Die GDL wurde nicht nur deswegen beeinträchtigt, weil sie dem allgemeinen nationalsozialistischen Streben im Wege stand, alle Staatsdiener unter seinen aus-

---

[605] Der Oberbundesanwalt beim BVerwG, Beteiligungsgutachten im Verfahren BVerwG 7 C 13.00, v. 7. Februar 2001, S. 9.
[606] Ebda.
[607] Ebda.
[608] Hattenhauer, Geschichte des deutschen Beamtentums, S. 418.
[609] Der Oberbundesanwalt beim BVerwG, a.a.O., S. 10.

schließlichen Einfluss zu bringen. Vielmehr wird die deutsche Regierung und die Partei in der Hartnäckigkeit der Widersetzung einen mit ihrem Einheitsstreben unvereinbaren Einfluss und somit eine Form von politischer Gegnerschaft, wie auch einen Ausdruck politischer Ansichten, die ihren eigenen widersprachen, erblickt haben.

Die GDL mußte aufgrund ihrer Abwehrhaltung zumindest als „politisch untragbar", oder „politisch unzuverlässig" und damit als tatsächlicher oder möglicher politischer oder weltanschaulicher Gegner angesehen werden.

3.3 Zusammenfassung und Ergebnis

Das Ende der freien Beamtenorganisationen vollzog sich auf bürokratische Weise[610]. Die Auflösung erfolgte allenthalben nach dem gleichen Muster, einem Muster, das auch gegenüber den Gewerkschaften angewendet wurde. Das Klima der Gewalt, das durch die staatlichen Übergriffe auf die freien Gewerkschaften am 2. Mai 1933 ausgelöst wurde, hat auch gegenüber den Beamtenorganisationen nicht halt gemacht. Die gesetzlich gewählten Vorstandsmitglieder wurden aus ihren Stellungen und den Leitungen der Beamtenverbände verdrängt und die frei gewordenen Positionen mit überzeugten Nationalsozialisten besetzt. Diese im Zuge der „Gleichschaltung" betriebene Unterwanderung ermöglichte es den Nazis, die bisherigen Organisationen aufzulösen und ihre Mitglieder der nationalsozialistischen Einheitsorganisation zuzuführen[611]. Drei Jahre später schilderte Neef die Übernahme der Beamtenorganisationen mit den Worten:

> „Es war nicht so, dass die Vorstände der alten Organisationen zu mir gekommen wären mit den Auflösungsbeschlüssen in der Hand, ... Der Auflösung stand also außer den persönlichen Wünschen der Vorstände nichts im Wege. Über diese persönlichen Wünsche bin ich dann allerdings etwas brutal zur Tagesordnung übergegangen. Ich habe das dann in hartnäckigen Fällen so gemacht, dass ich Mitgliedsversammlungen einberufen ließ, bei denen der Vorstand zu-

---

[610] Hattenhauer, Geschichte des Beamtentums, S. 397.
[611] Neef, Der Beamte im nationalsozialistischen Führerstaat, 215 f.

> nächst die Notwendigkeit der Aufrechterhaltung gerade seines Vereines auseinandersetzte. Dann nahm ich das Wort und ... setzte ... den Mitgliedern dann auseinander, warum die Eingliederung in eine umfassende Einheitsorganisation stattfinden müsse“[612].

Die satzungswidrige Okkupation der Vorstände der Beamtenvereinigungen wurde durch den Umstand erheblich erleichtert, dass die Beamten nunmehr Untergebene der nationalsozialistischen Regierung waren, die sich auch hinsichtlich ihrer verbands- und standespolitischen Interessen einem unerträglichen Druck seitens ihrer nationalsozialistischen Vorgesetzten ausgesetzt sahen. Diese wollten einen Schlussstrich unter die „liberal-marxistische wirtschaftliche Interessenpolitik“ der freien Beamtenvereinigungen setzen, die sie als weltanschaulich dem NS-Regime gerade entgegengesetzt ansahen und aus diesem Grunde ausschalten wollten[613]. Im „Freiheitskampf“ war zu lesen:

> „Es ist ganz selbstverständlich, dass ein Wiederaufbau nur dann möglich ist, wenn alle die Kräfte rücksichtslos beseitigt sind die heute noch als Exponenten eines politischen jetzt endgültig liquidierten Systems besonderer Umstände wegen in die neue Zeit hineinragen. Das politische Leben und der neue Staat müssen von diesen Elementen rücksichtslos gesäubert werden....“[614].

Damit waren unzweifelhaft auch die alten Beamtenverbände gemeint, was durch Neef mit den Worten, „„... den alten Beamtenverbänden – nicht zuletzt seiner Dachorganisation, dem Deutschen Beamtenbund – als volkszersplitternde Interessenorganisationen hatte unser erbitterter Kampf gegolten ...“[615], rückwirkend bekräftigt wurde.

---

612 Protokoll der Generalversammlung des Vereins Deutscher Lokomotivführer in Ludwigshafen (Rhein) am 12. 11. 1936, S. 106 f.; dass Neef dabei offenbar mit Versprechungen arbeitete, die er bei Gründung des RDB in den Wind schlagen sollte, konnte niemand ahnen. Wie dabei Stimmung gegen die gewählten Vorstände gemacht wurde zeigt bspw. auch NSBZ Nr. 5 v. 5. 3. 1933, S. 64 – hier am Fall des Reichsverbandes Deutscher Post- und Telegraphenbeamten; vgl. auch die Gleichschaltung des Sächsischen Gemeindebeamtenbundes, in: NSBZ Nr. 13 v. 5. 7. 1933.

613 Das Hauptaugenmerk wurde auf die „marxistischen Verbände“ gelegt; vgl. dazu auch NS-Presseanweisungen der Vorkriegszeit, Bd. 2: 1934, S. 28.

614 Der Freiheitskampf, Nr. 14 v. 14. 2. 1933.

615 Neef, Der Beamte im nationalsozialistischen Führerstaat, S. 14.

Das bis dahin freie Beamtenvereinigungswesen wurde aus dem öffentlichen Leben Deutschlands ausgeschaltet. Neben der von außen durchgeführten Auflösung, löste sich ein großer Teil der noch bestehenden Beamtenvereinigungen unter dem ausgeübten Druck selbst auf[616], der Rest wurde verboten[617]. Vor allem die Beamtenabteilung der NSDAP, die bereits seit 1931 eine eigene Organisation in der Partei ausgebildet hatte, übte auf allen Ebenen starken Druck auf die Beamtenorganisationen aus. Während schon Mitte des Jahres 1933 fast alle Beamtengewerkschaften in dem RDB aufgingen, gelang es der GDL als einziger Gewerkschaft, noch bis zur Mitte des Jahres 1936 eine gewisse Selbständigkeit zu bewahren. Letztlich konnte aber auch dieser Kampf im nationalsozialistischen System nicht zum Erfolg führen.

Es steht nicht in Widerspruch, dass zum einen Beamtenvereinigungen zum Opfer der Verfolgung gemacht wurden, zum anderen sichtlich das Bemühen seitens der Nationalsozialisten erkennbar ist, die Beamten für den neuen Staat und seine Ideologie zu gewinnen. Obwohl es nämlich der geschickten Taktik der NSDAP gelungen war, den Selbstauflösungsprozess von manchen Beamtenorganisationen voranzutreiben oder die Organisation in ihre Hand zu bekommen, traute sich die NSDAP zunächst nicht, die Beamtenorganisationen mit einem Schlag aufzulösen und an ihre Stelle ein Massenkontrollorgan zu setzen. Nicht nur, daß die Beamten ihren ideellen Rückhalt in der Organisation verloren hätten, auch die Sozialleistungen hätten ihnen nicht mehr zur Verfügung gestanden. Der NSDAP musste aber daran gelegen sein, eine Kraftprobe zu vermeiden, die unausweichlich durch eine sofortige Vernichtung aller berufsständischen Formen heraufbeschworen worden wäre. Zudem konnte die Partei unmöglich auf den eingearbeiteten und ausgebauten Beamtenapparat verzichten. Denn auch innerhalb des nationalsozialistischen Regimes und trotz aller Durchbrechungen der Grundsätze des öffentlichen Verwaltungshandelns bedurfte es einer funktionswilligen Verwaltungsmaschinerie, nicht nur um die ökonomischen und gesellschaftlichen Ressourcen für die Expansions- und Kriegspolitik verfügbar zu machen, sondern auch um die lückenlose Ausschaltung von rassischen und politisch verfolgten Gruppen zu ermöglichen[618]. Die Verkehrsbeamten, wozu auch die Lokomotivführer gehörten, verwalteten dabei einen Lebensnerv des Staates.

---

[616] Vgl. Bochalli, Aufhebung der Beamtenvertretungen und Beamtenvereine, in: Deutsche Verwaltung Nr. 8 (Jg. 14) v. 10. 8. 1937, S. 236 f. (236).
[617] Gesetz über Beamtenvereinigungen v. 27. 5. 1937 (RGBl. I, S. 597).
[618] v. Richthofen, Beamten im Nationalsozialismus, S. 4.

Dies dürfte ein Grund dafür gewesen sein, gegen die Beamtenverbände und ihre Führungen – anders als gegen den ADGB – Gewaltmaßnahmen nur in geringerem Maße zu ergreifen. Auch standen andere Mittel zur Verfügung, um die Beamtenorganisationen gefügig zu machen. Die Verbandsfunktionäre standen unter dem allgemeinen Druck des permanenten Ausnahmezustandes, der durch die „Notverordnung des Reichspräsidenten zum Schutz von Volk und Staat" vom 28. Februar 1933[619] eingeführt worden war. § 1 dieser Verordnung setzte die wichtigsten Grundrechte außer Kraft; eine richterliche Überprüfung der auf dieser Grundlage ergangenen staatlichen Maßnahmen war nicht vorgesehen[620]. Als Folge dieser Regelung konnte beispielsweise jede Person jederzeit festgenommen werden. Abgesehen davon galten auch für die Funktionäre und die Mitglieder der Beamtenverbände weiterhin die besonderen beamtenrechtlichen Pflichten. Über das Weisungsrecht und die Disziplinargewalt konnten daher der NSDAP angehörende Vorgesetzte auf diesen Personenkreis Zugriff nehmen. Darüber hinaus wurde das bisherige Beamtenrecht durch das „Gesetz zur Wiederherstellung des Berufsbeamtentums" vom 7. April 1933 bis 1937 außer Kraft gesetzt[621]. Dieses Gesetz sah die Entlassung von „Parteibuchbeamten", kommunistischen Beamten und Juden sowie in § 4 die Entlassung von sonstigen als politisch unzuverlässig angesehenen Beamten vor[622]. Dies bedeutete in der Sache eine erhebliche Einschränkung des Prinzips der Anstellung auf Lebenszeit. Infolge des nicht näher begrenzten Begriffs der „politischen Unzuverlässigkeit" konnte dieses Gesetz auch gegen Funktionäre und Mitglieder der Beamtenverbände angewendet werden, wenn diese sich der „Gleichschaltung" widersetzt hätten. Dieser zusätzliche Druck reichte zur Einschüchterung der Beamtenverbände aus, so dass die Einleitung von Zwangsmaßnahmen aus der Sicht der Nationalsozialisten in größerem Maße unterbleiben konnte.

Nach Ansicht des BVerwG war insbesondere der Deutsche Beamtenbund im Jahr 1932 wegen seiner parteipolitisch neutralen Haltung nicht als politischer Gegner in Erscheinung getreten[623]. Der Deutsche Beamtenbund beschränkte sich darauf, Angriffen der Nationalsozialisten auf einzelne seiner Fachverbände entgegen zu treten; er vermied aber von seinem Verständnis der parteipolitischen Neutralität her jede – grundsätzliche – Auseinandersetzung mit dem Nationalsozialismus, die über die Wahrung der

---

[619] RGBl. 1933, Teil I, Nr. 17, S. 83.
[620] Höhne, Gebt mir vier Jahre Zeit, S. 84.
[621] Hattenhauer, Geschichte des deutschen Beamtentums, S. 408 f.
[622] RGBl. 1933, Teil I, Nr. 34, S. 175.
[623] BVerwGE 7 C 93.99 v. 22. 2. 2001.

Verbandsinteressen hinausging[624]. So protestierte der Deutsche Beamtenbund sowohl gegen das von dem nationalsozialistischen Innenminister von Braunschweig, Klaggers, am 19. Januar 1932 ausgesprochene Verbot der Mitgliedschaft im Landesverband der Polizeibeamten als auch gegen den von der NSDAP im Preußischen Landtag eingebrachten Antrag vom 3. Juni 1932 auf sofortige Auflösung des Verbandes Preußischer Polizeibeamten[625]. Ebenso legte der Deutsche Beamtenbund „schärfste Verwahrung" dagegen ein, dass die Regierung Oldenburgs, der Nationalsozialisten angehörten, die Beziehungen zum Landeskartell Oldenburg des Deutschen Beamtenbundes im September 1932 (zunächst) abbrach[626].
Dagegen unterließ der Deutsche Beamtenbund auch und gerade in der Zeit, als die Weimarer Republik unter den Angriffen der NSDAP zu zerbrechen begann, jede konkrete Äußerung, die in dieser Existenzkrise des Staates als Bekenntnis zu seiner verfassungsrechtlichen Grundlage und gegen den Nationalsozialismus hätte verstanden werden können[627]. Ausschlaggebend für diese Haltung war u.a. die in § 2 Abs. 1 der Satzung festgelegte parteipolitische Neutralität des Verbandes. Jedenfalls in dem hier maßgeblichen Zeitraum setzte der Deutsche Beamtenbund – auch mit Rücksicht auf einerseits bereits weitgehend nationalsozialistisch durchgesetzte und andererseits sozialdemokratisch ausgerichtete Fachverbände – parteipolitische Neutralität mit dem Verzicht auf eine (allgemein-) politische Festlegung und sei es auch nur gegen den Nationalsozialismus gleich[628]. Dies kommt in der Erklärung des wieder gewählten Vorsitzenden des Deutschen Beamtenbundes Flügel auf dem Bundestag im Oktober 1932 zum Ausdruck, in der es heißt, dass „der Deutsche Beamtenbund ... der NSDAP ebenso objektiv gegenüber (steht) wie jeder anderen politischen Partei"[629].
Dieses Verständnis von parteipolitischer Neutralität zeigte sich auch an der Haltung des Deutschen Beamtenbundes zu zwei wichtigen politischen Vorgängen des Jahres 1932. So nahm er anders als die der „Sozialen Arbeitsgemeinschaft im DBB" angehörenden Fachverbände und der Allgemeine Deutsche Beamtenbund, der noch 1932 eine Broschüre mit dem Ti-

---

[624] Vgl. Schütz, Zwischen Standesbewußtsein und gewerkschaftlicher Orientierung, S. 304.
[625] Siehe dazu oben, S. 65 ff.
[626] Siehe dazu oben, S. 62.
[627] vgl. BVerwGE 7 C 93.99 v. 22. 2. 2001.
[628] Ebda., mit Verweis auf Schütz, a.a.O., S. 244, 305 f., 310 u. 351, der mit Blick auf die Unterstützung der Weimarer Republik deshalb eine völlige Handlungsunfähigkeit des DBB feststellt.
[629] BVerwGE 7 C 93.99 v. 22. 2., die auf den Bericht über die Verhandlung des 8. Bundestages des DBB, 1932, S. 86 verweist.

tel „Der Nationalsozialismus, eine Gefahr für das Berufsbeamtentum" herausgab[630], von einer Stellungnahme gegen Hitler und für Hindenburg zur Reichspräsidentenwahl im Frühjahr 1932 Abstand, um seine Neutralität zu wahren. Die durch zwei Repräsentanten republikanisch gesinnten Fachverbände namens des Deutschen Beamtenbundes ohne Einvernehmen mit dessen Leitungsgremien und damit unautorisiert vorgenommene Unterzeichnung eines Aufrufs gemeinsam mit dem Allgemeinen Deutschen Beamtenbund gegen die Absetzung der Regierung in Preußen am 20. Juli 1932 führte zu erheblicher Kritik innerhalb des Deutschen Beamtenbundes und zu Auseinandersetzungen auf seinem 8. Bundestages am 27./28. Oktober 1932[631]. Dies endete mit einem Beschluß, der ein solches Verhalten künftig unmöglich machen sollte.
Für die Nationalsozialisten war die parteipolitische Neutralität, so das BVerwG, wie sie der Deutsche Beamtenbund verstand, deshalb kein Grund, diesen als politischen Gegner anzusehen, sondern vielmehr das „Mittel", um eine offenere Haltung des Deutschen Beamtenbundes zur NSDAP einzufordern[632]. Genau darin bestand aber gerade die Taktik der Nationalsozialisten. Die Beamtenschaft sollte eingeschüchtert werde, um so auf dem Weg zur Gleichschaltung und späteren Ausschaltung des politischen Gegners den Weg des geringsten Widerstandes gehen zu können.

Die in einigen Verbänden, wie hier dem Deutschen Beamtenbund und der Gewerkschaft Preußischer Polizeibeamter, zu beobachtenden Anpassungsbemühungen, wie auch das Hervorheben der parteipolitischen Neutralität durch den DBB, vermögen eine politische Verfolgung vor dem aufgezeigten Hintergrund nicht auszuschließen. Anpassungsbemühungen vermögen nur dann eine politische Verfolgung auszuschließen, wenn sie erfolgt sind, ohne dass der betroffene Verband von Seiten der Nationalsozialisten physischem oder psychischem Druck ausgesetzt war[633]. Diese Verbände befanden sich im Zeitpunkt der Anpassung nicht in einer Zwangslage. Sie standen nicht vor der Alternative, sich anzupassen oder Zwangsmaßnahmen zu erleiden. Dies gilt für alle Verbände, die vor dem Amtsantritt der Regierung Hitler die nationalsozialistische Ideologie übernommen und ihre Führungsfunktionen für Nationalsozialisten geöffnet hatten. Ferner zählt dazu vorauseilender Gehorsam nach dem 30. Januar

---

[630] S.o., S. 58.
[631] Vgl. Bericht über die Verhandlung des 8. Bundestages des DBB, 1932, S. 20 f. u. 32.
[632] Vgl. dazu auch Nationalsozialistische Beamtenzeitung Nr. 22 v. 20. 11. 1932, S. 323.
[633] Vgl. Der Oberbundesanwalt beim BVerwG, Beteiligungsgutachten im Verfahren BVerwG 7 C 13.00, v. 7. Februar 2001, S. 11.

1933, wenn die Maßnahmen nicht als Reaktion auf von den Nationalsozialisten ausgeübten Druck erfolgten[634]. Als Beispiel dafür sei die Aufgabe der Verurteilung des Nationalsozialismus als kirchenfeindliche Lehre durch das Episkopat der katholischen Kirche erwähnt, die nicht auf Verfolgungsdruck zurückging[635]. Ein solcher Akt der freiwilligen Selbstgleichschaltung weist keinen Verfolgungscharakter auf.
Bei dem DBB und dem Verband Preußischer Polizeibeamten aber handelte es sich nicht um vorauseilenden Gehorsam, sondern um Reaktionen auf den durch das Gesetz zur Wiederherstellung des Berufsbeamtentums und die Entlassungen politisch missliebiger Beamter erzeugten Druck[636].

Das angestrebte Ziel der Nationalsozialisten war überall gleich: Die völlige Beseitigung der aus der Weimarer Republik stammenden Verbände, die sie zu Recht als Gegner ihres totalitären Systems betrachtet hatten, und die unter Druck und Zwang erfolgende Einzelmitgliedschaft in einer dem Nationalsozialismus dienenden allumfassenden Vereinigung, ohne die hergebrachte berufs- und sozialpolitische Betätigung[637]. Als Grund für die politische Verfolgung sei hier nochmals die Nähe der Beamtenverbände, und hier insbesondere des DBB und des Verbandes Preußischer Polizeibeamten zu dem von den Nationalsozialisten als politischer Gegner bekämpften „Weimarer Systems" genannt. Die Beamtenverbände sind zur Ausübung ihrer Tätigkeit auf die Existenz der pluralistischen Demokratie angewiesen. In diesem System sind die Beamten nicht an die Person des Staatsoberhauptes, sondern an einen unpersönlichen Organismus namens Staat oder – wie in der Bundesrepublik Deutschland – darüber hinaus an in der Verfassung dieses Staates festgeschriebene Grundwerte gebunden[638]. Besteht hingegen eine persönliche Bindung des einzelnen Beamten an das Staatsoberhaupt, ist eine Vertretung seiner Interessen gegenüber dem durch dieses Staatsoberhaupt repräsentierten Staat nicht möglich. Andernfalls bestünde bei Konflikten die Gefahr der Kollision zwischen den Interessen des Beamten und seiner Verpflichtung zur Treue gegenüber der Person des Staatsoberhaupts[639]. Deshalb war in Systemen, in denen sich die Pflichten des Beamten auf die Person an der Spitze des Staates bezogen, eine Interessenvertretung durch Beamtenverbände undenkbar. Dies galt nicht nur für die Monarchie, in der beispielsweise die Reichsbeamten in einem persönlichen Treueverhältnis zu den aus dem Hause Hohenzol-

---

[634] Ebda.
[635] Vgl. Höhne, a.a.O., S. 92.
[636] Vgl. Der Oberbundesanwalt beim BVerwG, a.a.O., S. 17.
[637] Vgl. Post und Postler im Nationalsozialismus, S. 73.
[638] Der Oberbundesanwalt beim BVerwG, a.a.O., S. 16.
[639] Ebda.

lern stammenden Kaiser standen, sondern auch für das NS-Regiem[640]. Nach Auffassung der Nationalsozialisten bestand für jeden einzelnen Beamten eine Verpflichtung zu Treue und Gehorsam gegenüber der Person Hitler[641].

Das Weiterbestehen von Beamtenverbänden konnte im Dritten Reich nicht geduldet werden. Die Ausübung ihrer Tätigkeit wurde daher unmöglich gemacht. Sie wurden entweder verboten oder in die Zwangslage versetzt, in der ihnen nichts anderes übrigblieb, als ihr eigenes Dasein aufzugeben. Es ist damit einwandfrei dargestellt worden, dass der DBB, der Verband Preußischer Polizeibeamten sowie die Gewerkschaft Deutscher Lokomotivführer von den Mitgliedern der nationalsozialistischen Führerschicht als politisch und weltanschaulich dem Regime gerade entgegengesetzt angesehen wurden und dass sie aus diesem Grunde aus dem kulturellen und wirtschaftlichen Leben Deutschlands durch Maßnahmen des Staates bzw. der NSDAP ausgeschaltet werden sollten. Diese Beamtenvereinigungen wurden nicht nur der Gleichschaltung unterworfen, sondern auch der Ausschaltung, um sie als Gegner unschädlich zu machen, so dass ein „gezielter Zugriff" i.S.d. Rechtsprechung des Bundesverwaltungsgerichts gegeben ist. Das Verfolgungsmotiv der Nationalsozialisten traf die Beamtenverbände in ihrer Gesamtheit, unabhängig davon, ob sie unpolitisch erschienen oder den Nationalsozialisten als „marxistisch" galten.

4. Vermögensrechtliche Gleichschaltung

Bei den Maßnahmen gegen die Beamtenvereinigungen ging es den Nationalsozialisten aber nicht nur um die Zerschlagung der Verbände zur Verhinderung eigenständiger berufspolitischer und sozialpolitischer Tätigkeit, sondern auch um die Wegnahme ihres gesamten, teils beträchtlichen Vermögens (u.a. auch ihrer Ferienerholungs- und Schulungsheime)[642]. Dabei

---

[640] Ebda.

[641] Niederschrift über die Vereidigung der Beamten der Reichskanzlei auf den Führer und Reichskanzler am 27. August 1934, in: Akten der Reichskanzlei, Regierung Hitler, Bd. 2, Dok. 384, S. 1302.

[642] Post und Postler im Nationalsozialismus, S. 73.

musste man etwas vorsichtiger sein als bei der Enteignung der freien Gewerkschaften, deren Vermögen bereits im Mai 1933, im Anschluß an die Besetzung der Gewerkschaftshäuser am 2. Mai 1933, beschlagnahmt und wenig später als staatsfeindlich eingezogen wurde[643]. Denn den noch größtenteils intakten unabhängigen Zivilgerichten konnte man kaum klarmachen, dass es sich bei den Beamtenverbänden pauschal um kommunistische oder staatsfeindliche Organisationen handele[644].

Im Rahmen der Bekanntmachung der Neuorganisation des DBB, wurde den angeschlossenen Verbänden des DBB folgendes durch Sprenger mitgeteilt:

> „Zur Vermeidung von Zweifeln wird darauf aufmerksam gemacht, dass die Verfügung des Führers des Deutschen Beamtenbundes vom 2. Mai d. Js. betr. Neuorganisation des Deutschen Beamtenbundes, die den Aufbau des DBB auf Einzelmitgliedschaft mit Untergliederung in Fachgruppen vorsieht, sich nicht auf die Regelung der vermögensrechtlichen Angelegenheiten der bisherigen Verbände, namentlich soweit es sich um eingetragene Vereine handelt, bezieht. Die vermögensrechtlichen Angelegenheiten sind von den bisherigen Vorständen in ihrer Eigenschaft als gesetzliche Vertreter der Vereine unter eigener Verantwortung weiter zu erledigen, insbesondere sind von ihnen alle zur Sicherung und Abwicklung vermögensrechtlicher Angelegenheiten notwendigen Schritte einzuleiten. Dabei ist sorgsam darauf zu achten, dass bestehende Verträge nicht in der Weise geändert werden, dass neue Verpflichtungen eintreten und dass keine neuen Verpflichtungen eingegangen werden. In Zweifelsfällen ist hierher zu berichten. Weitere Anweisungen über die Gestaltung der Vermögensverwaltung der bisherigen Verbände ergehen, sobald hier auf Grund der mit Rundschreiben vom 12. Mai d. Js. angeforderten Unterlagen ein Überblick gewonnen worden ist.“[645].

---

[643] Gesetz über die Einziehung volks- und staatsfeindlichen Vermögens v. 14. 7. 1933, RGBl. I, 479, wonach Sachen und Rechte, die „zur Förderung marxistischer und anderer staatsfeindlicher Bestrebungen“ verwandt wurden, der Einziehung verfielen. Vgl. dazu auch Schumann, Nationalsozialismus und Gewerkschaftsbewegung, S. 71.

[644] Post und Postler im Nationalsozialismus, S. 73.

[645] Allgemeine Deutsche Lehrerzeitung, Nr. 23, v. 23. 5. 1933, S. 408.

Die Nationalsozialisten waren sorgsam darauf bedacht, das nicht unbeträchtliche Organisationsvermögen für sich und ihre Zwecke zu gewinnen. Die Gründung des RDB zum 1. Januar 1934 war daher weniger für die nationalsozialistische Ausrichtung der Beamtenorganisation selbst von Interesse, da diese bereits im Rahmen der „Gleichschaltung" des DBB selbst erfolgt war. Bedeutung hatte die Gründung des RDB vielmehr für das Vermögen der alten Beamtenverbände.

4.1 Übernahme des Organisationsvermögens durch den Reichsbund Deutscher Beamten

Bis zur Gründung des RDB hatte Neef als Führer des Verbandes erst das Vermögen des DBB selbst und einiger außerhalb des DBB stehender Verbände übernommen. Nun erfolgte der unmittelbare Zugriff auf die ehemaligen Mitgliedsverbände des DBB und deren Vermögen. Dies warf besondere Probleme auf, da der RDB anders als der DBB kein Zusammenschluss verschiedener Beamtenorganisationen war, sondern die Beamten als Einzelmitglieder aufnahm. Es stellte sich daher zwangsläufig die Frage, wie mit dem Vermögen der ehemaligen DBB-Mitgliedsverbände verfahren werden sollte. Diese Frage wurde erst nach mehrjähriger Beratung durch das „Gesetz über Beamtenvereinigungen" vom 27. Mai 1937[646] entschieden. Bereits auf dem 1. Deutschen Beamtentag in Frankfurt am Main am 28. Juni 1934 verkündete Neef jedoch, wie er sich die Übernahme des Vermögens der Beamtenvereinigungen vorstellte:

> „Zur Zeit wird im Reichsbund an der Abwicklung der alten Verbände gearbeitet. Sie wird durch eine gesetzliche Regelung, die der Herr Reichsinnenminister angekündigt hat, wesentlich vereinfacht und beschleunigt werden. Für die Zwischenzeit ist zur Wahrung der vom Reichsministerium des Innern aufgestellten Grundsätze für die Auflösung der alten Beamtenverbände und für die Überführung geeigneter Selbsthilfeeinrichtungen sowie der zu ihrer Durchführung erforderlichen Vermögenswerte auf den Reichsbund der Deutschen Beamten als besonderer Kommissar des Herrn Reichsministers des Innern der Militärintendant Oberregierungsrat Dr. Bongard im Reichsministerium des Innern bestellt worden. Die gesetzlichen Vorschriften werden dahin gehen, dass der Reichsbund der natürli-

---

[646] RGBl. I, 597ff.; s. Abdr. im Anhang.

> che Erbe des Vermögens der alten Verbände ist und dass sich der Übergang der Liquidationsmasse auf den Reichsbund der Deutschen Beamten steuerfrei vollzieht“[647].

Relativ schnell übergaben auch vor dem Inkrafttreten einer gesetzlichen Regelung verschiedene Verbände ihr gesamtes Verbandsvermögen an den RDB, wie bspw. der Deutsche Postverband, „als Zeichen (seines) Bekenntnisses zu dem Gedanken der Beamteneinheitsorganisation, wie ihn der Reichsbund der Deutschen Beamten verwirklicht hat, und als Ausdruck ihres Vertrauens zu Pg. Neef, dem Gründer und Reichswalter des Reichsbundes Deutscher Beamten“[648]. Dabei wurde die Übergabe des Verbandsvermögens nicht an einzelne Bedingungen geknüpft[649]. Hermann Neef versprach jedoch, dieses Vermögen vor allem für den Kreis, der es aufgebracht habe, und für die übrigen RDB-Mitglieder treu zu verwalten[650]. Inwieweit die Übergabe dabei wirklich freiwillig, bzw. infolge der Unterwanderung der Verbände mit Nationalsozialisten erfolgte, ist nicht genau nachzuvollziehen.

Ein wesentlicher Teil des Vermögens der alten Beamtenverbände war in Immobilien, wie Geschäftsstellen und Erholungsheimen gebunden. Bereits 1935 hatte Neef dem Bundesschatzamt des RDB eine „Erholungsheim“-Verwaltungsgesellschaft mbH angegliedert, die die zentrale Verwaltung, Wirtschaftsführung und Kontrolle nach kaufmännischen Grundsätzen übernahm. Ein Jahr später bilanzierte der Hauptabteilungsleiter für die Finanzen des RDB, Dr. Horn, am 21. Januar 1936 vor dem Führerrat des RDB:

> „Die straffe Zusammenfassung in der Einheitsorganisation sorgt dafür, dass entgegen der früheren organisatorischen Zersplitterung nunmehr größtmögliche Einfachheit und Wirtschaftlichkeit verbürgt ist. Bei der Übernahme von Einrichtungen der alten Verbände war der Hauptgesichtspunkt entscheidend, nur wirtschaftlich gesunde

---

647 NSBZ Nr. 14 v. 8. 7. 1934, S. 547.

648 Vgl. NSBZ Nr. 15 v. 21. 7. 1935, S. 611. Weitere Beispiele belegen die Vermögensübertragung durch den Beamtenbund des Saarlandes, die Sozialversicherungsbeamten und die Gemeindebeamten; vgl. NSBZ Nr. 13 v. 23. 6. 1935, S. 531, Nr. 17 v. 18. 8. 1935, S. 685 und Voraus Nr. 12 v. 26. 11. 1936, S. 168.

649 Vgl. NSBZ Nr. 15 v. 21. 7. 1935, S. 611.

650 Ebda.

Betriebe zu übernehmen, was insbesondere auch für die Erholungsheime gilt"[651].

Heime, die noch nicht in das Eigentum des RDB überführt werden konnten, wurden - wie auch das übrige Vermögen - zunächst treuhänderisch verwaltet[652]. Neef sagte dazu später rückblickend:

> „Ich musste eine solche Maßnahme treffen, denn was glauben Sie, wenn ich die ganzen Vereine und Verbände nach eigenem Ermessen hätte schalten und walten lassen, bis endlich einmal eine gesetzliche Regelung kommt, dann wären die vorhandenen Gelder auf dem Wege zur endgültigen Liquidation flöten gegangen. Infolgedessen habe ich mich veranlasst gesehen, eine Treuänderstelle zu schaffen, die mir verantwortlich ist. Denn nun weiß ich, dass von dem vorhandenen Vermögen nichts in Verlust gerät, höchstens können noch die Zinsen dazu kommen"[653].

Aber nicht alle Verbände übergaben „freiwillig" ihr Verbandsvermögen dem RDB. Ein Teil der alten Beamtenverbände war unter Umbenennung ihres früheren Namens zur Erfüllung wirtschaftlicher Zwecke, z.B. als Wohlfahrtsvereine, bestehen geblieben, ein anderer Teil hatte das Verbandsvermögen nicht der neuen Einheitsorganisation zugeführt, obwohl diese auch die sozialen Verpflichtungen der früheren Beamtenvereinigungen übernommen hatte, sondern hatte das Vermögen, zum Teil auch in

---

651 „Drei Jahre neues deutsches Beamtentum", in: NSBZ Nr. 2 v. 26. 1. 1936, S. 52.

652 Vgl. NSBZ Nr. 8 v. 12. 4. 1936, S. 291.

653 Neef, Das Beamtenorganisationswesen, S. 113. Auf der Generalversammlung im Jahre 1936 erklärte Neef ferner: „Manche der früheren Vorstände waren mir nicht so sympathisch und waren auch politisch nicht zuverlässig genug, als daß ich sie dauernd in der Liste der Vereinsvorstände hätte figurieren lassen können. Die vorhandenen Vermögen verwaltet meine Treuhandstelle. Diese Vermögenskonten bleiben aber nicht im RDB, sondern werden gesondert geführt. Solange die entsprechenden Vorschriften des Gesetzes noch bestehen, können wir uns eben auch nicht über dies hinwegsetzen. Kommt ein Gesetz, das uns behilflich wäre, über diese vereinsrechtlichen Vorschriften ... hinwegzukommen, so wäre das zu begrüßen. Dann lösche ich die papierene Eintragung und kann, soweit es sich um unbelastete Vermögen handelt, die Vermögenswerte im Sinne unserer Bestrebungen arbeiten lassen", vgl. Generalversammlung des VDL 1936, S. 113 sowie NSBZ Nr. 16. V. 1. 8. 1937, S. 426.

getarnter Rechtsform, zurückgehalten[654]. Beispielsweise konnte das Organisationsvermögen des ADB dem Zugriff der Nationalsozialisten entzogen werden, indem es in ein getarntes Verlagsunternehmen übertragen wurde. Dem stellvertretenden ADB-Vorsitzenden Theodor Kotzur fiel dabei eine Schlüsselrolle zu. In seiner Eigenschaft als Liquidator führte der Sozialdemokrat „eine Vermögenstransaktion des ADB auf die Verlagsgesellschaft m.b.H. ‚Beamtenhilfe' durch und entzog damit das gesamte Vermögen des ADB dem Zugriff der Faschisten"[655]. Um diese von den Nationalsozialisten durchaus unerwünschten Zustände zu beseitigen, und für die Zukunft die Neugründung von Beamtenvereinigungen im Interesse des einheitlichen Zusammenschlusses der deutschen Beamtenschaft zu verhindern, betrieb das RMdI bereits im September 1934 einen entsprechenden Gesetzesentwurf, wodurch den früheren Beamtenvereinigungen die Rechtsgrundlage entzogen und jede Neubildung ohne ministerielle Genehmigung verboten werden sollte[656].

4.1.1 Vorbereitungen für das „Gesetz über Beamtenvereinigungen" vom 27. 5. 1937

Obwohl das RMdI den Gesetzesentwurf unter Berufung auf „erhebliche wirtschaftliche Interessen" zu beschleunigen suchte[657], verzögerte sich die Verabschiedung des Gesetzes noch um mehr als zweieinhalb Jahre.

Ursprünglich hatte das RMdI die Auflösung sämtlicher Beamtenvereine ins Auge gefasst, die vor der Gründung des RDB entstanden waren, auch wenn deren Gründungsdatum erst nach dem 30. Januar 1933 lag. Dabei entstanden insbesondere hinsichtlich des Kameradschaftsbundes Deutscher Polizeibeamten erhebliche Auseinandersetzungen. Gegen die vollständige Auflösung der Beamtenverbände erhob der General der preußi-

---

[654] Bochalli, Aufhebung der Beamtenvertretungen und Beamtenvereine, Deutsche Verwaltung Nr. 8, Jg. 14 v. 10. 8. 1937, S. 237, der auf die Ausführungen von Triebel in Nr. 22 der NSBZ v. 6. 6. 1937 verweist.

[655] Der Eisenbahner, Nr. 1 v. Jan. 1948.

[656] Vgl. BArch Berlin R 4901 321, Bl.278 ff.

[657] siehe den Aktenvermerk von Rantzau vom 25. 9. 1934, in: BArch R 4901 321, Bl. 291 f..

schen Landespolizei, Daluege, Bedenken[658]. In einem Schreiben an Frick vom 11. Oktober 1934 führte er aus, dass der von ihm mit Zustimmung von Frick ins Leben gerufene Kameradschaftsbund Deutscher Polizeibeamten nach dem Gesetzentwurf aufzulösen und die Mitglieder in den RDB zu übernehmen seien. Nach Auffassung von Daluege lag dies weder im Interesse des Staates noch der Polizeibeamten[659]. Er argumentierte damit, dass sich im Ergebnis der Gründung des Kameradschaftsbundes Deutscher Polizeibeamten alle früheren Polizeibeamtenverbände freiwillig aufgelöst hätten[660]. Ihre gesamten Vermögen seien dem Kameradschaftsbund übertragen worden. Der mit staatlicher Unterstützung entstandene und nach den Prinzipien der NSDAP gegliederte und organisierte Bund habe rasch an Einfluss gewonnen, so dass er Ende 1934 „mit geringen Ausnahmen" alle deutschen Polizeibeamten erfasst und sich zu einem „hervorragenden Instrument der nationalsozialistischen Bewegung" und zum „verlängerten Arm" der Befehlsgewalt Dalueges „zur Wahrung der Disziplin in der Polizei" entwickelt habe[661]. Bereits mit Schreiben vom 2. Oktober 1934 hatte der Kameradschaftsbund daher um Aufnahme eines Zusatztextes in den Gesetzesentwurf über die Auflösung der alten Verbände gebeten, der wie folgt lauten sollte:

> „Dieses Gesetz findet keine Anwendung auf den Kameradschaftsbund Deutscher Polizeibeamter e.V., der mit dem 1. 9. 1933 gebildet ist.
> Das Vermögen der ehemaligen deutschen Polizeibeamtenverbände ist daher, so weit es noch nicht geschehen ist, restlos dem Kameradschaftsbund Deutscher Polizeibeamten e.V. zuzuführen.
> Der Kameradschaftsbund Deutscher Polizeibeamter untersteht der Aufsicht des jeweiligen Leiters der Polizeiabteilung des RMdI"[662].

Daluege befürchtete im Falle der Auflösung des Kameradschaftsbundes eine Störung der ideologischen Beeinflussung der Polizeibeamten und gab zu bedenken, dass die Auflösung dieses von Frick, Göring und ihm geförderten Kameradschaftsbundes auf das Unverständnis der Polizeibeamten stieße – nicht zuletzt auch in Anbetracht der umfangreichen Wohl-

---

[658] Vgl. zu dieser Thematik auch das Schreiben des Chefs der Ordnungspolizei an Himmler v. 12. 4. 1937, in dem ähnliche Bedenken erhoben werden, BArch Berlin R 19 387.
[659] BArch Berlin R 4901 321, Bl. 248.
[660] Ebda.
[661] Ebda.
[662] BArch Berlin R 19 384.

fahrtseinrichtungen zugunsten der Mitglieder in diesem Bund[663]. Ergänzend verwies Daluege auf ähnliche Bedenken anderer Reichsministerien, die sich unter grundsätzlicher Zustimmung zum Gesetzentwurf gegen eine ausnahmslose Auflösung der Beamtenvereine und –gesellschaften richteten, um unerwünschte Nebenwirkungen zu vermeiden[664]. Inhaltlich wurde dem Anliegen Dalueges entsprochen.

Im Vorfeld wurde es für besonders wichtig gehalten, dass der Kreis der von dem Gesetz zu erfassenden Vereinigungen eine scharfe Abgrenzung erfuhr und am Gesetz selbst zum Ausdruck gebracht wurde, dass es sich nur gegen die Zusammenschlüsse ständischen, d.h. beamtenpolitischen Charakters richtete[665].

Frick übersandte den endgültigen Gesetzesentwurf[666], mit dem sich die Reichsminister einverstanden erklärt hatten, mit Schreiben vom 8. März 1937 an den Staatssekretär und Chef der Reichskanzlei[667]. Dieser Entwurf wurde angenommen[668]; Hitler unterschrieb die Ausfertigung des Gesetzes am 27. Mai 1937[669].

4.1.2 Auswirkungen des Gesetzes auf die Organisationsvermögen

Das Gesetz über Beamtenvereinigungen vom 27. Mai 1937 löste gem. § 1 Abs. 1 die Spitzenverbände der Beamtenschaft (RhB, DBB, ADB) und alle in ihnen zu irgend einer Zeit organisierten Beamtenorganisationen, soweit ihre Auflösung nicht bereits vollzogen war, mit Wirkung vom 1. Juli 1937, dem Inkrafttreten des DBG und der RDStO, auf. In besonderen Fällen konnte der RMdI das Fortbestehen einer solchen Beamtenvereinigung gem. § 1 Abs. 1 zulassen. Als einzige Beamtenorganisation erkannte das Gesetz gem. § 1 Abs. 4 den RDB e.V. einschließlich des ihm eingeglieder-

---

663 BArch Berlin R 4901 321, Bl. 248.
664 Ebda.
665 Vgl. dazu bspw. BArch Berlin R 43 I 464 a, Bl. 58.
666 Einzelne Gesetzesentwürfe s. in: BArch Berlin R 43 I 464a sowie R 1501 5564 Rep. 320 Nr. 564.
667 BArch Berlin R 43 I 464 a, Bl. 59.
668 Vgl. Schreiben des Staatssekretärs und Chef der Reichskanzlei v. 9. 4. 1937, BArch Berlin R 43 I 464a Bl. 60ff. Lediglich das Auflösungsdatum wurde um einen Monat auf den 1. 5. 1937 verschoben.
669 BArch Berlin R 43 I 464 a, Bl. 71.

ten Kameradschaftsbundes Deutscher Polizeibeamten e.V., den Nationalsozialistischen Rechtswahrerbund e.V., den Nationalsozialistischen Lehrerbund e.V. und den Reichsbund der Wehrmachtbeamten e.V. an. Diese Reichsbünde wurden durch die Bestimmungen des Gesetzes nicht berührt.

Das Reinvermögen der aufgelösten Vereinigungen fiel nach § 2 Abs. 2 des Gesetzes dem RDB – soweit es sich aber um Polizeibeamtenvereinigungen handelte, gem. § 2 Abs. 7 dem Kameradschaftsbund Deutscher Polizeibeamten (im Reichsbund der Deutschen Beamten e.V.) – zu. Das gesamte bewegliche und unbewegliche Vermögen musste damit entschädigungslos an den RDB abgeführt werden. Es wurde als Sondervermögen behandelt und bei der eigens zu dessen Verwaltung geschaffenen „Abwicklungsstelle für die alten Verbände" getrennt von dem zur Hauptsache aus Mitgliedsbeiträgen stammenden Eigenvermögen des RDB geführt. Die erheblichen flüssigen Mittel wurden im Laufe der Zeit teilweise zum Ankauf von Grundstücken und Liegenschaften verwendet. Der Gesamtbestand des Vermögens belief sich nach einer Aussage des von der Berliner Kommission einvernommenen Zeugen Hoffmann, ehemals Hauptbuchhalter in der Abwicklungsstelle, noch im Jahr 1939 auf rd. 22 Millionen Reichsmark[670].

4.2 Zusammenfassung

Gleichzeitig mit der Gleichschaltung der Verbände ging es den Nationalsozialisten um den Zugriff auf deren Vermögen. Das Gesetz über Beamtenvereinigungen vom 27. Mai 1937 brachte für die inzwischen bereits vollzogene Auflösung der demokratischen Beamtenverbände nichts Neues, sondern segnete diese nur noch einmal förmlich ab. Von rechtspolitischer Bedeutung war zu dieser Zeit der bereits vollzogenen „Gleichschaltung" der Beamtenvereinigungen nur noch die Regelung der Vermögensfrage[671], mithin die vermögensrechtliche Gleichschaltung. Diese erfolgte durch das „Gesetz über Beamtenvereinigungen" dessen Nutznießer die nationalsozialistische Einheitsorganisation, der RDB in Berlin wurde.

---

670 Exposé zur Vorbereitung der auf Mittwoch, den 13. Juli 1955 anberaumten Besprechung mit Staatssekretär Dr. Haas, DBB – Archiv 4035, Bl. 2.

671 Vgl. Hattenhauer, Geschichte des Beamtentums, S. 399.

Dass das Gesetz über Beamtenvereinigungen keineswegs nur der Neuorganisation der Beamtenverbände diente, sondern diese auch gezielt als politische Gegner des Nationalsozialismus ausschalten sollte, machte der Staatssekretär im Reichsministerium Pfundtner in seiner Einführung zu diesem Gesetz deutlich:

> „Die Vereinigungsfreiheit (‚Koalitionsfreiheit') der Beamten, die in der Verfassung von 1919 gewährleistet worden war und als besondere Errungenschaft des republikanischen Systems galt, führte praktisch dazu, dass sich die deutsche Beamtenschaft in annähernd 1000 Vereinigungen verschiedenster Art und verschiedensten Umfang zersplitterte. Die Bedeutendsten unter diesen Vereinigungen verfolgten den Zweck, Interessen der Beamtenschaft dem Staat gegenüber zu vertreten und durchzusetzen. ... Andere Vereinigungen fassten Teile der Beamtenschaft unter anderen Gesichtspunkten, z.B. unter wirtschaftlicher oder sozialer Zwecksetzung oder auch nach ihrer Konfession, zusammen oder behaupteten, der Kameradschaftspflege innerhalb bestimmter Beamtengruppen dienen zu wollen. Mochten solche Vereinigungen, einzeln betrachtet, auch teilweise als harmlos erscheinen oder sogar in ihrem Rahmen manches Gute wirken, so führen doch, von hoher Warte gesehen, auch sie zu einer unnötigen, willkürlichen und schädlichen Gruppenbildung innerhalb der Beamtenschaft, ließen ein Gemeinschaftsbewußtsein höherer Art bei den Beamten nicht aufkommen und öffneten unkontrollierbaren Einflüssen auf das Staatsdienertum Tür und Tor. In das liberalistisch-marxistische System passte dies alles freilich vorzüglich hinein. Der nationalsozialistische Staat aber, der sogleich nach der Machtübernahme sich die Wiederherstellung des Berufsbeamtentums angelegen sein ließ und nur eine einheitlich ausgerichtete, verantwortungsbewusste, in jeder Lage unbedingt verlässliche und einsatzkräftige Beamtenschaft brauchen kann, musste mit der vereinsmäßigen Zersplitterung der Beamtenschaft begreiflicherweise Schluss machen"[672].

Auch hinter dem „Gesetz über Beamtenvereinigungen" als Schlussstein in

[672] Pfundtner/Neubert, Das neue Deutsche Reichsrecht I c 16, S. 1.

der nationalsozialistischen Beamtenorganisationspolitik[673] stand also ein Verfolgungsmotiv der Nationalsozialisten. Es ging darum, die demokratischen Beamtenverbände als Repräsentanten des „liberalistisch-marxistischen Systems" zu liquidieren und ihres Vermögens zu berauben.

5. Schlußfolgerung

Seit Beginn des „Dritten Reichs" war die Beamtenschaft der Maschinerie des Terrors und der Massenpropaganda in besonderer Weise unterworfen. Die „wilden" Amtsenthebungen in den ersten Wochen der NS-Diktatur und die daran anschließenden „Säuberungen" der Beamtenschaft aufgrund des Gesetzes zur Wiederherstellung des Berufsbeamtentums gingen einher mit der auf willenlose Gehorsamsleistung gerichteten Disziplinierung der im Dienst belassenen Beamten als Vollstrecker der staatlichen Anordnungen, mit der gewaltsamen Veränderung der Organisationsstruktur der Beamtenschaft unter Beseitigung des politischen Einflusses der Beamtenorganisationen und mit den Maßnahmen zur Umerziehung und Schulung der Beamten zur Verinnerlichung und Festigung der nationalsozialistischen Weltanschauung.

Aus der nationalsozialistischen Anschauung wurde das Recht auf eine imperialistische Politik und auf Unterdrückung und Vernichtung anderer Völker und Rassen hergeleitet sowie die Befugnis, das gesamte öffentliche und private Leben nach den von den Parteifunktionären ausgehenden Anordnungen zu regeln. Die Ziele des Nationalsozialismus sollten auf der Grundlage eines diktatorischen Führerprinzips rücksichtslos verwirklicht

---

673 Neef erklärte zu dem Gesetz über Beamtenvereinigungen: „Für die Führer der Beamtenbewegung erwuchs 1933 zunächst die große Aufgabe, mit den 900 alten Beamtenverbänden aufzuräumen. Jetzt ist mit dem Gesetz über Beamtenvereine der Schlussstein unter dieses Kapitel gesetzt; das Gesetz ermöglicht die Überführung (der Vermögen) auf den RDB ohne Rücksicht auf das Vereinsgesetz. Das Gute, das die alten Verbände geschaffen hatten (...), wurde erhalten und konnte nun unter einheitlicher Leitung in früher ungeahntem Maße ausgebaut werden", in: NSBZ Nr. 25 v. 5. 12. 1937, S. 658; vgl. auch Neef, Fünf Jahre nationalsozialistische Beamteneinheitsorganisation, S. 12 f.

werden, weder rechtsstaatliche Bindungen noch Achtung vor der Menschenwürde wurden anerkannt.

Mit Beginn der Herrschaft der Nationalsozialisten im Jahre 1933 war damit für die Gewerkschaften und Beamtenvereinigungen das vorläufige Ende gekommen. Die Nationalsozialisten machten das Beamtentum zur Zielscheibe ihrer gegen das „System" gerichteten Propaganda. Hitler hatte zwar ursprünglich von einem Ständestaat gesprochen, in dem die Gewerkschaften ihren Platz finden könnten; doch dieses „Bekenntnis" war in einer Zeit geäußert worden, als es noch galt, auf bestimmte Gruppen Rücksicht zu nehmen, wollte er sich nicht den Weg zur Macht verbauen. Er wollte auf die volle Unterwerfung und Kontrollierung der Massen hinaus und dieses Ziel vertrug sich nicht mit der Stärke und der Selbständigkeit der auf demokratischer Grundlage aufgebauten Gewerkschaften und Beamtenorganisationen. Die bei diesen Organisationen bestehenden demokratischen Grundsätze standen in scharfem Gegensatz zu denjenigen der Nationalsozialisten.

Zahlreiche Beamtenfunktionäre aus den Reihen sowohl des ADB als auch der parteipolitisch neutralen Verbände leisteten Widerstand gegen das nationalsozialistische Regime oder mußten ihre antifaschistische Haltung mit dem Tod in Konzentrationslagern bezahlen[674]. In der Zeit zwischen 1933 und 1945, wo Willkür und Terror keine freien Gewerkschaften zuließen, mussten aufrechte Gewerkschafter mit dem Regime in Konflikt geraten.
Trotz der Verfolgung und Widerstandsaktionen, kann auf der anderen Seite aber nicht gesagt werden, die Beamten seien die beklagenswertesten Opfer der nationalsozialistischen Herrschaft. Sie leisteten zum Aufbau der Kriegswirtschaft und zur Stabilisierung des Unrechtssystems mit allen seinen Unmenschlichkeiten einen entscheidenden Beitrag. Wieweit die Verantwortung der Beamten aber letztlich reicht, muss angesichts des massiven Drucks der Partei auf die Verwaltung unbeantwortet bleiben.

Die Gesamtentwicklung des Organisationswesens vollzog sich im wesentlichen in drei großen Etappen: Die erste Etappe umfasst die Entwicklung bis zum Aufbau des DBB auf der Grundlage der Einzelmitgliedschaft, die am 1. Juli 1933 wirksam wurde. Die alten Verbände bildeten in dieser ersten Phase der Umgestaltung die organisatorisch Grundlage. Die zweite E-

---

[674] Vgl. dazu auch Kröker/Schmitz, Lebensbilder der Vorsitzenden des Deutschen Beamtenbundes, S. 76.

tappe umfasst den Aufbau der Fachgruppen des DBB durch Erfassung der Mitglieder der alten Verbände und eine weitgehende Vereinheitlichung des Zeitungswesens. Diese Entwicklungsphase charakterisierte sich vor allem dadurch, dass sich das Wirken der Fachgruppen noch unter starker Zuhilfenahme der alten Verbände vollzog. Hier wirkten die Fachgruppen und Fachschaften der Beamtenabteilung der NSDAP noch nebeneinander. Die dritte Etappe brachte schließlich die völlige Loslösung von den alten Verbänden und das Aufgehen der Fachgruppen und Fachschaften in die neugebildeten Fachschaften des RDB. Mit der Gründung des RDB wurde gleichzeitig durch das Amt für Beamte das Verhältnis zur Leitung der NSDAP klargestellt.

Natürlich ist nicht jede Auflösung eines Verbandes unter dem NS-Regime eine direkte und aktive Verfolgungsmaßnahme. Organisatorische Gründe, das Bestreben der Nationalsozialisten, eine Organisation gleichzuschalten, finanzielle Gründe etc. können in diesem Zusammenhang mit eine Rolle gespielt haben. Die demokratischen Beamtenverbände aber standen mit ihrem Pluralismus, der in einer kaum zu überschauenden Vielfalt von Vereinigungen seinen plastischen Ausdruck fand, für ein politisches und weltanschauliches System, das die Nationalsozialisten von Grund auf verachteten und ablehnten. Dies war der eigentliche Beweggrund der Nationalsozialisten zu ihrer Ausschaltung der Beamtenverbände aus dem öffentlichen Leben Deutschlands.

Die Auflösung der freien Beamtenverbände und die Überführung ihrer Mitglieder bzw. ihres Vermögens auf nationalsozialistisch ausgerichtete Nachfolgeorganisationen erfolgte nicht freiwillig, sondern nur unter dem Zwang der Nationalsozialisten. Sie wollten gezielt auf Organisationen zugreifen, die sich ihrem ideologischen Einfluss entzogen.

Zusammenfassend lässt sich damit nochmals feststellen, dass das nationalsozialistische Regime die in der Weimarer Republik bestehenden demokratischen und republikanischen Beamtenorganisationen in ihrer Gesamtheit als seine wirklichen oder möglichen politischen oder weltanschaulichen Gegner ansah und sie aus diesem Grunde zielgerichtet ausgeschaltet hat. Die Beamtenverbände der Weimarer Republik unterlagen daher eo ipso kollektiver Verfolgung i.S.d. § 1 Abs. 6 S. 2 VermG i.V.m. Art. 3 Abs. 1 lit. b der alliierten Rückerstattungsgesetze, so dass zu ihren Gunsten ein verfolgungsbedingter Vermögensverlust zu vermuten ist.

6. Anhang

6.1 Die Entwicklung des Organisationswesens der Beamten ab 1933 im Überblick

8. 4. 1933 Übernahme der Führung des DBB durch Jakob Sprenger. Ankündigung, dass sich der Aufbau und die Arbeitsweise des DBB auf der Grundlage des Führergedankens vollziehen werden.

13. 4. 1933 Ernennung des Führerrats und der Abteilungsleiter der Geschäftsstelle im DBB. Veröffentlichung der Gleichschaltungsrichtlinien für die Neuwahlen in den Beamtenverbänden.

12. 5. 1933 Anweisung des Reichskommissars für Beamtenorganisationen zur Bildung von Einheitsorganisationen nach fachlicher Gruppierung (Reichsbahn, Reichspost, Reichsfeuerverwaltung usw.).

18. 5. 1933 Ankündigung des Reichskommissars für Beamtenorganisationen, dass die Einheitsverbände als Vorläufer einer Entwicklung zu betrachten sind, die zur Einzelmitgliedschaft im DBB führt.

23. 5. 1933 Anordnung des DBB, dass die Vorstände der alten Verbände alle vermögensrechtlichen Angelegenheiten als gesetzliche Vertreter der Vereine unter eigener Verantwortung zu erledigen haben.

1. 6. 1933 Veröffentlichung der Richtlinien für die Tätigkeit der Bundeswarte, Landeswarte und Fachgruppen.

15. 6. 1933 Der Führer des DBB, Jakob Sprenger, legt mit der Ernennung zum Reichsstatthalter sein Amt nieder. An seine Stelle tritt der Organisationsleiter Hermann Neef.

1. 7. 1933 Die Einzelmitgliedschaft im DBB über die Fachgruppen wird wirksam.

7. 9. 1933 Die Nationalsozialistische Beamtenzeitung (NSBZ) wird zum Organ der gesamten deutschen Beamtenschaft erklärt.

14. 10. 1933Der Beamtenführer Neef verkündet auf einer Beamtenkundgebung in Köln den RDB und damit eine grundsätzliche Veränderung im Organisationswesen der Beamten.

1. 1. 1934 Die Einzelmitgliedschaft im RDB tritt in Kraft. Die faktische Loslösung von der überwiegenden Zahl der alten Beamtenverbände ist damit erfolgt.

27. 5. 1937 Das Gesetz über Beamtenvereinigungen tritt in Kraft und bildet damit den Schlussstein in der nationalsozialistischen Beamtenorganisationspolitik.

Reichsgesetzblatt

Teil I

1937	Ausgegeben zu Berlin, den 28. Mai 1937	Nr. 65

Inhalt

Tag		Seite
27. 5. 37	Gesetz über Beamtenvereinigungen	597
27. 5. 37	Gesetz zur Regelung von Kapitalfälligkeiten gegenüber dem Ausland	600
27. 5. 37	Gesetz über Postkleiderkassen	601
20. 5. 37	Verordnung über den Beitrag zur Krankenversicherung der Erwerbslosen im Saarland	602
25. 5. 37	Verordnung über Zolländerungen	602
26. 5. 37	Verordnung über die Überprüfung von Lohndreschbetrieben	604

Gesetz über Beamtenvereinigungen.

Vom 27. Mai 1937.

Die Reichsregierung hat das folgende Gesetz beschlossen, das hiermit verkündet wird:

§ 1

(1) Die ehemaligen Spitzenverbände der Beamtenschaft (Reichsbund der höheren Beamten, Deutscher Beamtenbund, Allgemeiner Deutscher Beamtenbund) und die Beamtenvereinigungen, die diesen Spitzenverbänden zu irgendeinem Zeitpunkt unmittelbar oder mittelbar angehört haben, werden, soweit ihre Auflösung nicht bereits vollzogen ist, mit Wirkung vom 1. Juli 1937 ab aufgelöst. In besonderen Fällen kann der Reichsminister des Innern das Weiterbestehen einer solchen Beamtenvereinigung zulassen. Als Beamtenvereinigungen gelten auch Vereinigungen, die überwiegend Beamte, Ruhestandsbeamte und Hinterbliebene von Beamten, daneben aber auch andere Volksgenossen umfassen (gemischte Vereinigungen).

(2) Sofern sonst noch Beamtenvereinigungen bestehen, kann sie der Reichsminister des Innern auflösen.

(3) Ob eine Vereinigung eine Beamtenvereinigung im Sinne dieses Gesetzes ist, entscheidet im Zweifelsfall der Reichsminister des Innern endgültig.

(4) Der Reichsbund der Deutschen Beamten e. V. einschließlich des ihm eingegliederten Kameradschaftsbundes Deutscher Polizeibeamten e. V., der Nationalsozialistische Rechtswahrerbund e. V., der Nationalsozialistische Lehrerbund e. V. und der Reichsbund der Wehrmachtbeamten e. V. werden durch die Bestimmungen dieses Gesetzes nicht berührt. Dasselbe gilt — unbeschadet der Vorschriften des § 3 — für Körperschaften des öffentlichen Rechts und für unter Reichs- oder Landesaufsicht stehende Unternehmungen wirtschaftlicher Art.

§ 2

(1) Für die Liquidation des Vermögens der aufgelösten Beamtenvereinigungen gelten die Vorschriften des bürgerlichen Rechts. Der Reichsminister des Innern kann jedoch Liquidatoren bestellen und abberufen und die Art der Liquidation abweichend von den Bestimmungen des bürgerlichen Rechts regeln. Er kann die im § 51 des Bürgerlichen Gesetzbuchs festgesetzte Sperrfrist von einem Jahr für die Ausantwortung des Vermögens der aufgelösten Beamtenvereinigungen an den Anfallberechtigten herabsetzen. Die Liquidation erstreckt sich auf alle Vermögensgegenstände, die wirtschaftlich den Beamtenvereinigungen gehören, insbesondere also auch auf Vermögensgegenstände, die für die Beamtenvereinigungen von einem Treuhänder verwaltet werden.

(2) Nach Durchführung der Liquidation ist das Vermögen der aufgelösten Beamtenvereinigungen auf den Reichsbund der Deutschen Beamten e. V. zu übertragen und von diesem für seine satzungsmäßigen Zwecke zu verwenden. Der Reichsminister des Innern kann, namentlich bei gemischten Vereinigungen (§ 1 Abs. 1 letzter Satz), eine andere Regelung treffen.

(3) Für Verbindlichkeiten der aufgelösten Beamtenvereinigungen oder ihrer Einrichtungen haftet der Reichsbund der Deutschen Beamten e. V. nur mit dem Vermögen der aufgelösten Beamtenvereinigungen. Die Ansprüche an den Reichsbund der Deutschen Beamten e. V. verjähren innerhalb eines Jahres seit Übernahme des Vermögens der aufgelösten Beamtenvereinigungen oder ihrer Einrichtungen. Als Übernahme gilt der Tag, an dem der Reichsbund der Deutschen Beamten e. V. der aufgelösten Beamtenvereinigung oder ihrer Einrichtung die Übernahme des Vermögens schriftlich bestätigt. Als Bestätigung gilt auch eine entsprechende Bekanntmachung im Deutschen Reichsanzeiger und Preußischen Staatsanzeiger.

(4) Hat die Ansammlung des Vermögens einem bestimmten sozialen Zweck gedient, so soll dieser Zweck und der Kreis der Beamten, der das Vermögen angesammelt hat, bei der Verwendung tunlichst berücksichtigt werden. Eine andere Verwendung des Vermögens ist nur mit Zustimmung des Reichsministers des Innern zulässig.

(5) Der Reichsminister des Innern kann Satzungsbestimmungen und Beschlüsse von Beamtenvereinigungen aufheben und ändern, wenn sie über die Verwendung des Vermögens von diesem Gesetz abweichende Bestimmungen getroffen haben. Dies gilt auch dann, wenn sich Beamtenvereinigungen bei Inkrafttreten dieses Gesetzes in Liquidation befinden oder die Liquidation mit Wirkung von einem späteren Zeitpunkt als dem 30. Januar 1933 durchgeführt ist. Vermögensstücke, die auf Grund der aufgehobenen Satzungsbestimmungen oder Beschlüsse auf Dritte übertragen worden sind, kann der nunmehr Berechtigte nach den Grundsätzen über die Herausgabe einer ungerechtfertigten Bereicherung zurückverlangen.

(6) Soweit der Übergang von Vermögen (Absätze 1 bis 5) nach Landesrecht an eine besondere Genehmigung gebunden ist, bedarf es ihrer — auch für die zurückliegende Zeit — nicht. Für die Übertragung von Vermögen und die damit unmittelbar zusammenhängenden Rechtsgeschäfte erheben Reich, Länder, Gemeinden und Gemeindeverbände weder Steuern noch Gebühren.

(7) Soweit es sich um Vermögen der aufgelösten Polizeibeamtenvereinigungen handelt, tritt an die Stelle des Reichsbundes der Deutschen Beamten e. V. der Kameradschaftsbund Deutscher Polizeibeamten e. V.

§ 3

(1) Versorgungs-, Versicherungs- und ähnliche Einrichtungen der aufgelösten Beamtenvereinigungen gehen auf den Reichsbund der Deutschen Beamten e. V. über und sind von ihm auf Versicherungsunternehmen zu überführen oder abzuwickeln. Zu diesem Zweck kann der Reichsbund der Deutschen Beamten e. V. mit Zustimmung des Reichsministers des Innern und des Reichswirtschaftsministers die erforderlichen Maßnahmen treffen, insbesondere auch die für solche Einrichtungen erlassenen Satzungen und andere Vorschriften ändern.

(2) Die Vorschriften des Absatzes 1 finden keine Anwendung auf selbständige Versicherungsunternehmen, die ihren Versicherten einen Rechtsanspruch gewähren.

(3) In besonderen Fällen kann der Reichsminister des Innern im Einvernehmen mit dem Reichswirtschaftsminister abweichende Anordnungen treffen.

(4) In Gruppenversicherungs-, Begünstigungs- und Empfehlungsverträge, die aufgelöste Beamtenvereinigungen mit Versicherungsunternehmen abgeschlossen haben, kann der Reichsbund der Deutschen Beamten e. V. nur mit Zustimmung des Reichsministers des Innern im Einvernehmen mit der für das Versicherungsunternehmen zuständigen Aufsichtsbehörde eintreten.

(5) § 2 Abs. 7 gilt entsprechend.

§ 4

Der Reichsminister des Innern kann Dienstbezüge, Abfindungen, Übergangsgelder und Versorgungsansprüche der Dienstverpflichteten der aufgelösten Beamtenvereinigungen auf einen angemessenen Betrag herabsetzen oder zeitlich beschränken; er kann auch Verträge, Vereins- und Gesellschaftsbeschlüsse, die Entschädigungen, Abfindungen oder Zuwendungen anderer als der vorgenannten Art im Zusammenhang mit der in Aussicht stehenden oder bereits erfolgten Auflösung der Beamtenvereinigungen betreffen, aufheben oder ändern.

§ 5

(1) Auf Antrag des Reichsministers des Innern ist ein vor einem ordentlichen Gericht oder einem Arbeitsgericht anhängiger Rechtsstreit, in dem ein unter § 4

fallender Anspruch durch Klage oder Einrede geltend gemacht wird, auszusetzen; ebenso ist die Zwangsvollstreckung wegen eines Anspruchs der im § 4 bezeichneten Art einstweilen einzustellen. Ist streitig, ob der Anspruch unter § 4 fällt, so hat das Gericht die Akten dem Reichsminister des Innern zur Entscheidung vorzulegen. Seine Entscheidung ist endgültig und bindet die Gerichte.

(2) Soweit der Reichsminister des Innern eine Anordnung nach § 4 trifft, ist die weitere Verfolgung des Anspruchs im Rechtswege ausgeschlossen und die Zwangsvollstreckung aus einem bereits vorliegenden Vollstreckungstitel unzulässig. Soweit sich durch diese Anordnung ein anhängiger Rechtsstreit erledigt, werden die Gerichtskosten niedergeschlagen, die außergerichtlichen Kosten gegeneinander aufgehoben.

(3) Lehnt der Reichsminister des Innern eine Anordnung nach § 4 ab, so können die Parteien einen ausgesetzten Rechtsstreit wieder aufnehmen und beantragen, daß die einstweilige Einstellung der Zwangsvollstreckung wieder aufgehoben wird.

§ 6

Maßnahmen, die auf Grund dieses Gesetzes getroffen werden, oder Maßnahmen, die bereits vorher getroffen worden sind, sich aber im Rahmen des Gesetzes halten, begründen keinen Entschädigungsanspruch. Ob eine Maßnahme dieser Art vorliegt, entscheidet im Zweifelsfall der Reichsminister des Innern endgültig und für die Gerichte bindend. Die Vorschriften des § 5 finden entsprechende Anwendung.

§ 7

(1) Vereinigungen von Beamten, Ruhestandsbeamten und Hinterbliebenen von Beamten (Beamtenvereinigungen) dürfen nur mit Genehmigung des Reichsministers des Innern gegründet werden.

(2) Ob eine Vereinigung eine Beamtenvereinigung im Sinne des Absatzes 1 ist, entscheidet im Zweifelsfall der Reichsminister des Innern endgültig.

§ 8

Der Reichsminister des Innern erläßt die zur Durchführung dieses Gesetzes erforderlichen Rechts- und Verwaltungsvorschriften.

§ 9

(1) Mit Gefängnis bis zu einem Jahr und mit Geldstrafe oder mit einer dieser Strafen wird bestraft, wer vorsätzlich dem § 7 des Gesetzes zuwiderhandelt.

(2) Der Reichsminister des Innern wird ermächtigt, im Einvernehmen mit dem Reichsminister der Justiz durch Verordnung Strafen für Zuwiderhandlungen gegen die zur Durchführung des Gesetzes getroffenen Anordnungen anzudrohen.

§ 10

Die Vorschriften der §§ 1 bis 9 finden auf Vereinigungen der beamteten Erzieher, der Wehrmachtbeamten und der beamteten und nichtbeamteten Rechtswahrer sinngemäß mit der Maßgabe Anwendung, daß die dem Reichsminister des Innern nach den §§ 1 bis 9 zustehenden Befugnisse in dem ersten Fall vom Reichsminister für Wissenschaft, Erziehung und Volksbildung, im zweiten Fall vom Reichskriegsminister und Oberbefehlshaber der Wehrmacht und im dritten Fall vom Reichsminister der Justiz ausgeübt werden und daß an die Stelle des Reichsbundes der Deutschen Beamten e. V. in dem ersten Fall der Nationalsozialistische Lehrerbund e. V., im zweiten Fall der Reichsbund der Wehrmachtbeamten e. V. und im dritten Fall der Nationalsozialistische Rechtswahrerbund e. V. tritt.

Berlin, den 27. Mai 1937.

Der Führer und Reichskanzler
Adolf Hitler

Der Reichsminister des Innern
Frick

Der Reichskriegsminister
und Oberbefehlshaber der Wehrmacht
von Blomberg

Der Reichsminister der Finanzen
In Vertretung
Reinhardt

Der Reichsminister für Wissenschaft, Erziehung und Volksbildung
Rust

Der Reichsminister der Justiz
In Vertretung
Dr. Schlegelberger

Der Reichswirtschaftsminister
Mit der Führung der Geschäfte beauftragt:
Dr. Hjalmar Schacht
Präsident des Reichsbankdirektoriums

7. Quellen- und Literaturverzeichnis

Der Kursivdruck beschreibt die Zitierweise.

7.1 Unveröffentlichte Quellen

Bundesarchiv Berlin:

R 19 Hauptamt Ordnungspolizei:

Nr. 283 Aufgaben und Leistungen der Technischen Polizeischule Berlin, 1936 – 1941,

Nr. 285 Gruppe „Freiwillige Feuerwehren“ im Kameradschaftsbund Deutscher Polizeibeamter, 1938 – 1945,

Nr. 384 Kameradschaftsbund deutscher Polizeibeamter, 1933 – 1934.

R 3901 Reichsarbeitsministerium:

Nr. 20 495 Beamtenangelegenheiten – Allgemeines, 1933 – 1935.

R 4701 Reichspostministerium:

Nr. 22 218 Postbeamtenstandesvertretungen, 1931-1932,

Nr. 22 219 Postbeamtenstandesvertretungen, 1933-1939.

R 2301 Rechnungshof des Deutschen Reiches:

Nr. 876 Allgemeine Angelegenheiten der Reichsbeamten (Reichsbeamtengesetz) und Rechtsstellung der Beamten. Reichsministergesetz. Disziplinarstrafrecht), 1935-1940,

Nr. 901 Wahrnehmung der bürgerlichen Rechte, Zeugen oder Sachverständige, Politische Betätigung, Wahlen und Feuerwehrdiestpflicht der Beamten, 1932-1941.

R 1501 Reichsministerium des Innern:

Nr. (alt 1135) jetzt 101 135 Reichsversicherungsordnung, März 1910-Juli 1910,

Nr. (alt 2532) jetzt 102 532 Beschäftigung elsaß-lothringischer Beamten im reichs- und preußischen Staatsdienst – Presseäußerungen, Jan. 1914-Mai 1914,

Nr. (alt 2571) jetzt 102 571 Die Unterbringung und Rechtsverhältnisse der freiwerdenden oder überzähligen Beamten und Heeresangehörigen, Juni 1921-April 1922,

Nr. 5314 Veröffentlichungen Pfundtners im Parteiorgan „Der Angriff" sowie Schriftwechsel mit dem Chefredakteur Dr. Lippert, 1932.

<u>R 43 Reichskanzlei:</u>

Nr. 4009 Reichsbund der Deutschen Beamten, Februar 1934 – Februar 1936,

R 43 I/ 2290 Akten der Reichskanzlei, Regierung Hitler 1933-1928,

R 43 I/ 2651 Beamtenorganisation und Fachschaften, Februar 1933 – Dezember 1935,

R 43 II/ 464a Beamtenorganisation und Fachschaften, 1934 – 1943,

R 43 II/ 422a Beamtenangelegenheiten im allgemeinen, Deutsches Beamtengesetz, 1934-1942,

R 43 II/ 391 Polizeiangelegenheiten im allgemeinen, 1934-1939.

<u>R 4901/ R 21 Reichsministerium für Wissenschaft, Erziehung und Volksbildung:</u>

Nr. 321 Beamtenvereine und Reichs- und Staatsarbeitsvereine, April 1929-Juni 1935.

<u>R 8080 Reichsbund der höheren Beamten:</u>

Nr. 182 Deutscher Beamtenbund, Juli 1925 – Februar 1934,

Nr. 287 Reichsbundbank, August 1923 – November 1923.

R 8081 Reichsverband der höheren Verwaltungsbeamten des Reichs und der Länder:

Nr. 86 Umorganisation der deutschen Beamtenverbände, März 1933-Oktober 1933.

R 8082 Berufsverein der höheren Verwaltungsbeamten Preußen und des Reiches:

Nr. 139 Deutscher Beamtenbund, Februar 1923 – April 1928.

Geheimes Staatsarchiv Preußischer Kulturbesitz:

I. HA Rep. 77 Ministerium des Innern:

Nr. 1 Allgemeine Beamtensachen der Staats- und Kommunalverwaltung, 1933-1936.

Nr. 28 Allgemeine Polizeiangelegenheiten, 1933-1936.

I. HA Rep. 90 Staatsministerium:

Nr. 613 Beamtenvereinigungen, 1927-1933.

I. HA, Rep 84a, Justizministerium:

Nr. 2724 Beamtenvereine 1916 – 1933.

DBB-Archiv:

Nr. 4035 Gerichtliche Verfahren, 04.1970 - 10.1971.

GDL-Archiv:

Stenogramm der GDL-Generalversammlungen von 1924 und 1932.

7.2 Veröffentlichte Quellen

7.2.1 Editionen, amtliche Publikationen und Protokolle

Deutscher Beamtenbund (Hrsg.), *Geschäftsbericht* für die Zeit von *1930 – 1932*, Berlin 1932.

Drucksache des Preußischen Landtags, 4. Wahlperiode, 1. Tagung, 1. Bd., 1933, Nr. 163.

Internationaler Militärgerichtshof Nürnberg (*IMT*), *Der Nürnberger Prozeß*. Bd. 9. Unveränderter Nachdruck der Originalausgabe, Nürnberg, 1947.

NS-Presseanweisungen der Vorkriegszeit. Edition und Dokumentation Bd. 2: 1934. Bearb. von Gabriele Toepser-Ziegert. Hrsg. von Hans Bohrmann, Institut für Zeitungsforschung der Stadt Dortmund. München (u.a.), 1985.

Protokoll der Generalversammlung des VDL in Ludwigshafen vom 12. 11. 1936.

Reichsgesetzblatt:

Berlin: 1933 I, 153; I, 141; I, 173; I, 661; I, 713; I, 1016; I, 502 f.; I, 479; I, 175 ff.; I, 433.
Berlin 1934 I, 75.
Berlin 1937 I, 39 ff; I, 325.
Berlin 1940 I, 613.

VOBl. für Groß-Berlin 1949 I, 221.

BGBl.:1956, I, 559; 1957, I, 734; 1990, II, 889, 1159; 1994 I, 2624.

7.2.2 Zeitgenössische Zeitschriften und Zeitungen bis 1945

- Allgemeine Beamten-Correspondenz (*ABC*). Unabhängiger Nachrichtendienst für Beamtenpolitik. Berlin.
- Allgemeine Deutsche Beamtenzeitung (*ADBZ*), Zeitschrift des Allgemeinen Deutschen Beamtenbundes Berlin.
- Allgemeine Deutsche Lehrerzeitung (*ADLZ*). Pädagogische Zeitung. Hauptblatt des Deutschen Lehrervereins Berlin.
- *Almanach der Deutschen Beamten*, hrsg. v. Reichsbund der Deutschen Beamten. Berlin 1933/34/35.
- „*Amt und Volk*" Monatszeitschrift des Landesverbandes der höheren Beamten Sachsens. Dresden.
- *Beamtenecho.*
- *Beamten-Jahrbuch.* Wissenschaftliche Monatsschrift für das Deutsche Berufsbeamtentum. Berlin.
- *Beamten-Wacht.* Organ des Verbandes katholischer Beamtenvereine Deutschlands. Köln.
- *Berliner Börsenzeitung.* Berlin.
- *Chemnitzer Volksstimme.* Chemnitz.
- *Der Beamte der Republik*, hrsg. v. Vorstand der Sozialdemokratischen Partei Deutschlands (SPD). Berlin.
- *Der Beamtenbund*, Zeitschrift des Deutschen Beamtenbundes. Berlin.
- *Der Freiheitskampf.* Amtliche Tageszeitung der NSDAP aus Sachsen.
- *Der Sächsische Staatsbeamte.* Zeitschrift des Landesverbandes Sächsischer Staatsbeamten. Dresden.
- *Der Staatsbeamtenbund.* Zeitschrift des Sächsischen Staatsbeamtenbundes e.V. Dresden.
- *Der Staatsdienst.* Zeitschrift des Bundes der Beamten und Anwärter der Reichs- und Staatsverwaltungen (B.B.A.). Berlin.
- *Deutsche Juristen-Zeitung.* Berlin.
- *Deutsche Justiz.* Rechtspflege und Rechtspolitik, amtl. Bl. der Rechtspflege. Berlin 1933-45. Vorg.: *Preußische Justiz.* Amtl. Bl. des Preußischen Justizministers für Gesetzgebung und Rechtspflege. Berlin.
- *Deutsche Post.* Organ des Reichsverbandes Deutscher Post- und Telegraphenbeamten e.V.. Berlin.
- *Deutsche Verwaltung.* Organ der Verwaltungsrechtswahrer des Nationalsozialistischen Rechtswahrerbundes. Berlin.
- *Deutsche Presse.* Unabhängiges Zentralblatt der deutschen Katholiken. Prag.
- *Deutsche Techniker-Zeitung.* Organ des Bundes der technischen Angestellten und Beamten, Berlin 1919-1933.
- *Deutsche Zeitung*

- *Leipziger Volkszeitung.* Leipzig.
- *Eil*-Presse Dienst.
- Jahrbuch des öffentlichen Rechts (*JöR*)
- Nationalsozialistische-Beamtenzeitung *(NSBZ)*. Halbmonatsschrift für den Deutschen Beamten. Frankfurt/M..
- *Politische Zeitung*
- *Preußische Beamten-Zeitung*
- *Preußische Polizeibeamten-Zeitung.* Herausgeber und Verleger: Verband der Polizeibeamten Preußens e.V.. Berlin 1918-1933.
- *Rundschau für Kommunalbeamte.* Organ des Verbandes der Kommunalbeamten und –angestellten Preußens e.V.. Berlin.
- Parlamentsdienst der *Telegraphen-Union.* Internationaler Nachrichtendienst.
- *Unter dem Reichsadler.* Zeitschrift des Verbandes der deutschen Reichs- Post- und Telegraphenbeamtinnen e.V., Berlin 1918-1933.
- *Verwaltungs-Rundschau.*
- *Völkischer Beobachter.* Kampfblatt der nationalsozialistischen Bewegung Großdeutschlands. Berliner und Münchner Ausgabe.
- *Voraus.* Organ der Gewerkschaft Deutscher Lokomotivführer und Anwärter. Frankfurt/M..
- *Vossische Zeitung.* Berlinische Zeitung von Staats- und Gelehrten Sachen. Berlin.
- *Vorwärts.* Berliner Volksblatt. Zentralorgan der Sozialdemokratischen Partei Deutschlands. Berlin.
- *Wollfs Telegraphisches Büro.* Berlin.
- *Zeitschrift des* Reichsbundes höherer Beamter *(RhB).* Berlin.
- *Zeitschrift des Verbandes der Polizeibeamten Deutschlands.* Berlin.

7.2.3 Zeitschriften und Zeitungen nach 1945

- *Deutschland-Archiv*
- *Der Eisenbahner.* Mitteilungsblatt für die Funktionäre der IG Eisenbahn im Freien Deutschen Gewerkschaftsbund (FDGB).
- Neue Juristische Wochenschrift (*NJW*), *RzW*
- Vierteljahreshefte für Zeitgeschichte (*VfZ*)
- Zeitschrift für Vermögens- und Investitionsrecht (*VIZ*)
- Zeitschrift für offene Vermögensfragen (*ZOV*)

7.3 Monographien

Allgemeiner Deutscher Beamtenbund (Hrsg.), *Der Nationalsozialismus*, eine Gefahr für das Berufsbeamtentum. Berlin 1932.

Akten der Reichskanzlei. Regierung Hitler 1933-1938, Hrsg. für die Historische Kommission bei der Bayerischen Akademie der Wissenschaften von Konrad Repgen und für das Bundesarchiv von Hans Booms, bearb. v. Karl-Heinz *Minuth*. Teil 1: 1933/34, Bd. 1 und 2. Boppard/Rh., 1983.

Becker, Ingeborg/*Huber*, Harald/*Küster*, Otto, Bundesentschädigungsgesetz. Bundesentschädigungsgesetz zur Entschädigung für Opfer der nationalsozialistischen Verfolgung (BEG) vom 18. Sept. 1953. Kommentar. Berlin und Frankfurt/M. 1955.

Benz, Wolfgang, *Geschichte des Dritten Reiches*, München 2000.

Blessin/Ehrig/Wilden, Bundesentschädigungsgesetze, 3. Aufl. neubearb. von Hans-Georg Ehrig und Hans Wilden. Kommentar. München und Berlin 1960.

Borgmann, Gerd, *Die Berufsorganisation* des deutschen Lokomotivpersonals von der Mitte des vorigen Jahrhunderts bis zur Gegenwart. Diplomarbeit. Frankfurt 1965.

Brabeck, Richard, *Die Gleichschaltung Preußens*. Ein rechtshistorisches Problem deutscher Staatsführung. Diss., Köln 1941.

Bracher, Karl Dietrich/ Schulz, Gerhard/ Sauer, Wolfgang, *Die nationalsozialistische Machtergreifung*. Bd. 1, Frankfurt (u.a.), 1974.

Braunthal, Gerald, *Der Allgemeine Deutsche Beamtenbund*. Zur Politik der Arbeiterbewegung in der Weimarer Republik, Köln 1981.

Broszat, Martin, *Der Staat Hitlers*: Grundlegung und Entwicklung seiner inneren Verfassung. 13. Aufl., München 1992.

Ders., *Die Machtergreifung*. Der Aufstieg der NSDAP und die Zerstörung der Weimarer Republik. München 1984.

Brunn, Walter/*Gießler*, Hans/*Klee*, Heinz/*Maier*, Willibald/*Weiss*, Karl, Das Bundesentschädigungsgesetz, in: Die Wiedergutmachung nationalsozialistischen Unrechts durch die Bundesrepublik Deutschland Bd. IV. Erster Teil (§§ 1 bis 50 BEG). Hrsg. v. Bundesminister der Finanzen in Zusammenarbeit mit Walter Schwarz. München1981.

Brunner, Georg (Hrsg.), Rechtshandbuch Vermögen und Investitionen in der ehemaligen DDR (*RVI*). Syst. Darst., Bd. 1, München, 1991.

Caplan, Jane, *Gouvernment without administration, State and civil service* in Weimar and Nazi Germany. Oxford 1988. Oxfords historical monographs.

Deutsche Postgewerkschaft (Hrsg.), *Post und Postler im Nationalsozialismus* – Verfolgung und Widerstand. Frankfurt/Main, 1986.

Deutsche Widerstandskämpfer, 1933 – 1945. Biographien und Briefe. Berlin (DDR) 1970.

Deutscher Beamtenbund. Ursprung – Weg – Ziel. Zur 50. Wiederkehr des Gründungstages am 4. Dezember 1918. Hrsg. von der Bundesleitung des DBB. Bad Godesberg, 1968.

Echterhölter, Rudolf, *Das öffentliche Recht im nationalsozialistischen Staat*, in: Die Deutsche Justiz und der Nationalsozialismus, Bd. 16/II, Stuttgart 1970.

Erdmann, Karl Dietrich/Schulze, Hagen (Hrsg.), *Weimar*. Selbstpreisgabe einer Demokratie. Eine Bilanz heute. Düsseldorf 1980.

Esters, Helmut/ Pelger, Hans, *Gewerkschafter im Widerstand.* Mit einer forschungsgeschichtlichen Einleitung von Alexandra Schlingensiepen. 2. Aufl., Bonn 1983.

Fabricius, Hans, *Der Beamte einst und im Neuen Reich*, Berlin 1933.

Fest, Joachim C., *Hitler*: eine Biographie. 10. Aufl., Frankfurt/M. 1981.

Fieberg, Gerhard/Reichenbach, Harald, *Enteignung und offene Vermögensfragen in der ehemaligen DDR*. Bd. 1, Köln, 1991.

Fieberg, Gerhard /*Reichenbach*, Harald /*Messerschmidt*, Burckhard/*Neuhaus*, Heike (Hrsg.), Vermögensgesetz. Gesetz zur Regelung offener Vermögensfragen. Kommentar. Bd. 1, München, 1991.

Fricke, Dieter/Fritsch, Werner/Weißbecker, Manfred (Hrsg.), *Lexikon zur Parteiengeschichte.* Die bürgerlichen und kleinbürgerlichen Parteien und Verbände in Deutschland (1789-1945) in 4 Bd.. Bd. 2: Deutsche Liga für Völkerbund - Gesamtverband der christlichen Gewerkschaften Deutschlands, 1. Aufl., Leipzig 1984. Bd. 3: Gesamtverband deutscher Angestelltengewerkschaften - Reichs- und freikonservative Partei, 1. Aufl., Leipzig 1985.

Frotscher, Werner/Pieroth, Bodo, *Verfassungsgeschichte*, 2. Auflage, München, 1999.

Gesamtdeutsches Institut (Hrsg.), *Bestimmungen der DDR zu Eigentumsfragen und Enteignungen.* Bundesanstalt für Gesamtdeutsche Aufgaben. 6. Aufl., Bonn 1971.

Gniesmer, Friedrich, *Der Weg zu und mit der GdP*, in: Die Deutsche Polizei: ihre Geschichte, ihre Gewerkschaft, Daten, Fakten, Meinungen. Hilden, 1980, S. 1-58.

Göring, Hermann, *Aufbau einer Nation*, 2. Aufl., Berlin 1934.

Gritzbach, Erich, *Hermann Göring. Werk und Mensch.* 18.-19. Aufl., München, 1938.

Grotkopp, Jörg, *Beamtentum* und Staatsformwechsel. Die Auswirkungen der Staatsformwechsel von 1918, 1933 und 1945 auf das Beamtenrecht und die personelle Zusammensetzung der deutschen Beamtenschaft. Diss., rechtshistorische Reihe, Bd. 105. Frankfurt/M. (u.a.), 1992.

Hattenhauer, Hans, *Geschichte des Beamtentums.* Handbuch des Öffentlichen Dienstes, Bd. I, hrsg. v. Walter Wiese. 1. Auflage, Köln, 1980

Ders., *Geschichte des deutschen Beamtentums*. 2. Auflage, Köln, 1993.

Hauptvorstand der Gewerkschaft Deutscher Lokomotivführer und Anwärter (Hrsg.), *Erfolg und Zukunft.* 125 Jahre GDL. Geschichte der Gewerkschaft Deutscher Lokomotivführer und Anwärter 1867 – 1992. Frankfurt/M. 1992.

Heyde, Ludwig, *Internationales Handwörterbuch* des Gewerkschaftswesens. Bd. 2, Berlin 1932.

Hirsch/Majer/Meinck, *Recht, Verwaltung und Justiz im Nationals*ozialismus. Ausgewählte Schriften, Gesetze und Gerichtsentscheidungen von 1933 bis 1945. Köln 1984.

Hitler, Adolf, *Mein Kampf*, München 1925.

Höhne, Heinz, „*Gebt mir vier Jahre Zeit“:* Hitler und die Anfänge des Dritten Reichs, überarb. Neuausgabe, Berlin 1996.

Horkenbach, Cuno, *Das Deutsche Reich von 1918 bis heute.* Berlin 1930.

Huber, Ernst Rudolf, *Verfassungsrecht* des Großdeutschen Reiches, 2. stark erweiterte Aufl., Hamburg 1939.

Jäckel, Eberhard u.a. (Hrsg.), Adolf *Hitler, Sämtliche Aufzeichnungen* 1905-1924, Stuttgart 1980.

Kimme, Johannes (Hrsg.), *Offene Vermögensfragen*: Rechtsprechungssammlung. Bearb. v. Patrick Abbenseth. Bd. 1, Köln, 1998.

Klotz, Helmut, *Nationalsozialismus und Beamtentum*, Berlin 1931.

Kobler-Zwiedineck, *Internationales Handwörterbuch* des Gewerkschaftswesens, hrsg. v. Ludwig Heyde, Bd. 2, Berlin 1932.

Kolb, Eberhard, *Die Maschinerie des Terrors*, Zum Funktionieren des Unterdrückungs- und Verfolgungsapparats im NS-System, in: Nationalsozialistische Diktatur 1933 – 1945. Eine Bilanz. Hrsg.: Karl Dietrich Bracher, Manfred Funke und Hans-Adolf Jacobsen. Durchgesehener Nachdruck, Bonn 1986 (Studien zur Geschichte und Politik, Schriftenreihe der Bundeszentrale für politische Bildung, Bd. 192), S. 270 – 284.

Kröker, Thomas/ Schmitz, Walter, *Lebensbilder der Vorsitzenden des Deutschen Beamtenbundes*. Quellen und Darstellungen zur Geschichte des deutschen Beamtentums, hrsg. v. Carl August Lückerath, Bd. 3, Berlin, München (u.a.), 1992

Kubuschok, Egon/Weißstein, Rudolf, *Rückerstattungsrecht* der britischen und amerikanischen Zone: Kommentar zum Militärregierungsgesetz 59. München/Berlin 1950.

Leßmann, Peter, *Die preußische Schutzpolizei* in der Weimarer Republik. Streifdienst und Straßenkampf. Düsseldorf 1989.

Mann, Golo, *Deutsche Geschichte* 1919-1945, Frankfurt/M. und Hamburg 1951.

Matzerath, Horst, *Nationalsozialismus und kommunale Selbstverwaltung*, Stuttgart (u.a.), 1970.

Meissner, Hans Otto/Wilde, Harry, *Die Machtergreifung*. Ein Bericht über die Technik des nationalsozialistischen Staatsstreiches. Stuttgart 1958.

Michaelis, Herbert, Hrsg., *Ursachen und Folgen*. Vom deutschen Zusammenbruch 1918 und 1945 bis zur staatlichen Neuordnung Deutschlands in der Gegenwart; eine Urkunden- und Dokumentensammlung zur Zeitgeschichte, mehrbändig, bearb. v. Herbert Michaelis, Berlin ab 1958. Bd. 9, Das Dritte Reich: Die Zertrümmerung des Parteienstaates und der Grundlage der Diktatur. Berlin 1964.

Mommsen, Hans, *Beamtentum im Dritten Reich*: mit ausgewählten Quellen zur nationalsozialistischen Beamtenpolitik, Stuttgart 1966.

Mommsen, Wilhelm (Hrsg. und beteiligt), *Deutsche Parteiprogramme*. 2. Auflage, München 1960.

Mühl-Benninghaus, Sigrun, *Das Beamtentum* in der NS-Diktatur bis zum Ausbruch des Zweiten Weltkrieges. Zu Entstehung, Inhalt und Durchführung der einschlägigen Beamtengesetze. Düsseldorf 1996.

Müller, Heinrich, *Beamtentum und Nationalsozialismus*, 7. Aufl., München 1933.

Mursinsky, Erich/Brill, Justin, Die *Organisation* der nationalsozialistischen Beamten, Berlin 1940.

Neef, Hermann, *Der Beamte im nationalsozialistischen Führerstaat*. Rede gehalten auf dem Reichsparteitag in Nürnberg am 8.9. 1934. Schriftenreihe „Das Dritte Reich", Bd. 6, Berlin 1934.

Neef, Hermann, *Das Beamtenorganisationswesen* im nationalsozialistischen Staat. Vortrag gehalten an der Verwaltungsakademie Berlin am 29.1. 1935 im Rahmen einer Vortragsreihe „Das Dritte Reich". Schriftenreihe „Das Dritte Reich", Bd. 8, Berlin 1935.

Neef, Hermann, *Die politisch-weltanschauliche Reorganisation* der deutschen Beamten im Sinn und Geist des Nationalsozialismus. Rede gehalten auf dem Reichsparteitag 1935. Schriftenreihe „Das Dritte Reich", Bd. 11, Berlin 1935.

Neef, Hermann, *Fünf Jahre nationalsozialistische Beamteneinheitsorganisation.* Rede gehalten auf dem Reichsparteitag Groß-Deutschland. Berlin 1938.

Neufeldt, Hans-Joachim, *Entstehung und Organisation des Hauptamtes Ordnungspolizei*, in: ders., Jürgen Huck und Georg Tessin, Zur Geschichte der Ordnungspolizei 1936 – 1945, Teil I, Koblenz 1957, S. 5 – 106.

Petersen, Edward N., *The Limits of Hitler's Power*, Princeton/N.J.: Univ. Princeton, 1969.

Pfundtner/Neubert, *Das neue Deutsche Reichsrecht.* Blattsammlung, hrsg. v. Hans Pfundtner u. Reinhard Neubert unter Mitarbeit v. F.A. Medicus, Berlin, 1938.

Pfundtner, Hans, *Die neue Stellung des Reichs.* Schriftenreihe „Öffentliche Verwaltung im neuen Reich", Heft 1. Berlin 1933.

Quellen zur Geschichte der deutschen Gewerkschaftsbewegung im 20. Jahrhundert, begründet von Erich Matthias. Hrsg. v. Hermann Weber, Klaus Schönhoven und Klaus Tenfelde. Bd. 4: *Die Gewerkschaften in der Endphase der Republik* 1930 – 1933, bearb. v. Peter Jahn unter Mitarbeit von Detlev Brunner. Köln 1988.

Runge, Wolfgang, *Politik und Beamtentum* im Parteienstaat. Die Demokratisierung der politischen Beamten in Preußen zwischen 1918 und 1933. Stuttgart 1965.

Säcker, Franz Jürgen/Busche, Jan, *Vermögensrecht.* Kommentar zu 1 bis 21 Vermögensgesetz, hrsg. v. Franz Jürgen Säcker, bearb. v. Jan Busche. München 1995.

Schenck, Friedbert, Die Einstellung des deutschen Beamten zur Weimarer Republik. Diss., Bd. 1, Mannheim 1984.

Schiefer, Jack, *Geschichte der Deutschen Gewerkschaften*, Aachen 1946.

Schneider, Michael, *Die christlichen Gewerkschaften* 1894 – 1933, Bonn 1982.

Schulz, Gerhard, *Die Anfänge des totalitären Maßnahmestaates*. In: Karl Dietrich Bracher, Gerhard Schulz und Wolfgang Sauer: Die nationalsozialistische Machtergreifung, Studien zur Errichtung des totalitären Herrschaftssystems in Deutschland 1933/34. 2. Aufl., Köln und Opladen 1962 (Schriften des Instituts für Politische Wissenschaft, Bd. 14), S. 369-381.

Schumann, Hans-Gerd, *Nationalsozialismus und Gewerkschaftsbewegung*. Die Vernichtung der deutschen Gewerkschaften und der Aufbau der „Deutschen Arbeitsfront". Hannover und Frankfurt/M. 1958.

Schütz, Dieter, *Zwischen Standesbewußtsein und gewerkschaftlicher Orientierung*. Beamten und ihre Interessenverbände in der Weimarer Republik. 1. Aufl., Schriften der Hans-Böckler Stiftung, Bd. 10, Baden-Baden, zugl. Diss. Tübingen 1992

Schütze, Erwin, *Beamtenpolitik im Dritten Reich*, in: Dr. Wilhelm Frick und sein Ministerium: aus Anlaß des 60. Geburtstages des Reichs- und preußischen Ministers des Innern Dr. Wilhelm Frick am 12. März 1937. Hrsg. v. Staatssekretär im Reich- und Preußischen Ministerium des Innern Hans Pfundtner, S. 47 ff., München 1937.

Schwarz, Walter, *Rückerstattung nach dem Gesetz der Alliierten Mächte*, in: Die Wiedergutmachung nationalsozialistischen Unrechts durch die Bundesrepublik Deutschland, Bd. I. Hrsg. v. Bundesminister der Finanzen in Zusammenarbeit mit Walter Schwarz. München 1974.

Sprenger, Johannes (Hrsg.), *Der deutsche Beamte*. Spielball der Parteien oder Vertrauensmann des Volkes?, München 1932.

Thamer, Hans-Ulrich, *Verführung und Gewalt*: Deutschland 1933-1945, Berlin 1994.

Tenfelde, Klaus/Schönhoven, Klaus/Schneider, Michael/Peukert, Detlev J. K., *Geschichte der deutschen Gewerkschaften* von den Anfängen bis 1945, Köln 1987.

von Richthofen, Dieprand (Hrsg.), *Beamte im Nationalsozialismus:* Ausstellung der Fachhochschule für öffentliche Verwaltung NRW. Schriftenreihe der Fachhochschule für öffentliche Verwaltung NRW, Bd. 4, Gelsenkirchen, 1984.

Walz, Gustav Adolf, *Das Ende der Zwischenverfassung*: Betrachtungen zur Entstehung des nationalsozialistischen Staates. Stuttgart, 1933.

Wette, W., „*Ideologien, Propaganda und Innenpolitik* als Voraussetzungen der Kriegspolitik des Dritten Reiches“, in: Ursachen und Voraussetzungen des Zweiten Weltkrieges, hrsg. v. W. H. Pehle. Frankfurt/M., 1995, S. 25-208.

Willoweit, Dietmar, *Deutsche Verfassungsgeschichte*: vom Frankenreich bis zur Wiedervereinigung Deutschlands; ein Studienbuch. 3. erw. Aufl., München 1997.

Wunder, Bernd, *Geschichte der Bürokratie in Deutschland*, hrsg. v. Hans-Ulrich Wehler, Frankfurt/M. 1986.

7.4 Aufsätze

Behrend, Hans-Karl, *Zur Personalpolitik des preußischen Ministeriums des Innern*. In: Jahrbuch für die Geschichte Ost- und Mitteldeutschlands, Bd. VI (1957), S. 173 ff.

Bochalli, Hans, *Aufhebung der Beamtenvertretungen und Beamtenvereine*, in: Deutsche Verwaltung, Nr. 8 (14. Jg.) v. 10. 8. 1937, S. 236 f.

Falck, Ernst, *Der faschistische Staat und sein Beamtenrecht*, in: Beamten-Jahrbuch 1930, S. 27 ff und 102 ff.

Goetz, Harry, *Die öffentliche Verwaltung im neuen Reich*, in: Beamten-Jahrbuch 1833, S. 409 ff.

Gruchmann, Lothar, *Hitler über die Justiz*. Das Tischgespräch v. 20.8. 1942, in: Vierteljahreshefte für Zeitgeschichte (VfZ), 12 (1964), S. 86 ff.

Hintz, Karl-Heinz, *Zur Anwendung des neugefaßten Vermögensgesetzes* auf Verfolgte des Nationalsozialismus, in: Zeitschrift für Vermögens- und Investitionsrecht (VIZ), 1. Jg. 1/1991, S. 12 ff.

Ders., *Zur Frage der Anwendung des Vermögensgesetzes* auf die Ansprüche der in § 1 VI VermG genannten NS-Verfolgten, in: Zeitschrift für Vermögens- und Investitionsrecht (VIZ), 1. Jg. 1/1991, S. 18 f..

Kittke, Horst-Dieter, *Die neuere Entwicklung, insbesondere Rechtsprechung im Bereich des Vermögensrechts*, in: Zeitschrift für Vermögens- und Investitionsrecht (VIZ), 5. Jg. 10/1995, S. 553 ff..

Mommsen, Hans, *Die Stellung der Beamtenschaft in Reich, Ländern und Gemeinden in der Ära Brüning*, in: Vierteljahreshefte für Zeitgeschichte (VfZ) 1973, S. 151 ff..

Neef, Hermann, *Die Entwicklung des Beamtenorganisationswesens zum Nationalsozialismus*, in: Almanach der Deutschen Beamten 1934, S. 41 ff.

Rexin, Hans, *Anerkannt und zur Kasse gebeten*, in: Deutsches Archiv, 1973, S. 143 ff.

Uechteritz, Michael, *Die Neuregelung für NS-Verfolgte* im 2. Vermögensrechtsänderungsgesetz, in: Zeitschrift für Vermögens- und Investitionsrecht (VIZ), 2. Jg. 10/1992, S. 377 ff..

Wasmuth, Johannes, *Wiedergutmachung für entzogene Vermögenswerte* von NS-Verfolgten im Beitrittsgebiet, in: Zeitschrift für Vermögens- und Investitionsrecht (VIZ), 2. Jg. 3/1992, S. 81 ff..

Wesel, Uwe, *Wiedergutmachung für NS-Unrecht und Enteignungen* auf der Grundlage sowjetischer Besatzungshoheit, in: Zeitschrift für Vermögens- und Investitionsrecht (VIZ), 2. Jg. 9/1992, S. 337 ff..

FSC
www.fsc.org
MIX
Papier | Fördert
gute Waldnutzung
FSC® C083411

Kolibri 360 GmbH
Ferdinand-Jühlke-Straße 7
99095 Erfurt, Deutschland
produktsicherheit@kolibri360.de